Jugend in Kirche und Theologie

Theologische Berichte 39

Die «Theologischen Berichte» erscheinen in jährlicher Folge und wollen den Leserinnen und Lesern einen guten Überblick und zuverlässige Informationen über den aktuellen Problembereich der theologischen Forschung und Diskussion bieten. Sie bemühen sich dabei, nicht nur den gegenwärtigen Stand einer Fragestellung von seiner Entstehung her dazustellen, sondern auch prospektiv auf deren weitere Entwicklung einzugehen. Damit versuchen sie, selbst ein Teil in diesem forschenden Gespräch um die im Glauben begründete Erkenntnis der theologischen Wahrheit zu sein.

Jugend in Kirche und Theologie

Theologische Berichte 39

Herausgegeben im Auftrag der

Theologischen Hochschule Chur
von Michael Durst

und der

Theologischen Fakultät
der Universität Luzern
von Birgit Jeggle-Merz

Paulus

Publiziert mit Unterstützung der
Schweizerischen Akademie
der Geistes- und Sozialwissenschaften
über die
Schweizerische Theologische Gesellschaft

Die Druckvorlagen der Textseiten
wurden von dem Herausgeber
Prof. Dr. Michael Durst
als pdf-Dateien zur Verfügung gestellt.

www.paulusverlag.ch
Umschlaggestaltung : © Verlag Herder GmbH, Freiburg
Herstellung: CPI Books GmbH, Leck
Gedruckt auf umweltfreundlichem, chlorfrei gebleichtem Papier
Printed in Germany
ISBN 978-3-7228-0927-4

INHALTSVERZEICHNIS

ABKÜRZUNGEN

Die in diesem Band verwendeten Abkürzungen und Sigla richten sich nach:

Siegfried M. Schwertner: IATG[3] – Internationales Abkürzungsverzeichnis für Theologie und Grenzgebiete. Zeitschriften, Serien, Lexika, Quellenwerke mit bibliographischen Angaben, Berlin / Boston [3]2014.

Darüber hinaus werden für die Dokumente der XV. Ordentlichen Generalversammlung der Bischofssynode (3.–28. Oktober 2018) folgende Abkürzungen verwendet:

VDok	Vorbereitungsdokument, 2017
VS	Dokument der Vorsynode, 24. März 2018
IL	Instrumentum Laboris, 8. Mai 2018
AD	Abschlussdokument der Synode, 27. Oktober 2018
CV	*Papst Franziskus*: Nachsynodales Apostolisches Schreiben «Christus vivit», 25. März 2019.

Alle Synodendokumente sind online verfügbar unter: http://www.vatican.va/roman_curia/synod/index_ge.htm.

VORWORT

Sechsunddreißig junge Katholikinnen und Katholiken mischten sich unter die zweihundertsiebzig Bischöfe, die drei Wochen im Oktober 2018 zur XV. Ordentlichen Generalversammlung der Bischofssynode in Rom zusammengekommen waren, um über das Thema «Die Jugendlichen, der Glaube und die Berufungsunterscheidung» zu konferieren. Die Teilnahme der Jugendlichen an diesem Beratungsgremium des Papstes ist ein bemerkenswertes Novum. In einem Brief an die Jugendlichen anlässlich der Vorstellung des Vorbereitungsdokuments betonte *Papst Franziskus* schon im Januar 2017, dass er die jungen Menschen «im Herzen trage» und sie auf dem synodalen Weg der Kirche mitnehmen wolle[1]. Die Einladung an die jungen Auditoren zur Bischofsynode zeigte, dass es dem Papst mit seinem Anliegen ernst ist. Die jungen Christinnen und Christen brachten sich auch tatsächlich intensiv in die Debatten ein, so dass die Bischöfe in ihrem Abschlussdokument die Erfahrung ihres Zusammenwirkens mit ihnen als «Frucht des Heiligen Geistes» bezeichneten. Die Kirche wisse «aus Erfahrung, dass der Beitrag junger Menschen maßgeblich für ihre Erneuerung ist» (AD 66). Es ist also im tiefsten Interesse der Kirche selbst, den jungen Gliedern des Leibes Christi zuzuhören, strich auch der Papst ein halbes Jahr später in seinem postsynodalen Schreiben heraus (CV 41).

Die jungen Menschen ernst zu nehmen und die «Fragen der Jugendlichen und jungen Menschen in all ihrer Neuheit zuzulassen und die in ihnen liegende Provokation zu begreifen» (AD 8), darum bemüht sich auch der vorliegende Band der «Theologischen Berichte». Zu oft sind junge Menschen und ihre Kontexte in der theologischen Reflexion vor allem als Zielgruppe von Katechese und Seelsorge in den Blick genommen worden. Aus ihrer jeweiligen Fachperspektive heraus stellen sich die Fachvertreterinnen und Fachvertreter der Theologischen Hochschule Chur in diesem Band der Aufgabe, junge Christinnen und Christen als Glieder des Leibes Christi zu Subjekten der Theologie werden zu lassen, und geben auf diese Weise ein reges Zeugnis der Zusammenarbeit in wichtigen theologischen Fragen der Gegenwart.

Die Herausgeber

Anmerkung

1 http://w2.vatican.va/content/francesco/de/letters/2017/documents/papa-francesco_20170113_lettera-giovani-doc-sinodo.html (Zugriff am 25. 05. 2019).

ZUR EINFÜHRUNG

«... weil der Herr oft einem Jüngeren offenbart,
was das Bessere ist»[1]

Der Ruf, auf die Jugend zu hören, ist – so neu und revolutionär er auch zunächst klingen mag – ein altes Prinzip der Kirche, wonach die Überwindung der Altersstufen und die Gleichheit der Lebensalter ein Ideal der Gemeinschaft der Glaubenden darstellt[2]. Tief verankert ist dieses Ideal in der Regel des hl. *Benedikt*. *Benedikt*, der der Verantwortung aller Brüder einen hohen Stellenwert beimisst, betont, dass der Abt den Rat der Brüder anhören solle und dabei niemanden übersehen dürfe. «Entscheidend für den gesamten Beratungsprozess ist das Hören»[3]. Eigens werden die jüngeren Brüder genannt, auf die der Abt hören solle, denn der Herr gebe oft gerade den Jüngeren ein, «was das Bessere» sei. Das Charisma des Rates, so das Prinzip der *Regula Benedicti*, wird von Gott unabhängig von Alter und Ansehen verliehen. Hier knüpft *Papst Franziskus* an, wenn er den Jugendlichen zuruft: «Auch die Kirche möchte auf Eure Stimme hören, auf Eure Sensibilität, auf Euren Glauben, ja auch auf Eure Zweifel und Eure Kritik. Lasst Euren Schrei hören, lasst ihn in den Gemeinschaften erschallen und bis zu den Hirten gelangen»[4]. Es ist bemerkenswert, wie die römisch-katholische Kirche auf das überkommene, aber lange nicht wichtig genommene Prinzip zurückkommt. Bei der Wiederentdeckung des Charismas des Rates gerade bei der Jugend geht es nicht um Rekrutierung bzw. Erhaltung von Mitgliedern, sondern um das Ernstnehmen der Taufgnade eines jeden einzelnen Christen bzw. einer jeden einzelnen Christin.

Die westliche Gesellschaft steht der Jugend höchst ambivalent gegenüber. Zum einen werden auf keine Altersgruppe so deutlich die kollektiven Hoffnungen der gegenwärtigen westlichen Gesellschaft projiziert wie auf die Jugend. Jugend gilt als Inbegriff von Energie, Lebensfreude, Unbeschwertheit und Innovation. Der kollektive Wunsch nach ewiger Jugend findet seinen Ausdruck in einem überbordenden Jugendlichkeitskult. Der Trend ist, alt werden zu wollen, aber keinesfalls als alt angesehen zu werden oder gar alt auszusehen. Zum anderen ist Jugend Projektionsfläche für gesellschaftliche Befürchtungen. «Diese bündeln sich in der bangen Vermutung, die heranwachsende Generation könnte fundamentale Werte der Gesellschaft in Frage stellen und die für sie vorgesehenen Rollen ablehnen. Den gesellschaftlichen Zusammenhang möglicherweise gefährdend, erscheint Jugend auch als Problem, dem sich die Erwachsenenwelt mit besonderer Aufmerksamkeit zu widmen hat, um die Eingliederung der jungen Generation in die Gesellschaft sicherzustellen»[5].

Der vorliegende Band der «Theologischen Berichte» ist ein Gemeinschaftswerk der Theologischen Hochschule Chur. Unter der Überschrift «Jugend in Theologie und Kirche» haben es sich die Vertreterinnen und Vertreter der verschiedenen theologischen Disziplinen zur Aufgabe gemacht, das Anliegen der Bischofssynode aufzugreifen und an einem konkreten Beispiel aus dem Gebiet ihres Faches aufzuzeigen, wie junge Christinnen und Christen in den Fokus theologischen Reflektierens rücken können.

«... er möge die Kirche von denen befreien, die die Kirche alt machen, sie auf die Vergangenheit festnageln, bremsen und unbeweglich machen wollen» (CV 35)

Den Aufschlag für den gemeinsamen Band der Theologischen Hochschule Chur übernimmt *Eva-Maria Faber*, Professorin für Fundamentaltheologie und Dogmatik. Sie hat ihren Beitrag überschrieben mit dem Titel «Junge Menschen und das Alter der Kirche». Ausgehend von der Rede von einer reiferen, erwachseneren Kirche, die sich von einer infantilen Kirche durch die Weise unterscheide, mit Unterschieden und Schwierigkeiten umzugehen, fragt sie nach den Anforderungen einer solchen erwachsenen Kirche. Dafür untersucht sie verschiedene metaphorische Selbstbezeichnungen der Kirche, die eine Affinität zu Altersbestimmungen aufweisen, um daraus Herausforderungen zu einer erwachsenen Kirche und einer Kirche von Erwachsenen zu identifizieren. So sieht sie als Kriterium für die Frage, ob die Kirche sich aufrichtig von jungen Menschen beschenken lassen will oder sich an ihr zu bereichern sucht, die Frage, wie sie mit der von jungen Menschen eingebrachten Jugendlichkeit umgehen wird. Sie hebt hervor, dass die Verantwortung für eine Erneuerung der Kirche nicht an junge Menschen delegiert werden könne, wenn sich die meist älteren Verantwortungsträger den Veränderungen verschlössen. Eine Kirche, die pfingstlich jung bleiben und mit jungen Menschen vorangehen wolle, eine Kirche, die im Gespräch mit jungen Menschen ein neues Gespür für Respekt und wachstumsorientierte Autorität gewinne, so ihr Fazit, dürfe sich nicht hinter der Metapher der Mutter verstecken. Nur wenn erwachsene Glieder der Kirche für ihre Verantwortung einstehen, entstehe eine synodale Kirche, die metaphorisch als erwachsen gelten kann.

Claude Bachmann, erfahrener Jugendseelsorger und Theologe, macht in seinem Beitrag «Junge Menschen als *locus theologicus* in der Jugendpastoral» ernst mit der Forderung, dass junge Menschen zu Subjekten von Theologie werden sollen. Zunächst entfaltet er, was den Topos *locus theologicus* auszeichnet und warum junge Menschen als ein solcher theologischer Ort für die Kirche und den Glauben identifiziert werden können. Daran anknüpfend buchstabiert er durch, was dies bedeutet und wie dies Wirklichkeit werden kann: Grundlegend ist, dass jungen Menschen zugestanden werden müsse, den authentischen Glauben bezeugen und so einen wesentlichen Beitrag zu dessen Tradierung und Weitergabe leisten zu können. Wenn die Stimmen junger Menschen hörbar sein sollen, müssen die Begegnungen mit ihnen dynamisch und lebendig sein. Ihre Stimmen müssen auf Menschen mit offenen Ohren und offenem Geist stoßen, d. h. Resonanzfähigkeit bei allen Beteiligten sowie die Gestaltung der Begegnung auf Augenhöhe ist unverzichtbar. In einem dritten Schritt wird an ganz konkreten Beispielen ausgeführt, wie und wo Räume geschaffen werden können, damit die Stimmen junger Menschen auch wirklich ertönen können.

Der konkrete Blick auf die Situation junger Menschen ist unverzichtbar; dies zeigt der Churer Pastoraltheologie *Manfred Belok* in seinem Beitrag «Kirchliche Jugendarbeit heute in der religionspluralen Schweiz. Ziele, Ansätze, Wege der Jugendpastoral in der deutschsprachigen Schweiz». Es sei der Jugend der Gegenwart gemeinsam, so führt er aus, dass sie unter den Bedingungen einer pluralistischen, zudem religionspluralen Gesellschaft ihre Identität finden muss. Aufgabe einer kirchlich verantworteten Jugendarbeit und Jugendpastoral sei es, in Wahrnehmung der sozialen, gesellschaftlichen und kirchlichen Realitäten der Deutschschweiz ihr Verständnis von Jugendarbeit und Jugendpastoral immer wieder neu zu schärfen und sich für konkrete Handlungsoptionen zu entscheiden sowie diese operativ umzusetzen. Deshalb fragt er: Wie stellt sich die religionsplurale Gesellschaft der Deutschschweiz dar? Was sind auf diesem Hintergrund die Ziele und Handlungsfelder der kirchlichen Jugendarbeit und Jugendpastoral? Wird die Jugendpastoral in der deutschsprachigen Schweiz durch Aussagen des Abschlussdokuments der Bischofssynode wie auch des Nachsynodalen Schreibens «Christus vivit» von *Papst Franziskus* bestärkt und/oder zugleich neu herausgefordert?

«... sind junge Menschen einer jener ‹theologischen Orte›, an denen uns der Herr manche seiner Erwartungen und Herausforderungen für die Gestaltung der Zukunft erkennen lässt» (AD 64).

Christian Cebulj, Professor für Religionspädagogik und Katechetik, setzt sich in seinem Beitrag «Kirche im Labor. Jugendtheologie als religionspädagogischer Impulsgeber für eine erneuerte Kirche» mit dem prophetischen Potenzial auseinander, das *Papst Franziskus* der Jugend zuschreibt. Der Papst habe die Jugendlichen und jungen Erwachsenen immer wieder dazu aufgefordert, sich offen und frei zu Wort zu melden. Hier sieht der Autor eine spannende Brücke zum Diskurs um die Jugendtheologie der letzten Jahre.

Denn am Beispiel der Jugendsynode zeige sich, dass es auch in der katholischen Kirche die Realität der Reform gebe, und die Dokumente rund um die Bischofssynode seien geprägt von einer respektvollen Wahrnehmung und einer Kommunikation auf Augenhöhe. Einige Desiderate der Jugendtheologie seien hier eingelöst worden und aus religionspädagogischer Sicht sei die Jugendtheologie, die sich hier zeige, auf der Höhe der Zeit. Eine so verstandene Jugendtheologie erweise sich als Theologie von, für und mit Jugendlichen. Die Kirche wolle nicht zu einem Museum werden, sondern ein Labor bieten, aus dem Perspektiven für eine jugendsensible Kirche erwachsen könnten. Seine Bedeutung habe ein solches Labor gerade in Zeiten, in denen eine kirchliche Sozialisation von Jugendlichen nicht selbstverständlich sei.

Für die Zukunft eines friedlichen Zusammenlebens in den westlichen Gesellschaften darf die Bedeutung der Begegnung junger Menschen verschiedener Religionszugehörigkeit nicht unterschätzt werden. Die an der Theologischen Hochschule Chur sowie an der Theologischen Fakultät der Universität Luzern tätige Liturgiewissenschaftlerin *Birgit Jeggle-Merz* erläutert die Herausforderungen gegenwärtiger Gesellschaften durch die religiöse Vielfalt zusammen mit ihrer wissenschaftlichen Mitarbeiterin *Ann-Katrin Gässlein*, einer Theologin und Islamwissenschaftlerin, in ihrem Beitrag «Interreligiöse Feiern von Jugendlichen. Wege der Verständigung und Zeichen wachsender Toleranz». Über Religion dürfe nicht nur geredet, sondern Religion müsse auch praktizierend wahrgenommen werden, so ihr Votum. Sie führen aus, dass religionsverbindende Feiern im Kontext einer Kultur des Miteinanders einen wichtigen Beitrag dazu leisten können, dass sich junge Menschen nicht nur in den sich als religionsplural zeigenden Gesellschaften zurechtzufinden, sondern die jeweils anderen und sich selbst zu verstehen sowie zu akzeptieren lernen. Gerade in religionsverbindenden Feiern zeige sich die Ablehnung von Ab- und Ausgrenzung sowie ein Ja zum Miteinander der Kulturen.

«Das Wort Gottes sagt, dass die jungen Menschen wie ‹Brüder› (1 Tim 5,1) zu behandeln seien» (CV 15)

Der Alttestamentler *Michael Fieger* untersucht zusammen mit *Sr. M. Manuela Gächter*, der Wissenschaftlichen Mitarbeiterin am Lehrstuhl für Alttestamentliche Wissenschaften, den Erkenntnisgewinn aus den Berufungserzählungen der prophetischen Bücher für den Berufungsweg heutiger Jugendlicher. Ihr Beitrag trägt den Titel «‹Er legte seine Worte in meinen Mund›. Die Berufungserzählungen von Jeremia und Jesaja». Sie legen eine Analyse von Berufungsformularen vor, untersuchen die biblischen Zeugnisse der beiden Berufungserzählungen von Jeremia und Jesaja und formulieren anhand ihrer Ergebnisse Folgerungen für die Berufungspastoral heutiger junger Menschen. So kommen die beiden Autoren zu dem Schluss, eine Berufung stehe nie in einem luftleeren Raum, denn Berufung sei stets eine Ausfaltung der Aufgabe eines konkreten Menschen in dieser Welt, mit seiner Lebensgeschichte und den jeweiligen Umständen, in die der oder die Einzelne hineingestellt ist. Jede Berufung sei einmalig, und um dem jeweiligen Berufungsweg gerecht zu werden, müsse jeder und jede Einzelne ein eigenes «Formular» erstellen, so wie das auch bei Jeremia und Jesaja geschehen ist.

Hildegard Scherer, die Neutestamentlerin an der Theologischen Hochschule Chur, fragt: «Schön ist die Jugend? Jungsein in neutestamentlicher Sicht». Unter Berücksichtigung der griechisch-römischen und biblisch-jüdischen Umgebung, in der die Schriften des Neuen Testaments entstanden sind, bearbeitet sie die Informationen, die sich zum Thema Jugend im Neuen Testament eruieren lassen. Solche Informationen sind rar, denn das Neue Testament zeigt – wie auch seine Umwelt – kaum Interesse an einer Zäsurierung des Lebenslaufs bzw. an der Herausstellung einer Jugendphase. Anhand dreier Modelle – des Defizit-Modells, wonach die Jugend die Vorstufe zum Erwachsenensein darstellt, des Privileg-Modells, bei dem die Jugend als Ideal und Höhepunkt angesehen wird, und des Kooperationsmodells, welches sich dadurch auszeichnet, dass der Jugend wie jedem anderen Alter auch nützliche

Eigenheiten zugesprochen werden – untersucht sie die neutestamentlichen Schriftzeugnisse. Mit den aus der Sichtung aller neutestamentlichen Schriften gewonnenen Ergebnissen analysiert sie dann das Bild der Jugend, welches im postsynodalen Schreiben «Christus vivit» entworfen wird. Sie kommt zu dem Ergebnis, dass *Papst Franziskus* bisweilen mit großer Freiheit an die von ihm ausgewählten biblischen Abschnitte herangeht, so dass Passagen, die exegetisch dem Defizit-Modell zugeordnet werden müssten, in seinen Darlegungen zum Privileg-Modell zugeschlagen werden.

«Wenn wir auf das hören, was der Heilige Geist uns sagt, können wir nicht verkennen, dass die Jugendpastoral immer eine missionarische Pastoral sein muss» (CV 240)

Dominikus Kraschl OFM, Professor für Philosophie und Philosophiegeschichte, widmet seinen Beitrag einem besonders in englischsprachigen Kirchen- und Theologenkreisen ausgesprochen bekannten Mann: «William Lane Craig. Philosoph, Apologet, Apostel». Er stellt ihn vor als analytischen Philosophen, der sich in seinen Publikationen zentralen Fragen und Problemen im Umkreis des christlichen Theismus widmet. Bevorzugt wählt *Craig* für seine Analysen jedoch nicht ein akademisches Hinterzimmer, sondern er hat seinen Ort in akademischen Debatten mit prominenten Atheisten und Skeptikern, Nicht-Christen, Naturwissenschaftlern und Philosophen gefunden. Das hat ihm den Ruf eingebracht, der bekannteste lebende christliche Apologet zu sein. Aus den biographischen Notizen, die *Kraschl* vorgelegt, wird der Berufungsweg dieses Philosophen deutlich, dem die christliche Ausrichtung nicht in die Wiege gelegt war. Aus zahlreichen persönlichen Glaubenserfahrungen wuchs in ihm der Wunsch, die christliche Botschaft mit den Mitteln der Vernunft und im Diskurs mit den intellektuellen Eliten zu erläutern und zu verteidigen.

Zum Abschluss des Bandes geht *Hanspeter Schmitt*, Professor für Theologische Ethik, folgender Thematik nach: «Jugend als Weg der Kirche? Kritische Sondierungen zwischen kirchlichem Desaster und Neubeginn». Die Missbrauchsskandale haben, so legt *Schmitt* dar, den desaströsen Zustand, in dem sich die Kirche befindet, aufgedeckt. Der Weg aus dem strukturellen, spirituellen und moralischen Desaster sei nicht einfach zu finden, denn die Kirche habe versäumt, «sich selbst, ihre Exponenten wie die gesamte Organisation als prinzipiell fehlbar, unvollkommen und der Entwicklung bedürftig zu sehen». Ein großes Potenzial zur Bewältigung des Desasters sieht *Schmitt* bei der Jugend. Jugendstile könnten «der herrschenden schwerfälligen Kirchensoziologie den besagten Spiegel vorhalten». Gleiches gelte für die spirituellen Vollzüge Jugendlicher. Aber es bräuchte systematisch die Bereitschaft, das spirituelle Können der Jugendkulturen in die Kirche eindringen zu lassen. Auch in Bezug auf kirchliches «Moralgebaren» könnte Kirche von der Jugend lernen. An zahlreichen Beispielen wird erkennbar, dass «Jugend ein Weg und Gestaltungsmodus der Kirche sein kann». Die Ereignisse rund um die Bischofssynode 2019 weckten zumindest die Hoffnung, dass Erfahrungen und Bedürfnisse der Jugendkulturen auch tatsächlich in Zukunft kirchlich stilbildend werden könnten.

«Die Kirche bedarf eures Schwungs, eurer Intuition, eures Glaubens. Wir brauchen euch!» (CV 229)

Mit diesen Worten endet das postsynodale Schreiben des Papstes zur Jugendsynode. Was der Papst hier für die Kirche formuliert, gilt auch für die Theologie. Der hier vorgelegte Band will einen Beitrag dazu leisten, nicht nur den Fahrtwind des kritischen Elans, der Jugend so wohltuend auszeichnet, für sich zu nutzen, sondern das Charisma des Rates neu zu entdecken. Denn: Oft gibt der Herr den Jüngeren ein, «was das Bessere ist».

Birgit Jeggle-Merz

Anmerkungen

1 Bened. reg. 3,3 (CSEL 75², 29 *Hanslik*): «Ideo autem omnes ad consilium uocari diximus, quia sepe iuniori dominus reuelat, quod melius est».

2 *Michaela Puzicha*: Kommentar zur Benediktusregel. Mit einer Einführung von *Christian Schütz*. Im Auftrag der Salzburger Äbtekonferenz, St. Ottilien ²2015, 123; vgl. z. B. auch Ambros. ep. 10,72,15 = Maur. 17,15 (CSEL 82,3, 18,137 *Zelzer*): «Omnis aetas perfecta Christo est, omnis deo plena»; zum Ideal des geistlich begabten Jüngeren vgl. etwa Apophthegmata Patrum Zacharias 1–5 (PG 65, 177D–179C); deutsche Übers.: Apophthegmata Patrum (Teil I): Das Alphabetikon – Die alphabetisch anonyme Reihe, übers. und kommentiert von *Erich Schweitzer* (Weisung der Väter 14), Beuron 2012, 104- 106 (Nrn. 243–247).

3 *Puzicha*: Kommentar zur Benediktusregel (Anm. 2) 123.

4 http://w2.vatican.va/content/francesco/de/letters/2017/documents/papa -francesco_20170113_lettera-giovani-doc-sinodo.html (Zugriff am 25. 05. 2019).

5 *Marlies Buchmann / Annekatrin Steinhoff*: Jugend und sozialer Wandel in fortgeschrittenen Industriegesellschaften der westlichen Welt, in: *Burkhard Gniewosz / Peter F. Titzmann* (Hrsg.): Handbuch Jugend. Psychologische Sichtweisen auf Veränderungen in der Adoleszenz, Stuttgart 2018, 333–352, hier 335.

EVA-MARIA FABER

JUNGE MENSCHEN UND DAS ALTER DER KIRCHE

Die stärkere Betonung eines synodalen Modells von Kirchenleitung sei Ausdruck einer reifenden, erwachseneren Kirche, so äußerte *Kardinal Blase Cupich* im Kontext der Bischofssynode «Die Jugendlichen, der Glaube und die Berufungsunterscheidung» im Oktober 2018. Von einer infantilen Kirche unterscheide sich die erwachsene Kirche durch ihre Weise, mit Unterschieden umzugehen: Für die Lösung von Schwierigkeiten könne man nicht auf einen «Daddy» warten oder sich aus Angst vor Konflikten hinter ihm verstecken[1].

Die Würdigung einer erwachsenen, synodalen Kirche trifft sich mit zwei Desideraten der jungen Menschen, die sich mit ihren Perspektiven in das Synodengeschehen einbrachten, insbesondere in der sogenannten Vorsynode. Sie schauen aus nach einer glaubwürdigen und Partizipation ermöglichenden Kirche (vgl. VS 11f), ebenso wie AD 118 Glaubwürdigkeit und die Umkehr zu einem neuen synodalen Stil der Kirche zusammenbringt. Andererseits wird in IL 14 ein Jugendlicher mit der Bemerkung zitiert: «Uns fehlen nicht nur Erwachsene im Glauben. Uns fehlen Erwachsene, Punktum»[2]. Dieselbe Einsicht formuliert das Abschlussdokument: «Um tatsächlich einen Prozess der Reife zu durchlaufen, brauchen junge Menschen souveräne Erwachsene» (AD 71). Es wird zu vertiefen sein, wie sich dieses Postulat, das sich auf Einzelpersonen bezieht, zur Entwicklung einer synodalen und erwachsenen Kirche verhält.

Wie es sich anhört, wenn junge Menschen Erwachsenen vorwerfen, sich nicht erwachsen zu verhalten, konnte Ende 2018 außerhalb kirchlicher Strukturen an der Rede der Schülerin *Greta Thunberg* vor der UN-Klimakonferenz in Katowice wahrgenommen werden. Sie warf den Delegierten vor: «Ihr seid nicht erwachsen genug, um die Dinge beim Namen zu nennen. Selbst diese Bürde überlasst ihr uns Kindern»[3]. Das Zitat soll an dieser Stelle nicht von binnenkirchlichen Herausforderungen ablenken, sondern kann dienlich sein, Phänomene der Verschleierung und des Sich-Wegstehlens von Problemen als Symptom auch einer nichterwachsenen Kirche zu identifizieren.

Um den Anforderungen einer erwachsenen Kirche auf die Spur zu kommen und umgekehrt die Stolpersteine zu identifizieren, geht der kürzere erste Abschnitt dieses Beitrags diversen metaphorischen Selbstbezeichnungen der Kirche mit Affinität zu Altersbestimmungen nach. Dies bereitet den Boden für den zweiten Abschnitt, der Herausforderungen zu einer erwachsenen Kirche und einer Kirche von Erwachsenen identifizieren will – Herausforderungen, die sich nicht nur, aber gerade auch angesichts von jungen Menschen stellen.

1. Das Alter der Kirche im Licht von ekklesiologischen Metaphern

1.1. Metaphern der Familienwelt

Kirchenamtliche Texte bringen das Selbstverständnis der römischkatholischen Kirche in besonderer Häufigkeit mit Metaphern aus dem Familienleben zum Ausdruck[4]. Sie interessieren hier insofern, als mit familiären Bezeichnungen implizit altersmäßige Beziehungen nahegelegt werden. Die Palette beginnt bei der mit der Taufe geschehenden Neugeburt, reicht über die Gotteskindschaft der Glieder der Kirche und das Brautmotiv bis zur Mutterschaft der Kirche und zur Vaterschaft kirchlicher Amtsträger. Dass diese Bezeichnungen nicht selten noch durch unterschiedliche Verwandtschaftsbeziehungen zu Maria ergänzt werden, sei hier nur am Rande erwähnt.

Unter Verzicht auf eine theologiegeschichtliche Fundierung solcher Metaphern soll es hier genügen, auf ihre Verwendung in den Synodendokumenten aufmerksam zu machen. Dafür soll der erste Abschnitt einige Beispiele geben, die im zweiten Abschnitt vertieft wiederaufzunehmen und zu ergänzen sind. Den Auftakt macht die Benennung der Kirche als wahre Familie der Kinder Gottes in AD 19. Daraus folgt in der Kirche «Brüderlichkeit» bzw. «Geschwisterlichkeit», worauf das Abschlussdokument über 20-mal zu sprechen kommt. AD 138 postuliert mit den jungen Menschen ein «Streben nach Brüderlichkeit» und sieht deswegen – mit Worten von *Papst Franziskus* – die Kirche aufgefordert, «Mutter für alle und Heimat für viele» zu sein. Die Pastoral habe «die Aufgabe, die universelle Mutterschaft der Kirche in der Geschichte durch konkrete und prophetische Gesten der freudigen täglichen Aufnahme zu verwirklichen, die sie zu einem Haus für junge Menschen machen». Maria ist Vorbild als junge Frau ebenso wie als Mutter, womit sich ein «marianisches Prinzip» auswirkt (vgl. AD 83). AD 33 sieht die spirituelle Vaterschaft zwar beeinträchtigt durch Ambiguitäten (davon unterschieden wird das Verbrechen des Missbrauchs in AD 29–31 thematisiert), versteht sie aber grundsätzlich eher positiv, während AD 57 die Erwartung junger Menschen referiert, «die Kirche möge einen weniger paternalistischen und offeneren Dialogstil pflegen».

Papst Franziskus bevorzugt in seinem 2019 erschienenen Nachsynodalen Apostolischen Schreiben «Christus vivit» die Inanspruchnahme Marias als Mutter, während er die Kirche nur an zwei Stellen Mutter nennt. Dabei schließt er aus der Mutterschaft der Kirche, dass sie weinen können muss, und führt diesen Gedanken interessanterweise weiter auf das Postulat einer mütterlichen Gesellschaft (vgl. CV 75). An einer zweiten Stelle identifiziert er die Mutter Kirche als *alte* Mutter, womit eine zweite Dimension der altersbezogenen metaphorischen Sprache für die Kirche anklingt (vgl. CV 101). Wie das Abschlussdokument rekurriert auch er des öfteren auf die brüderliche bzw. geschwisterliche Gemeinschaft der Kirche, nach der die jungen Menschen Sehnsucht bekunden (vgl. CV 84. 167).

1.2. Junge und alternde Kirche

Die familienbezogene Bildwelt hat Implikationen für Altersansätze, die in Aussagen über die «junge» oder aber die «alte» bzw. «alt gewordene» Kirche explizit werden. Dabei werden auch diese Adjektive meist metaphorisch verwendet, insofern das Alter der Kirche in der Regel nicht primär an Jahrhunderten festgemacht wird, sondern in Analogie zu menschlichen Lebensaltern verstanden wird.

Gern kleidet sich die Kirche in junge Gewänder. Im kirchlichen Sprachgebrauch gilt als jung jene Kirche, die von jungen Christinnen und Christen gebildet wird (vgl. VS 11. 12). Der Begriff der jungen Kirche ist zudem geläufig für die Kirchen der Kontinente, in denen das Christentum noch nicht so lang beheimatet ist wie in den Regionen mit alter christlicher Tradition[5]. Die Synodendokumente ergänzen diese beiden üblichen Themenfelder durch weitere Motive. AD 115 sieht in der Auferstehungszeugin Maria Magdalena ein Bild der jungen Kirche. Für CV 43 ist Maria Vorbild für eine «junge Kirche, die Christus mit Frische und Fügsamkeit nachfolgen will» (vgl. CV 47). AD 60 zitiert die Botschaft des Zweiten Vatikanischen Konzils an die Jugend, welche die Kirche als die «wahre Jugend der Welt» bezeichnet, weil sie «die Fähigkeit besitzt, sich über das zu freuen, was anfängt, sich hinzugeben, ohne zurückzuschauen, sich ausgehend vom neu Erreichten zu erneuern». AD 118 nimmt in Anspruch, dass die Entscheidung für die Synodalität der Kirche «es der Kirche ermöglichen wird, durch Gottes Gnade [korr. aus: um der Gnade Gottes willen] die ‹Jugend der Welt› zu sein und als solche klarer zu erscheinen».

Eine «Jugend der Kirche» erwartet *Papst Franziskus* sogar von jener Kirche, die faktisch alt ist. «Eine alte Institution wie die Kirche kann sich also erneuern und in verschiedenen Phasen ihrer langen Geschichte wieder jung werden» (CV 34). Demgegenüber thematisiert er in CV 101 offensiv das Alter und die «Falten des tausendjährigen Gesichts unserer Mutter» wegen der Schatten ihrer langen Geschichte – darauf wird zurückzukommen sein.

Der in Petrus personifizierten Kirche sind Alter und Verrat «eine Bürde», doch, wie der Wettlauf zwischen Johannes und Petrus zeigt, ist es wichtig, «mit den Erfahrungen der Älteren verbunden zu bleiben, die Rolle der Hirten anzuerkennen und nicht allein vorauszugehen» (AD 66). Während *Papst Franziskus* jungen Menschen das Gespräch mit den konkreten älteren Menschen in ihrem eigenen Umfeld empfiehlt (vgl. CV 16. 171. 187–191), konvergieren hier die «Älteren» mit den «Hirten der Kirche», womit implizit Autorität und Weisheit des Alters zusammengeschaut werden.

Ungeniert nennen die jungen Menschen in VS 15 ihre Gesprächspartner auf der Vorsynode «alte Kirche»: «Wir waren begeistert, von der Hierarchie der Kirche ernst genommen zu werden, und sind der Meinung, dass dieser Dialog zwischen der jungen und der alten Kirche ein vitaler und fruchtbarer Prozess des Zuhörens ist». Ansonsten ist die Rede von einer betagten oder alten, mindestens alternden Kirche (nicht nur) in den Synodendokumenten wenig geläufig. Sachlich zum Alter gehört die Wertschätzung der langen Tradition, auf die sich auch AD 39 bezieht, um auf die «reiche Tradition» der Sexualmoral zu verweisen. Interessanterweise fungieren als Beispiele dieser Tradition nur jüngere Lehraussagen von *Papst Johannes Paul II.* bis *Papst Franziskus.* Ein zweites Thema, das in die Tradition eingebunden wird, ist die spirituelle Kunst der Unterscheidung (vgl. AD 104. 112).

2. Herausforderungen

Metaphern der Familienwelt und Alterszuordnungen der ekklesiologischen Sprache kommen im Angesicht junger Menschen auf den Prüfstein. Wie stellt sich die junge oder jugendliche Kirche und andererseits die traditionsgebunden alte Kirche im Verhältnis zu jungen Menschen dar? Wie tönt die Rede von der Mutter Kirche in den Ohren junger Menschen? In welcher Weise sollte in ihren Augen die Kirche erwachsen sein? Die Probe aufs Exempel soll hier nicht empirisch in der Befragung junger Menschen geleistet werden. Die folgenden Ausführungen beabsichtigen, die Herausforderungen aufgrund einer genaueren Reflexion der Texte herauszuarbeiten.

2.1. Funktionalisierung junger Menschen für die junge Kirche?

Mit der Jugendsynode lenkte die Kirchenleitung den Blick auf eine oft nicht adäquat beachtete Altersstufe. Es war Ausdruck von Respekt und Würdigung, die Anliegen und Interessen von jungen Menschen in die Mitte der Kirche zu stellen. Entsprechende Resonanz fand die Synode mit ihren Vorbereitungen und in ihrer Wirkungsgeschichte bei jungen Menschen und bei Verantwortlichen der Jugendpastoral. Für einmal waren sie mit ihrem Postulat von Freiräumen für junge Menschen (von Räumlichkeiten in Pfarreizentren bis zu ideellen Freiräumen) nicht allein und nicht in der Defensive. Nachdrücklich fordert *Papst Franziskus* in seinem Nachsynodalen Schreiben «inklusive Räume [...], wo Platz ist für jede Art von jungen Menschen» (CV 234). Mehrfach begegnet er der Einschätzung, die jungen Menschen seien die *Zukunft* von Kirche und Welt: «Sie sind die Gegenwart und bereichern sie mit ihrem Beitrag» (CV 64)[6]. Eine Funktionalisierung der jungen Menschen für die Zukunft der Kirche, ohne ihnen in der Gegenwart Bedeutung und Beachtung zu schenken, wird damit abgewiesen.

Tatsächlich aber war und ist die Gratwanderung zwischen Marginalisierung und Funktionalisierung von jungen Menschen nicht einfach. Jungen Menschen zuzutrauen, dass sie die Kirche mit ihren Anliegen prägen können, ist eine Form von Anerkennung. Ebenfalls kann es in dieser Hinsicht Ausdruck einer Würdigung sein, Erwartungen und Hoffnungen an junge Menschen zu adressieren. Wie bei anderen Personengruppen ist es jedoch schwierig, die Grenze zu Funktionalisierungen abzustecken. Das Substantiv «Bereicherung» ist ambivalent und lässt offen, ob (junge) Menschen die Kirche bereichern oder ob die Kirche sich an (jungen) Menschen bereichert.

Das Gefälle hin zu einer Selbstbereicherung an jungen Menschen scheint besonders dort gefährlich zu werden, wo die Synodendokumente in geradezu emphatischer Sprache der Erwartung Ausdruck geben, dass die Kirche vom Jungsein und vom Elan der jungen Menschen profitiert. So verbindet AD 60 die bereits zitierte Rede von der Kirche als wahrer «Jugend der Welt» mit der Hoffnung: «Mit ihrer Frische und ihrem Glauben tragen junge Menschen dazu bei, dieses Antlitz der Kirche erkennbar werden zu lassen, in dem sich ‹der Lebendige schlechthin, der ewig junge Christus› widerspiegelt. Es geht daher nicht darum, eine neue Kirche für junge Menschen zu erschaffen, sondern mit ihnen die Jugendlichkeit der Kirche wiederzuentdecken, indem wir uns für die Gnade eines neuen Pfingsten öffnen». Den Appell, die von Jugendlichen eingebrachte «Unruhe» anzunehmen und ernst zu nehmen und zu begleiten, ergänzt AD 66 mit dem Hinweis, «dass der Beitrag junger Menschen maßgeblich für ihre Erneuerung ist». Ihre «jugendliche Dynamik» ist «eine erneuernde Kraft für die Kirche, denn sie hilft ihr, Schwerfälligkeit und Behäbigkeit abzuschütteln und sich dem Auferstandenen zu öffnen».

Im Angesicht junger Menschen dürfte kirchlichen Akteuren tatsächlich deutlicher die Behäbigkeit der Institution Kirche ins Bewusstsein treten. In diesem Sinne kann jedenfalls ein resümierender Text in AD 144 gelesen werden: «Dank der Tätigkeit der Synode haben wir im ersten Teil dieses *Dokuments* einige Bereiche aufgezeigt, in denen die Kirche bei der Erfüllung der ihr von

Christus anvertrauten Sendung unbedingt in Schwung kommen bzw. neuen Schwung erhalten muss». Der Begriff des «Schwungs» (*slancio*) taucht in der entsprechenden Überschrift auf und erweist sich näherhin als «missionarischer Schwung». AD verzichtet darauf, den Schwung explizit von den jungen Menschen zu erwarten. Dafür endet das Nachsynodale Schreiben von *Papst Franziskus* mit einer inständigen Bitte: «Die Kirche bedarf eures Schwungs, eurer Intuitionen, eures Glaubens. Wir brauchen das!» (CV 299) Auf diese Stelle wird gleich noch zurückzukommen sein.

Gerät eine als alt und behäbig geltende Kirche in Versuchung, sich mit der Jugendlichkeit von jungen Menschen umkleiden zu wollen? Dann entginge sie selbst nicht der Gefahr, die sie in der zeitgenössischen Kultur kritisiert, dass nämlich Erwachsene nicht erwachsen sein wollen, sondern in erster Linie jung bleiben wollen und damit ihre Aufgabe nicht wahrnehmen, erwachsenes Gegenüber zu sein[7].

Kriterium für die Frage, ob die Kirche sich aufrichtig von jungen Menschen beschenken lassen will oder ob sie sich in unguter Weise an ihnen zu bereichern sucht, dürfte die Frage sein, wie sie mit der von jungen Menschen eingebrachten Jugendlichkeit umgeht. Ein Seitenblick auf die Thematik der Kirchen in Ländern ohne lange christliche Tradition kann hier die Sensibilität schärfen. Die Rede von «jungen Kirchen» geht gern mit Stolz und Freude über die hier anzutreffende Lebendigkeit einher. Dies allerdings hat(te) auf Seiten der Kirchenleitung nicht zugleich die Bereitschaft zur Folge, diese Kirchen in ihre Lebendigkeit freizulassen. Vielmehr wurde ihre Entwicklung eng an die europäischen Theologien und Kirchen zurückgebunden; deren Traditionen und kulturellen Prägungen sind ihnen lange Zeit übergestülpt worden. Erst allmählich gelingen Prozesse der Interkulturation.

Zeichnet sich eine ähnliche Schwierigkeit für junge Menschen in der Kirche ab? Sollen sie der Kirche ihre Jugendlichkeit leihen und sich doch in das bestehende «alte» Kirchengefüge einbinden lassen?

2.2. Junge Menschen und die alte (Mutter) Kirche

Unausweichlich kommt mit dem Blick auf junge Menschen das Alter der Kirche in den Blick. Es ist theologisch gesehen das Alter einer Gemeinschaft, die aus Tradition lebt, weil sie an ihren Ursprung zurückgebunden bleiben will. Es ist kulturtheoretisch und theologiegeschichtlich gesehen das Alter einer kulturellen Größe, in der über die Jahrhunderte immer mehr Traditionen entstehen, die in schwer durchschaubaren Prozessen zu bindenden Vorgaben werden[8]. Es ist soziologisch gesehen das Alter einer Institution, die aufgrund der ihr eigenen Mechanismen Stabilität sucht. Die Grenzen zwischen Tradition als Identität, Tradition als Schatz und Tradition als Last verlaufen undurchschaubar und fließend. Mit guten Gründen weist *Daniel Bogner* auf die «Legitimitätsspirale der longue durée» hin: «Überall, wo über lange Zeiträume hinweg Dinge wachsen und sich etablieren, entwickelt sich eine Selbstbestätigungslogik von ‹Tradition› und langer Dauer. Verhaltensweisen, habituelle Rollenmuster und institutionelle Arrangements in der Kirche ächzen zum Teil unter einer vielfachen Jahrhundertlast. Diese Last entwickelt eine scheinbar legitimationsverströmende Atmosphäre»[9].

Insofern erscheint es recht kühn, dass AD 60 der Kirche die Fähigkeit zuschreibt, «sich hinzugeben, ohne zurückzuschauen». Selbst abgesehen von der identitätsstiftenden und notwendigen Rückschau ist die Kirche doch auch in weniger identitätsrelevanten Hinsichten bekannt für ihre Traditionsgebundenheit. Gegenüber den jungen Menschen bringt die Synode – wie schon gesehen – die «reiche Tradition» ein, und dies selbst zu Themen wie der Sexualmoral, bei denen sie um die kritischen Fragen junger Menschen weiß (vgl. AD 39).

Beherzter lässt *Papst Franziskus* gegenüber den jungen Menschen erkennen, dass er die Kirche nicht denen überlassen will, «die sie alt machen, sie auf die Vergangenheit festnageln, bremsen und unbeweglich machen wollen» (CV 30). Wenngleich die letztere Formulierung als Gebetsbitte gefasst ist, ist sie im Kontext des Schreibens zugleich eine Botschaft an die Kirche und insbesondere junge Menschen. Hat *Papst Franziskus* deswegen eine so große Affinität zu letzteren, weil er für seinen Drang nach vorn bei den etablierten kirchenleitenden Instanzen zu wenig Rückhalt hat? Dies lässt sich als sympathisches Bündnis verstehen, birgt aber gleichwohl wiederum die bereits thematisierte Gefahr der Funktionalisierung. Prekär wird es, wenn in den nun vollständig zu zitierenden letzten Zeilen des Nachsynodalen Schreibens zu lesen ist: «Die Kirche bedarf eures Schwungs, eurer Intuitionen, eures Glaubens. Wir brauchen das! Und wenn ihr dort ankommt, wo wir noch nicht angekommen sind, habt bitte die Geduld, auf uns zu warten» (CV 299). Es ist zwar zur Vermeidung von Enttäuschungen verständlich, wenn jungen Menschen mit der Einladung zu beherztem Engagement zugleich nüchtern Geduld empfohlen wird. Dennoch ist es misslich, wenn die Kirche vom Schwung der Jungen profitieren möchte, sie aber gleichzeitig im Vorangehen allein lässt. Diese Problematik ist umso schärfer zu benennen, als in den Dokumenten der Jugendsynode der Kontrast zwischen Erwartungen junger Menschen und den Gepflogenheiten und Traditionen der Kirche zwar mehrfach thematisiert wird, ohne dass es hier aber zu erkennbarer Veränderungsbereitschaft kommt. Appelle der jungen Menschen richteten sich etwa auf die Sexualmoral, die Stellung von Frauen in der Kirche und die Erneuerung der Strukturen der Kirche hinsichtlich von Transparenz und Partizipation[10]. Dazu aber werden die Synodendokumente nicht sehr konkret. Es ist indes fragwürdig, junge Menschen aufzufordern, ihre Anliegen in Kirche und Gesellschaft offensiv einzubringen – und zwar in der Gegenwart, ohne sich auf Zukunft vertrösten zu lassen –, sich aber selbst eher defensiv zu verhalten, statt sich in der Gegenwart auf erkennbare Veränderungsprozesse einzulassen. Die Verantwortung, die Kirche zu erneuern, kann nicht an junge Menschen delegiert werden, wenn die amtierenden, meist älteren Verantwortungsträger sich Veränderungen verschließen. Daran haben sich schon Akteure, die in den Machtverhältnissen von Kirche besser positioniert waren als junge Menschen, die Zähne ausgebissen. Und nicht wenige Menschen sind über ihrer Geduld, die sie als junge Menschen durchaus aufbrachten, in der Kirche alt geworden, ohne dass die Kirche dort angekommen wäre, wo sie selbst sich aufgrund ihres Schwungs, ihrer Intuition und ihres Glaubens schon länger und inzwischen als älter und alt Gewordene befinden – und dies in Punkten, in denen ein Reformbedarf inzwischen sogar auch offiziell zugegeben wird.

Pointiert kommen die «Falten des tausendjährigen Gesichts unserer Mutter und Lehrerin», die seit zweitausend Jahren unterwegs ist, bei *Papst Franziskus* zur Sprache. Obwohl er durchaus für eine kritikbereite Sicht der Vergangenheit der Kirche bekannt ist und eine beherzte Überprüfung traditioneller Einstellungen fordert, wirkt seine Verwendung der Metapher der Mutter hier zunächst schillernd und im Ganzen eher defensiv, wenn er – nach Benennung der Gräueltaten des Missbrauchs – schreibt:

«Dies ist nicht die einzige Sünde der Glieder der Kirche, deren Geschichte viele Schatten hat. Unsere Sünden sind für alle sichtbar; sie spiegeln sich gnadenlos in den Falten des tausendjährigen Gesichts unserer Mutter und Lehrerin wider; weil sie seit zweitausend Jahren unterwegs ist und die ‹Freude und Hoffnung, Trauer und Angst der Menschen› [GS 1] teilt. Und sie geht ihren Weg so, wie sie ist, ohne Schönheitsoperationen. Sie hat keine Angst, die Sünden ihrer Glieder, die einige von ihnen manchmal zu verbergen suchen, vor das feurige Licht des Wortes des Evangeliums zu stellen, das reinigt und läutert. Sie hört auch nicht auf, jeden Tag reumütig zu beten: ‹Gott, sei mir gnädig nach deiner Huld [...] meine Sünde steht mir immer vor Augen› (Ps 51,3. 5). Aber denken wir daran, dass man die Mutter nicht im Stich lässt, wenn sie verwundet ist, sondern dass man sie begleitet, damit sie die Kraft und die Fähigkeit gewinnt, immer wieder neu zu beginnen» (CV 101).

Dass die Sünden der Glieder der Kirche sich weder verbergen noch rückgängig machen lassen, ist ein ehrliches Eingeständnis, so wie der Verzicht auf eine Schönheitsoperation nach Aufrichtigkeit tönt. Die Personifizierung der Kirche als alte Mutter aber bringt die Gefahr mit sich, sie außer Reichweite von Verantwortung und grundsätzlicher Kritik zu bringen. Diese Mutter muss zwar die Sünden ihrer Glieder ertragen, verantwortet sie aber nicht selbst. Sie ist verwundet, womit sie gleich in zweifacher Weise emotional an sich bindet: eine Mutter lässt man ebenso wie eine verwundete Person nicht im Stich.

Diese Wahrnehmung trifft sich in der gegenwärtigen Bemühung um Aufarbeitung des Missbrauchsskandals mit anderen Kritiken an einer sakralen Überhöhung der Kirche und ihrer Ämter. Solange kirchliche Missbrauchsrhetorik nur die Verfehlung von einzelnen Gliedern anprangert und die entsprechenden Reinigungsprozesse fordert, bleiben systemische Ursachen von Missbrauch und Vertuschung unberührt.

2.3. Mutter Kirche und ihre jungen und nicht mehr so jungen Kinder

Während die Kirche in gewissem Sinne mit den jungen Menschen jung und jugendlich sein will, sieht sie sich andererseits als Begleiterin. Dafür findet die Bischofssynode unterschiedliche Ausdrucksformen, darunter die Beschreibung der mütterlichen Sorge:

«Präsent zu sein und auf dem Weg zu authentischen Entscheidungen unterstützend und begleitend da zu sein, ist für die Kirche eine Möglichkeit, ihre mütterliche Rolle auszuüben, indem sie Freiheit für die Kinder Gottes schafft. Dieser Dienst ist nichts anderes als die Fortsetzung der Art und Weise, wie der Gott Jesu Christi gegenüber seinem Volk handelt, nämlich durch beständige und warmherzige Gegenwart, ergebene, liebevolle Nähe und grenzenlose Zärtlichkeit» (AD 91).

Im Kontext der Jugendsynode stellen sich zur Metapher der Mutter verschiedene Bedenken ein. Ist es im Blick auf junge Menschen, die dabei sind, sich von ihren Eltern zu lösen, weiterführend, gleich eine nächste Mutter samt väterlichen Autoritäten einzuführen? Kommt dies nicht in problematischer Weise allenfalls bei jungen Menschen an, die – vielleicht weil sie elterliche Autoritäten vermissen mussten – zu einer nicht unbedingten gesunden

Suche nach Ersatzmüttern und -vätern neigen? Zugleich drängen sich grundsätzlichere Fragen auf. Kann die Kirche die emotionalen Versprechungen einhalten, die sie mit der häufig verwendeten Metapher der Mutter implizit gibt? Kaschiert sie damit nicht mehr schlecht als recht, dass auch sie ein System ist, dessen Institutionalität und Bürokratie einzelnen Menschen nur unzureichend gerecht wird – trotz der formalen Überordnung der «salus animarum» in can. 1752 CIC/1983? Und schließlich: Welche Auswirkungen hat es, wenn die römisch-katholische Kirche in das Verhältnis zwischen der «Mutter Kirche» und ihren Gliedern ein prinzipielles Gefälle einbaut?

Die Dokumente der Jugendsynode lassen an verschiedenen Stellen einige Vorsicht erkennen, gegenüber jungen Menschen auf die Autorität der mütterlichen Kirche zu pochen oder paternalistisch aufzutreten. Denn die Synode gibt sich Rechenschaft darüber, dass manchmal «die Bereitschaft junger Menschen auf eine gewisse autoritäre Haltung und Misstrauen bei Erwachsenen und Seelsorgern [trifft], die ihre Kreativität nicht ausreichend anerkennen und sich schwer tun, Verantwortung mit ihnen zu teilen» (AD 54). Deutlicher formuliert: «Eine der größten Erwartungen junger Menschen ist insbesondere der Wunsch, die Kirche möge einen weniger paternalistischen und offeneren Dialogstil pflegen» (AD 57). Demgegenüber möchte die Synode Vertrauen auf die Freiheit und das Verantwortungsbewusstsein junger Menschen anregen (AD 66) und sieht die mütterliche Rolle – wie im Zitat am Anfang dieses Abschnittes – darin, einen Raum der Freiheit zu eröffnen. In etymologischer Reflexion deutet AD 71 den Begriff der Autorität (*auctoritas*) «auf die Fähigkeit, etwas wachsen zu lassen; nicht die Idee der Weisungsbefugnis kommt darin zum Ausdruck, sondern die Idee einer wahrhaftig generativen Kraft». Im Vorbild Jesu werde deutlich, dass das Ziel das «Wachsen» ist, «ohne irgendeine Form von Besitzdenken, Manipulation und Verführung». Gegen manipulatives Verhalten, das nicht Freiheit, sondern Abhängigkeit bewirkt, tritt auch AD 102 ein. Respekt sei «die beste Garantie gegen die Gefahren des Hörigmachens oder Missbrauchs jeglicher Art».

Das Abschlussdokument der Synode nimmt durch solche Ausführungen ein entschiedenes Votum der Vorsynode auf, dass junge Menschen nicht wie «passive Anhänger» zu leiten seien, weil es gelte, ihre Freiheit zu respektieren[11]. Darüber hinaus betont das Dokument der Vorsynode den Wunsch junger Menschen, selbst Leitungsverantwortung zu übernehmen (vgl. VS 12). In vielen Kontexten der Jugendpastoral folgt daraus die Einsicht, dass junge Menschen selbst die besten Begleiter von anderen jungen Menschen sind. Dies findet Resonanz in der Würdigung von AD 36: «Junge Menschen sind dazu fähig, andere junge Menschen zu leiten und ein wahres Apostolat unter ihren Freunden zu leben».

Im Angesicht junger Menschen dürfte der Synode bewusst gewesen sein, dass junge Menschen – in der Regel – eher autoritätskritisch sind und sich altershalber gewonnene Spielräume nicht gern nehmen lassen. Nicht von ungefähr ruft CV 31 mit Zitat aus AD 63 die Erinnerung an den jungen Jesus wach, der den Mut besaß, «sich den religiösen und politischen Autoritäten seiner Zeit entgegenzustellen». Freiheit und Gewissen erfahren Beachtung (vgl. AD 73–76. 106–109), um das Bild von Kirche als «Institution, die Regeln, Verbote und Verpflichtungen auferlegt» (AD 73; vgl. AD 70), aufzubrechen.

Andererseits betont die Synode die Vermittlung der Kirche für die Gewissensbildung, und zwar in einer seltsam apodiktischen Weise, indem sie das «Gewissen eines jeden Gläubigen in seiner persönlichsten Dimension» in einen Bezug zum «Gewissen der Kirche» (*coscienza ecclesiale*) setzt (AD 109). Der Terminus ist nicht nur ungewöhnlich, sondern problematisch. Die jungen Menschen, mit dem Gewissen gerade auf die Unvertretbarkeit ihrer Verantwortung angesprochen, werden gewissermaßen auf ein übergeordnetes Gewissen verwiesen, in welchem das ganze Gewicht der Kirche liegt. Fraglich ist auch, ob die Rolle einer Begleitperson im Prozess der Unterscheidung sinnvoll damit beschrieben ist, dass sie «zum Mittler für die mütterliche Gegenwart der Kirche» wird (AD 112).

Beherzter spricht *Papst Franziskus* in CV 42 die Schatten der Kirche in diesem Bereich an. Im Blick auf berechtigte Ansprüche von Frauen hält er die Kirche zu einem rückblickenden Eingeständnis an: «Sie kann sich an die Vergangenheit erinnern und eine lange Geschichte autoritären Verhaltens seitens der Männer zugeben, Unterwerfung und verschiedene Formen von Sklaverei, Missbrauch und machohafte Gewalt». Auch thematisiert CV 98 klerikalen Autoritäts- und Gewissensmissbrauch.

Dass darunter nicht nur junge Menschen gelitten haben und leiden, zeigt auch im Kontext der Jugendsynode an, wie sehr hier nicht nur ein altersbedingtes Problem zwischen Erwachsenen und jungen Menschen in der Kirche vorliegt. Zu wenig ist die Kirche eine Gemeinschaft, in der sich Menschen auf dem Weg des Mensch- und Christseins gegenseitig begleiten. Vielmehr ist strukturell ein Macht- und Autoritätsgefälle gegeben, das sich mehr oder weniger auch auf persönliche Beziehungen auswirkt.

Eine von einem Synodenteilnehmer mitgeteilte Begebenheit kann deutlich machen, wie sich das übliche Autoritätsgefälle konkret auswirkt. Weihbischof *Emanuel Gobilliard* von Lyon hatte im Vorfeld der Synode das Gespräch mit jungen Menschen gesucht. Ein Dauerthema sei das der Begleitung gewesen – ein Thema, das auch die Synodentexte dominiert (in AD findet sich in relevanten Kontexten die Begrifflichkeit ca. 70-mal). Dabei scheint jeweils klar zu sein, dass die jungen Menschen sich begleiten lassen wollen und sollen, allenfalls, wie gesehen, durch andere junge Menschen, doch natürlich auch durch kirchliche Amtsträger (von deren Vorbereitung auf eine solche Aufgabe durchaus nachdrücklich die Rede ist). Weihbischof *Gobilliard* nun erinnert sich an die Frage eines Jugendlichen, der zurückgefragt habe: «Wer begleitet eigentlich euch Bischöfe, Priester, Diakone und Erzieher? Wer begleitet euch denn in diesen Fragen [Sexualität]? Denn man sollte doch davon ausgehen können, dass ihr in diesen Dingen auch begleitet werdet. Dass ihr das nicht mit euch alleine ausmachen müsst». Diese Frage habe ihn sehr getroffen[12].

In den hier beleuchteten Metaphernwelten beschrieben: Die Geschwisterlichkeit wechselseitiger Beziehungen zu leben, wie es die Synodentexte häufig thematisieren, ist kein Alltag. Vielmehr ist die Kirche eine Institution, die sich als Mutter bezeichnet und mit väterlich gedachter Autorität ihren Gliedern zuwendet. Die familienanalog beschriebene Beziehung zu den Gliedern der Kirche aber birgt die Gefahr, dass diese in die Dauersituation der Kindschaft geraten. Demgegenüber soll der letzte Abschnitt das anfängliche Postulat einer erwachsenen Kirche primär auf eine Kirche der Erwachsenen hin auslegen.

2.4. Erwachsene Kirche und Kirche von Erwachsenen

Mit der Rede von der «Mutter Kirche» verwendet die ekklesiologische Sprache eine Metapher, die auf gebärfähiges Alter und somit das Erwachsenenalter rekurriert. Diese Personifizierung der Kirche leitet ihr Selbstverständnis jedoch in eine eingeschränkte Richtung: Eine Kirche, die sich als Mutter versteht, ist stark fixiert auf jene, für die sie mütterliche Sorge ausübt. Dies könnte zwar als angemessene Konzentration auf den Dienstauftrag der Kirche geraten. Doch lässt die Metapher wenig Raum für strukturelle Analysen hinsichtlich der Voraussetzungen zur «erwachsenen» Erfüllung dieses Dienstes.

Würde man bei der Personifizierung allein auf das Alter achten, so gäbe es durchaus hilfreiche Analogien. Manches von dem, was jungen Menschen zum Erwachsenwerden mitgegeben wird, lässt sich analog auf die Kirche übertragen: Auch sie müsste Prozesse zulassen, die zu Erwachsenen gehören. Dazu gehören der Umgang mit eigenen Fehlern, die Notwendigkeit von Entscheidungen, weil man nicht alle Möglichkeiten offen halten kann, oder die Überwindung eines im jugendlichen Alter allenfalls noch akzeptablen Narzissmus. Eine erwachsene Kirche müsste – um die Worte *Greta Thunbergs* aufzunehmen – die Dinge beim Namen nennen und in beherzter Verantwortung Konsequenzen ziehen.

Möglicherweise würde es sich also lohnen, die Institution Kirche in einer personifizierten Vorstellung auf ein solch erwachsenes Verhalten hin zu prüfen. Allerdings wäre wohl über kurz oder lang jene Einsicht zu erwarten, die das Dokument der jungen Menschen von der Vorsynode präzise zur Sprache bringt: «Eine glaubwürdige Kirche hat keine Angst, als verletzlich zu gelten. Die Kirche sollte aufrichtig sein, ihre vergangenen und gegenwärtigen Fehler zugeben und Ungerechtigkeiten eingestehen, denn sie ist eine Kirche, die aus Personen besteht, die auch zu Fehlern und Missverständnissen fähig sind» (VS 11).

So hilfreich und anregend Metaphern und Personifikationen sein können, so sehr gilt es in einem letzten Punkt, darüber hinaus zu denken. Denn die Realität der Kirche, die in bestimmten Hinsichten in eine Personifizierung gefasst werden kann, bleibt doch die Realität einer Größe, die aus einer Vielzahl von einzelnen Personen besteht. Ein Seitenblick auf das Verständnis der Kirche als «fortgesetzte Inkarnation» kann hier hilfreich sein.

Die Kirchenkonstitution «Lumen gentium» nimmt in Artikel 8 aus der Tradition zwar einerseits den Vergleich zwischen dem «Mysterium des fleischgewordenen Wortes» und der komplexen, aus menschlichem und göttlichem Element zusammenwachsenden Struktur der Kirche auf. Die Analogie wird aber andererseits unter verschiedenen Hinsichten auf ihre Unähnlichkeit hin gebrochen. Unter anderem geschieht dies durch den Hinweis, dass das «Heilsorgan» des göttlichen Logos die *einzelne* angenommene Menschennatur ist, während es bei der Kirche ein *gesellschaftliches Gefüge* ist, das dem Geist Christi dient. Der Kommentar von *Alois Grillmeier* deutet die «socialis compago» als «Vielheit von Personen, deren Bereitschaft mitzuwirken höchst unterschiedlich und in vielen mangelhaft ist»[13].

Übertragen auf die hier beleuchtete Thematik bedeutet dies, dass die Personifizierung der Kirche in der Metapher eines erwachsenen Menschen aufzubrechen ist auf die bei weitem konfliktreichere Konstellation, dass die Kirche ein gesellschaftliches Gefüge von erwachsenen Akteuren sein muss. Damit präzisiert sich die mit dem Streben nach einer erwachsenen Kirche gegebene Herausforderung. Es ist nicht schwierig, sich eine personifizierte Kirche als «erwachsen» vorzustellen. Die Mutter-Metapher tut dies jedenfalls unter einer bestimmten Hinsicht. Das Postulat einer erwachsenen Kirche richtet sich jedoch darauf, dass die Glieder sich erwachsen verhalten.

An dieser Stelle wird als Schwäche der beschriebenen Metaphernwelt erkennbar, dass sie Christinnen und Christen stets neu in ein Kindschaftsverhältnis einweist, sei es gegenüber der personifiziert beschriebenen Mutter Kirche, sei es gegenüber den väterlichen Amtsträgern. Immerhin ist zu vermerken, dass die Verwendungen des Titels der Mutter für die Kirche mit den Metaphern des Gebärens und des Schoßes, auch noch mit der Rede von Söhnen und Töchtern einhergeht, in wichtigen Texten der Kirche aber nicht mit der Rede von Kindern (vgl. LG 6. 14f. 42). Tatsächlich dürfte es vermessen sein, die Gotteskindschaft in eine Kirchenkindschaft zu verlängern. Mentalitätsmäßig aber spielt das Gefälle zwischen einer Kirche, die Mutter ist, und den Gliedern, derer sie sich annimmt, durchaus eine mentalitätsprägende Rolle. Nicht umsonst ist die Anerkennung mündigen Christseins bis heute ein programmatisches Postulat von Katholikinnen und Katholiken, die sich im Leben der Kirche nicht hinreichend ernst genommen sehen.

Dasselbe Problem gilt sogar potenziert für jene Personen, die Amtsträger sind. Den ordinierten Amtsträgern wird traditionell eine väterliche Rolle zugeschrieben, die sie allerdings mit einer Devotion der mütterlichen Kirche zu verbinden haben. Zudem sind sie in einer Gehorsamsrelation mit Vorgesetzten verbunden, die sie – jedenfalls nach einigen Traditionen – als Väter ansehen sollen (analoges gilt für Ordensfrauen gegenüber den Vorgesetzten als «Müttern»). So unternimmt das Zweite Vatikanische Konzil den Spagat, die Beziehung zwischen Presbytern und Bischöfen einerseits als brüderlich zu beschreiben (vgl. PO 7), andererseits aber die Presbyter anzuhalten, «den Bischof wahrhaft als ihren Vater an[zu]erkennen und ihm ehrfürchtig [zu] gehorchen» (LG 28; vgl. LG 27)[14]. Wie sich die damit angelegte Regression auswirkt, mag hier eine Bemerkung von *Dom Hélder Câmara* aus der Zeit des Konzils illustrieren, die Bischöfe würden zu Seminaristen, wenn es darum gehe, auf einem Foto mit dem Papst aufzutauchen[15].

Es ist somit hier zu präzisieren, warum gerade das Streben nach einer synodalen Kirche Anlass dazu gibt, vom Erwachsenwerden der Kirche zu sprechen: Eine synodale Kirche bedarf erwachsener Akteure. Es sind Akteure, die um die ihnen eigene Verantwortlichkeit wissen und diese auch in spannungsreiche Auseinandersetzungen einbringen. In diesem Sinne titelt *Bernd Hagenkord* im Rückblick auf die Bischofssynode anlässlich der Publikation des Nachsynodalen Apostolischen Schreibens: «Wenn ich dazu Metaphern aus dem Bereich Jugend nehmen sollte, würde ich sagen, dass die Synode erwachsen wird. Sie ist und bleibt ein Beratungsgremium für den Papst. Aber darüber hinaus findet sich hier die Leitung der Kirche zusammen und berät, kontrovers und offen, und das hat in sich auch seinen Wert»[16].

Obwohl *Hagenkord* das Erwachsensein wiederum personifizierend an der Synode festmacht, ist mit der realistischen Beschreibung der kontroversen Beratung deutlich, dass in der synodalen Kirche Akteure zusammentreten, die sich auf erwachsene Weise ihrer Verantwortung bewusst sind. Darum sind sie in der Lage, «kontrovers und offen» zu beraten. Denn zum Erwachsensein gehört die Übernahme von Verantwortung, die jemand künftig in unvertretbarer Weise wahrnimmt. Damit aber entsteht Konfliktpotential, wie es *Michel de Certeau* in seinen klugen «Regeln des Konflikts» beschreibt: Da Menschen jeweils begrenzte, an bestimmte Situationen gebundene Verantwortlichkeiten übernehmen, stehen diese in Spannung zu jenen Verantwortlichkeiten, die andere übernommen haben. „Die Hochachtung, die ihm seine eigene Berufung abverlangt, schuldet der Christ aus denselben Gründen, aber nicht auf dieselbe Weise, der Berufung der anderen: Er schuldet sie ihnen deshalb, weil auch sie eine ihrer Funktion und ihren Fähigkeiten entsprechende eigene Rolle in der gemeinsamen Arbeit haben: Doch schuldet er sie ihnen nicht auf dieselbe Weise, denn ihre Aufgabe ist nicht die seine, und er muss der seinen treu bleiben. Wenn es dabei zu einem Konflikt kommt, muss er antreten und das verteidigen, wozu seine Funktion ihn im Gewissen verpflichtet, es zu fordern»[17].

Auch in der Kirche ist Respekt vor anderen Akteuren, die ihren Verantwortlichkeiten nachkommen, gefragt. Dies entspricht dem Modell einer geschwisterlichen Kirche. Hinsichtlich der von *Certeau* postulierten Treue zur eigenen Verantwortlichkeit lohnt sich nochmals ein Blick auf die Auswirkungen der elterlichen Metaphern. In einer Kirche, die sich als Mutter versteht und jeweils väterlich übergeordnete Autoritäten kennt, könnten ihre Glieder, auch wenn sie Leitungspersonen sind, dazu neigen, ihre Verantwortung gewissermaßen jugendlich-experimental zu verstehen. Jugendliche können und dürfen Verantwortung bedingt übernehmen, im Ausprobieren ihrer eigenen Fähigkeiten ebenso wie im Ausprobieren verschiedener Standpunkte[18]. Von Erwachsenen hingegen darf und muss erwartet werden, dass sie ihre Verantwortung auch im Gegenüber zu anderen Perspektiven und bei Widerstand wahrnehmen. Ein Zurückweichen vor der Bürde der unangenehmen und exponierenden Seiten von Verantwortung wäre eine Regression. Diese Pflicht zur Verantwortung gilt auch in der Kirche, davon dürfen elterliche Metaphern nicht ablenken. Sie ändern nichts daran, dass erwachsene Akteure erwachsen sind und sein müssen. Das heißt für eine synodale Kirche: Konfligierende Perspektiven sind in sachlicher Auseinandersetzung und nicht aufgrund von Autoritätsgefälle zu lösen.

Eine Kirche, die pfingstlich jung sein will (vgl. AD 60 und Abschnitt 2.1.) und bereit ist, zusammen mit jungen Menschen nach vorn zu gehen, statt sie allein vorgehen zu lassen (vgl. CV 299 und Abschnitt 2.2.), eine Kirche, die gerade im Gespräch mit jungen Menschen ein neues Gespür für Respekt und wachstumsorientierte Autorität gewinnt (vgl. AD 71 und Abschnitt 2.3.), darf sich nicht hinter der Metapher der Mutter verstecken. Die Gesichter der Menschen in der Kirche müssen in ihrer Pluralität zutage treten. Gerade im Gespräch mit jungen Menschen tritt die Bedeutung von individuell ausgeübter Verantwortung hervor. Es braucht in der Kirche erwachsene Akteure als Vorbilder für junge Menschen und als Repräsentanten einer Kirche der Partizipation, die AD 119–127 als eine für junge Menschen glaubwürdige Kirche beschreibt. Doch nur wenn erwachsene

Glieder der Kirche respektvoll und unerschrocken zugleich für ihre Verantwortung einstehen, entsteht jene synodale Kirche, die metaphorisch als erwachsen gelten kann.

Anmerkungen

1 *Christopher Lamb*: Cardinal says Viganò letter is a «destructive» manipulation of abuse crisis (17. 10. 2018), in: https://www.thetablet.co.uk/news/10875/cardinal-says-vigan-letter-is-a-destructive-manipulation-of-abuse-crisis (Zugriff am 15. 4. 2019): «It's giving people a growing sense that we are moving into adult Church, not an infantile Church. This is the way adults deal with differences, they don't look to daddy to solve all the problems, or they don't hide behind them because they are afraid of conflict, or conflict-averse. This is an adult Church way of dealing with issues».

2 Das Dokument der Vorsynode, das Instrumentum Laboris sowie das Schlussdokument der Bischofssynode 2018 sind auf der Internetseite http://www.vatican.va/roman_curia/synod/index_ge.htm abrufbar (Zugriff am 15. 4. 2019).

3 «You're not mature enough to tell it like it is. Even that burden you leave to us children», in: https://www.youtube.com/watch?v=upxMwk-Zjk8 (Zugriff am 15. 4. 2019).

4 Insbesondere die Rede von der Kirche als Mutter hat eine lange, in Gal 4,26 und Offb 12,17 indirekt beginnende Tradition. Näher zu analysieren wären dabei Akzentverschiebungen in dieser Tradition vom himmlischen Jerusalem aus Gal 4,26 auf die irdische Kirche oder vom Freiheitsmotiv auf ein Abhängigkeitsverhältnis. Die theologiegeschichtliche Analyse solcher Entwicklungen kann hier jedoch nicht geleistet werden.

5 In 14 Verwendungen spricht das Missionsdekret des Zweiten Vatikanischen Konzils «Ad gentes» von der jungen Kirche oder der Kirche im Stadium der Jugend; vgl. ohne Verwendung des Begriffs der jungen Kirche die Gegenüberstellung zu den Kirchen «alter christlicher Tradition» in CV 69.

6 Siehe auch: Papstmesse zum Abschluss des Weltjugendtags Panama (27. 1. 2019), in: https://www.vaticannews.va/de/papst/news/2019-01/papst-franziskus-panama-wjt-2019-messe-abschluss-bericht-jugend.html (Zugriff am 15. 4. 2019).

7 «Manchmal versuchen Erwachsene erst gar nicht, die Grundwerte des Da-

seins weiterzugeben, oder es gelingt ihnen nicht, oder sie versuchen krampfhaft, auf jugendlich zu machen, wodurch die Beziehung zwischen den Generationen ins Kippen gerät» (AD 34).

8 Vgl. *Bernhard Körner*: Orte des Glaubens – loci theologici. Studien zur theologischen Erkenntnislehre, Würzburg 2014, 185: «So selbstverständlich es ist, dass die Tradition im Kontext von Glaube und Theologie positiv gesehen wird, so stellt sich dabei doch die Frage, ob die zunehmende Zahl von Traditionszeugnissen nicht dazu führen muss, dass es in der Glaubenserkenntnis immer weniger Spielräume und daher auch immer weniger Möglichkeiten gibt, heutigen Fragen und Herausforderungen zu entsprechen. Manche Unbeweglichkeit in der Lehrentwicklung der Kirche scheint auf solche Festlegung durch die Tradition hinzuweisen».

9 *Daniel Bogner*: Diese Kirche tötet (8. 4. 2019), in: https://www.feinschwarz.net/diese-kirche-toetet/ (Zugriff am 15. 4. 2019).

10 Vgl. VS 5. 11 zum Thema Sexualmoral; VS 5. 7. 9. 12 vier Stellen (!) zum Thema Frauen; VS 1. 5. 11 zum Thema Kirche, z. B. Moralismus, Skandale und deren Aufarbeitung.

11 Vgl. VS 10: «Mentoren sollten junge Menschen nicht wie passive Anhänger leiten, sondern neben ihnen her gehen und ihnen erlauben, an dieser Reise aktiv teilzunehmen. Sie sollten die Freiheit respektieren, die für junge Menschen zum Prozess der Unterscheidung gehört, und sollten sie mit Werkzeugen ausrüsten, damit sie es auch gut machen».

12 Siehe: Missbrauch: Der Elefant in der Synodenaula? (4. 10. 2018), in: https://www.vaticannews.va/de/vatikan/news/2018-10/synode-jugend-2018-bischoefe-missbrauch-interviews.html (Zugriff am 15. 4. 2019).

13 *Alois Grillmeier*: Erstes Kapitel. Kommentar [zu «Lumen gentium»], in: $LThK^2$ 12 = Erg.-Bd. 1 (1966) 156–176, 174.

14 Vgl. dazu *Matthias Fallert*: Mitarbeiter der Bischöfe. Das Zueinander des bischöflichen und priesterlichen Amtes auf und nach dem Zweiten Vatikanischen Konzil (Studien zur systematischen und spirituellen Theologie 44), Würzburg 2007, insbesondere das Resümee 196–200.

15 *Dom Hélder Câmara*: Lettres conciliares (1962–1965), 2 Bde., Paris 2006, Bd. 1,253: «Les évêques deviennent des séminaristes quand il s'agit de se faire tirer le portrait avec le Pape» (Eintrag vom 22./23. 10. 1963).

16 *Bernd Hagenkord*: Die Synode wird erwachsen (2. 4. 2019): https://paterberndhagenkord.blog/papst-zum-thema-jugend-synode-dokument/ (Zugriff am 15. 4. 2019).

17 *Michel de Certeau*: Der Fremde oder Einheit in Verschiedenheit, Stuttgart 2018, 53.

18 Den Eigenwert dieser Lebensphase hebt CV 135 hervor. Gerade in Sachen Verantwortung stehen Jugendliche nicht unter demselben Maß wie Erwachsene, was das letzte Durchtragen und die Unvertretbarkeit angeht. Umgekehrt brauchen junge Menschen Vorbilder für das Hineinwachsen in den Ernst von Verantwortlichkeit, auch in der Kirche.

CLAUDE BACHMANN

JUNGE MENSCHEN ALS LOCUS THEOLOGICUS IN DER JUGENDPASTORAL

> Um in den Augen der jungen Menschen glaubwürdig zu sein, muss sie [die Kirche] zuweilen die Demut zurückgewinnen und einfach zuhören, und in dem, was andere sagen, ein Licht erkennen, das ihr helfen kann, das Evangelium tiefer zu verstehen.
>
> *Papst Franziskus*: CV 41

«Junge Menschen [sind daher] einer jener ‹theologischen Orte›, an denen uns der Herr manche seiner Erwartungen und Herausforderungen für die Gestaltung der Zukunft erkennen lässt»[1] (AD 64). Mit der Bezeichnung junger Menschen als *locus theologicus* im Abschlussdokument der Jugendsynode 2018 streichen die Synodenteilnehmer mit großer Wucht die Bedeutung junger Menschen für die Kirche und das Erkennen der Zeichen der Zeit heraus. Waren mit den *loci theologici* üblicherweise etwa die Heilige Schrift, die Tradition oder das Lehramt gemeint, treten nun junge Menschen als «*Zeuge*[n] *und Träger* der Überlieferung»[2] hinzu. Junge Menschen sind für die Kirche und Gesellschaft lebendige Orte, in und an denen der authentische Glaube bezeugt wird und die somit wesentlich zu seiner Tradierung und Verkündigung beitragen. Die existenzielle Bedeutung junger Menschen für die Kirche und die Gesellschaft heute unterstreichen die Synodenteilnehmer noch zusätzlich, wenn sie aus christlicher Optik auf den Ursprung jeglicher Lebendigkeit verweisen und diesen sowohl theologisch als auch anthropologisch mit jungen Menschen in Beziehung setzen: «Denn wir glauben, dass Gott auch heute durch junge Menschen - mit ihrer Kreativität und ihrem Engagement ebenso mit ihrem Leiden und ihren Hilferufen - zu Kirche und Welt spricht» (AD 64).

Diese theologische Konzeption trägt zur Weiterentwicklung des Verständnisses der Jugendpastoral grundsätzlich und der Arbeit mit jungen Menschen im Speziellen bei, denen sich die katholische Kirche nach der Jugendsynode 2018 stellen muss. Mit der Jugendsynode markiert die katholische Kirche hinsichtlich der Begleitung junger Menschen einen Wendepunkt, hinter den sie nicht mehr zurücktreten kann.

Der vorliegende Beitrag möchte einen Anstoß geben, junge Menschen als *locus theologicus* theologisch zu erschließen und Konsequenzen dafür ziehen, wie jungen Menschen in der pastoralen Arbeit zu begegnen ist. Dabei sollen in einem ersten Kapitel einige grundlegende Aspekte zu den *loci theologici* vorgelegt werden, um diese im zweiten Kapitel mit jungen Menschen in Beziehung zu setzen. Ausgehend von der Lehre der *loci theologici* des *Melchior Cano* machte es deren Weiterentwicklung und Öffnung im 20. Jahrhundert möglich, heute von jungen Menschen als *locus theologicus* zu sprechen. Hier gilt es, die theologische Bedeutung junger Menschen als *locus theologicus* für die Kirche und Gesellschaft auszuarbeiten. Im dritten Kapitel wird schließlich darüber nachgedacht, wie junge Menschen in der pastoralen Arbeit einzubeziehen sind, damit die Programmatik der Jugendsynode nicht im Abschlussdokument endet, sondern von dort ihren Anfang nimmt.

1. Ursprung und Verständnis der loci theologici

Wenn junge Menschen im Abschlussdokument der Jugendsynode als *locus theologicus* bezeichnet werden, bedarf es zuerst eines kurzen Überblicks über die Ursprünge und das heutige Verständnis der *loci theologici*. Diese Ausführungen sollen helfen, die Aussage der Jugendsynode in ihrer theologischen Bedeutung und Tiefe erfassen zu können.

1.1. Die Wurzeln bei Melchior Cano

Als spanischer Dominikaner im 16. Jahrhundert mit der Reformation konfrontiert, war es *Melchior Cano* ein Anliegen, den Theologen ein Instrumentarium zur Verfügung zu stellen, aus dem sie Argumente entnehmen könnten, die ihrer Arbeit als christliche Lehrer in der Unterweisung der gesunden Lehre und Widerlegung der Gegner[3] dienlich waren. Von der aristotelischen Topik und Thomas von Aquin inspiriert, legte *Cano* «*loci* für die Theologie [vor], denen man nicht nur gleichsam allgemeine und der Theologie gewissermaßen fremde Argumente (*argumenta quasi communia et aliena*), sondern auch theologiespezifische *argumenta propria* entnehmen könne»[4]. Es ging dem Dominikanertheologen explizit nicht um ein Argumentarium für eine allgemeine Disputation. Er verstand seine *loci* als Orte, aus denen Theologen Argumentationen für die Bekräftigung und Verteidigung des authentischen Glaubens gewinnen konnten.

1.2. Theologische Bezeugungsinstanzen heute

Die Konzeption der *loci theologici* nach *Melchior Cano* hat bis heute noch ihre Gültigkeit, allerdings kam es im Laufe der (Theologie-) Geschichte zu Verschiebungen in deren Bewertung und Gewichtung. Während *Melchior Cano* im 16. Jahrhundert in seinem Werk *De locis theologicis* (1563) noch zehn *loci theologici*[5] vorlegte, kennt die theologische Erkenntnislehre heute fünf *loci theologici* resp. «theologische Bezeugungsinstanzen»[6]: die Heilige Schrift, die Tradition, das kirchliche Lehramt, die wissenschaftliche Theologie und den Glaubenssinn der Gläubigen (*sensus fidelium*)[7]. Zu beachten ist, dass *Cano* in seinem System neben «theologieinternen Kriterien»[8] «außertheologische Instanzen oder ‹Fremdorte›»[9] vorsah, nämlich die menschliche Vernunft, die Philosophie und die Geschichte.

Heute ließen sich weitere Instanzen ergänzen: die Naturwissenschaften, die Psychologie, die Soziologie, die Geschichte, welche «von außen» auf die Kirche einen bedeutenden Einfluss auf die Kirche nehmen[10].

Dass von mehreren Bezeugungsinstanzen die Rede ist, verleitet dazu, nach einer Hierarchisierung oder Priorisierung der einzelnen Instanzen zu fragen. Gerade im Zuge des Konzils von Trient wurde die Rechtlichkeit der katholischen Kirche stark betont, was zu einer Verkürzung der *loci theologici* auf das Lehramt führte und im Ersten Vatikanischen Konzil mit dem Dogma der Unfehlbarkeit des Papstes einen Höhepunkt fand. Mit dem Zweiten Vatikanischen Konzil und der Akzentuierung der Kirche als *Communio* kam es demgegenüber erneut zu einem äquivalenten Verständnis der Bezeugungsinstanzen. «Sie sind die eine wie die andere Instanzen innerhalb der *einen* Glaubensgemeinschaft Kirche und daher je in der Lage, den Glauben zu erkennen, auszulegen und zu bezeugen»[11]. Die Bezeugungsinstanzen werden somit heute nicht mehr hierarchisch gedacht, sondern als (Beziehungs-)Geflecht verstanden, in welchem die einzelnen Instanzen zueinander korrelieren und aufeinander bezogen sind. Somit tragen alle Bezeugungsinstanzen als theologische Orte gleichermaßen zur Tradierung und Weitergabe des Glaubens bei. In diesen Interaktions- bzw. Korrelationsraum unterschiedlicher Bezugspunkte des Glaubens setzt nun die Jugendsynode junge Menschen als theologischen Ort.

Dabei ist in allen Übersetzungen des Abschlussdokumentes bei der Nummer 64 nicht von Bezeugungsinstanz(en), sondern von «*loci theologici*», resp. «theologische Orte[n]» zu lesen. Gerade im Kontext von Jugendpastoral stellt sich zu Recht die Frage, wie dienlich das Bild junger Menschen als (theologischer) Ort ist.

1.3. Ort als Beziehungsgeschehen

Um das Verständnis junger Menschen als (theologischer) *Ort* besser einordnen und später in Relation bringen zu können, ist an dieser Stelle der Begriff des Ortes in seiner Metaphorik zu beleuchten. Dies wird der adäquaten Wahrnehmung junger Menschen als *locus theologicus* hilfreich sein.

Wesentlich für den christlichen Glaubensvollzug ist, dass es Orte gibt, «an denen der Glaube zur *Erfahrung* wird; [...] an denen der Glaube *bezeugt* und weitergegeben wird; und [...] Orte, die für das *Verstehen* des Glaubens von Bedeutung sind bzw. an denen sich der Glaube *bewähren* muss»[12]. Wenn in diesem Zusammenhang nun von Orten die Rede ist, muss über geografische Orte hinausgedacht werden. Vielmehr geht es um Orte im übertragenen Sinn, in welchen der Glaube für andere konkret und erfahrbar wird und für sich selber gelebt und vollzogen werden kann. Das kann beispielsweise ein Ereignis, ein Erlebnis, eine Begegnung oder auch das persönliche Gebet mit Gott sein. Konstitutiv für die Konkretheit des Glaubens in all seinen Dimensionen und Tiefen sind dabei Beziehungen. *Bernhard Körner* drückt dies mit Verweis auf den französischen Lyriker *Philippe Jaccottet* folgendermaßen aus: «Ein Ort ist eine Art Mitte, die in Beziehungen gesetzt wurde und sich aus diesen Beziehungen ergibt. Was also einen Ort zu einem Ort macht, sind Beziehungen.»[13] Weiter legt *Körner* in Anlehnung an *Doreen Massey* dar, dass Orte im Sinne einer «Summe von Beziehungen, Verbindungen und Praktiken»[14] auch als Räume verstanden werden können: «Orte [können] auch als Räume gesehen werden – als Räume, die durch diese Beziehungen gewissermaßen ‹aufgespannt› werden»[15]. Dies ist möglich und notwendig, weil der trinitarische Gott selbst Beziehung ist und in der Person Jesu, in Raum und Zeit, für die Menschen konkret wurde und mit ihnen in Beziehung getreten ist.

Die grobe Skizzierung der Ursprünge und des heutigen Verständnisses der *loci theologici* lässt erahnen, wie theologisch bedeutsam die Rede von jungen Menschen als einem der theologischen Orte ist. Mit dieser Formulierung im Abschlussdokument macht die Jugendsynode junge Menschen zu einer tragenden Säule des christlichen Glaubens. Diese Einschätzung zeugt von hoher Anerkennung und Glauben an junge Menschen. Es gilt nun aber der Frage nachzugehen, wie sich das theologische Konzept der *loci theologici* auf junge Menschen übertragen lässt, respektive wie junge Menschen als *locus theologicus* verstanden werden können.

2. Junge Menschen als locus theologicus

Wie junge Menschen als einer der theologischen Orte für die Kirche und den Glauben fruchtbar sein können, deutet *Papst Franziskus* im Nachsynodalen Apostolischen Schreiben «Christus vivit» zur Jugendsynode an: «Wir müssen mehr Räume schaffen, wo die Stimme der jungen Menschen ertönt» (CV 38). Mit diesem Satz hebt *Papst Franziskus* abermals die Bedeutung der mitbestimmenden und mitgestaltenden jungen Menschen für die Kirche und damit verbunden für den Glauben hervor. Wie kann es für die Pastoral nun aber gelingen, junge Menschen als *locus theologicus* zu erschließen? Im zweiten und dritten Teil möchte dieser Beitrag sich dieser Fragestellung annähern und tut dies methodisch entlang der eben zitierten Aussage von *Papst Franziskus*. Während der Fokus im dritten Teil auf der *Schaffung der Räume* in der Jugendpastoral liegt und damit versucht wird, aus religionspädagogisch-praktischer Perspektive eine Antwort auf die Fragestellung zu geben, soll es im Folgenden um das *Ertönen der Stimme junger Menschen* gehen, verbunden mit der Frage, wie junge Menschen und das Konzept der *loci theologici* adäquat in Beziehung gebracht werden können.

2.1. Begegnung mit Menschen

> Junge Menschen als *locus theologicus* zu verstehen, bedeutet in erster Linie den jungen Menschen als Personen und Individuen zu begegnen, denen zugestanden wird, den authentischen Glauben bezeugen zu können und so wesentlich zu dessen Tradierung und Weitergabe beizutragen.

Stellt man die für den Glauben heute bedeutenden fünf theologischen Bezeugungsinstanzen den jungen Menschen als *locus theologi-*

cus gegenüber, so fällt auf, dass nebst den jungen Menschen als *locus theologicus* bei nur einer der fünf Bezeugungsinstanzen direkt Menschen als *locus theologicus* identifiziert werden: Es handelt sich um den Glaubenssinn der Gläubigen (*sensus fidelium*). Selbstverständlich implizieren die Heilige Schrift, die Tradition, das kirchliche Lehramt und die wissenschaftliche Theologie konkrete Menschen (Evangelisten, Kirchenväter, Kirchenlehrerinnen, Amtsträger und Theologinnen und Theologen), ohne die die vier Bezeugungsinstanzen nicht als *loci theologici* funktionieren können. Dasselbe gilt auch für die oben erwähnten «außertheologischen Instanzen». Trotzdem: In der jeweiligen Bezeichnung der Instanz werden nur beim Glaubenssinn der Gläubigen direkt Menschen als *locus theologicus* beschrieben. Dies aber gilt nun auch explizit für die jungen Menschen, wenn sie als eigener *locus theologicus* benannt werden. «*Zeuge*[n] und *Träger* der Überlieferung»[16] sind in diesen beiden *loci theologici* konkrete (junge) Menschen mit ihren Erfahrungen im Glauben und nicht ein System wie das kirchliche Lehramt oder die wissenschaftliche Theologie.

2.2. Dynamik der Begegnung

> Wenn die Stimmen junger Menschen als *locus theologicus* hörbar sein sollen, ist Dynamik und Lebendigkeit in Begegnungen geschehen zu lassen und zu fördern.

Das Entscheidende im Verständnis junger Menschen als *locus theologicus* ist die direkte Begegnung mit ihnen. Es ist im Sprechen *über* junge Menschen nicht möglich, sie als einen der theologischen Orte zu erschließen. Dies hat für die Kirche im Allgemeinen und für die Jugendpastoral im Speziellen die notwendige Konsequenz, Begegnungen mit und unter jungen Menschen zu ermöglichen. Denn junge Menschen können nicht nur für die Kirche und den Glauben ein *locus theologicus* sein, sondern gerade auch für andere junge Menschen.

Bei Begegnungen mit jungen Menschen ist zu beachten, dass diese in einen Kontext gebettet sind, in welchem der junge

Mensch sich nicht nur wohlfühlt, sondern sich in erster Linie authentisch bewegen und ausdrücken kann. Authentizität und Ehrlichkeit sind für junge Menschen in Begegnungen mit Vertreterinnen und Vertretern der katholischen Kirche von großer Bedeutung. Dies haben die jungen Menschen der Vorsynode mehrmals betont. «Junge Menschen sehnen sich heutzutage nach einer authentischen Kirche. Besonders zur Hierarchie der Kirche sagen wir: Seid transparent, offen, ehrlich, einladend, kommunikativ, zugänglich, freudig und eine Gemeinschaft im Austausch» (VS 11). Dieser Austausch muss in jedem Fall auf Augenhöhe vollzogen werden, um dem Rollengefälle zwischen jungen Menschen und Vertreterinnen und Vertretern der Kirche entgegenzuwirken, worauf später nochmals genauer eingegangen wird. Es ist dies der fruchtbare Nährboden für das Zugehen junger Menschen auf die katholische Kirche und prägt die Dynamik und Lebendigkeit der Begegnung wesentlich mit. Es wäre vermessen, die Fruchtbarkeit solcher Begegnungen allein auf Aussagen junger Menschen reduzieren zu wollen. In diesem Fall würden die jungen Menschen auf eine Ausdrucksweise festgelegt, die für sie je nach Kontext nicht prioritär ist. Es ist die Dynamik und Lebendigkeit der Begegnungen mit jungen Menschen, die substantiell dazu beiträgt, sie als echte Glaubenszeuginnen und Glaubenszeugen identifizieren zu können. Dabei hat gerade die Jugendsynode 2018 gezeigt, wie der Faktor der Dynamik Einfluss auf das Geschehen nehmen kann, als die jungen Auditorinnen und Auditoren Redebeiträge in der Synodenaula mit Applaus oder mit Schweigen quittiert haben. Sie haben so auf ihre ganz persönliche Art und Weise ihre Meinung deutlich zum Ausdruck gebracht. Allein die Anwesenheit der jungen Auditorinnen und Auditoren hat das Klima positiv geprägt. Dies spürte *Papst Franziskus* bereits zu Beginn der Synode: «Wenn wir diese Aula betreten, um über die jungen Menschen zu sprechen, so spürt man bereits die Kraft ihrer Anwesenheit, die eine positive Stimmung und einen Enthusiasmus verbreitet, die im Stande sind, nicht nur diese Aula zu erfüllen und zu erfreuen, sondern die gesamte Kirche und die ganze Welt»[17]. *Papst Franziskus* hat im weiteren Verlauf der Jugendsynode höchstpersönlich die jungen Auditorinnen und Auditoren dazu aufgerufen, sich in der Synodenaula weiterhin bemerkbar zu machen. Ebenfalls haben Bischöfe davon berichtet, dass die vergangene Bischofssynode eine der lebendigsten Synoden war.

2.3. Resonanzfähigkeit in Begegnungen

> Junge Menschen als *locus theologicus* zu erschließen setzt Resonanzfähigkeit sowohl bei jungen Menschen als auch beim Gegenüber und somit nicht zuletzt bei der katholischen Kirche voraus.

Dynamik und Lebendigkeit in Begegnungen, die jungen Menschen den nötigen Raum für ihre Artikulation bieten, sind wichtige Voraussetzungen dafür, dass sich junge Menschen adäquat äußern und einbringen können. Fatal wäre allerdings, es beim bloßen Ertönen der Stimmen junger Menschen zu belassen. Diese Stimmen müssen auf Menschen mit offenen Ohren und offenem Geist stoßen, damit das Gesagte sich nicht im luftleeren Raum auflöst und damit verloren geht. Der dynamische und lebendige Kontext von Begegnungen mit jungen Menschen muss resonanzfähig sein. Dies setzt eine Resonanzfähigkeit bei allen Beteiligten voraus. Erwachsene Personen müssen in Begegnungen mit jungen Menschen bereit sein, sich von den Stimmen berühren und das Gesagte auf sich wirken zu lassen. Junge Menschen sollen die Erfahrung machen können, dass sie auf ein Gegenüber stoßen, auf das ihre Stimme und das Gesagte eine Wirkung hat. Die Angeregtheit von erwachsenen Personen darf allerdings nicht vom bloßen Umstand der Begegnung kommen, die möglicherweise extra für einen Austausch organisiert wurde und nicht selten durch Dritte orchestriert wird, sondern weil die Stimme des jungen Menschen bei seinem Gegenüber im Innersten etwas auslöst. *Hartmut Rosa* hat dies mit dem Verweis auf die Resonanzfähigkeit der Stimmgabel so ausgedrückt: «Resonanz entsteht also nur, wenn durch die Schwingung des einen Körpers die *Eigenfrequenz* des anderen angeregt wird»[18]. Die Resonanzfähigkeit darf aber nicht nur eindimensional gedacht werden. Auch junge Menschen ihrerseits müssen offen für Reaktionen und Impulse sein und diese ebenso auf sich wirken lassen, wie sie es von anderen erwarten. Und wenn zugleich das Berührt-Sein und Gerührt-Werden aller Beteiligten zur Reflexion anregt, kann es zu einer fruchtbaren Auseinandersetzung und die Begegnung zu einem theologischen Ort werden. Dabei geht es nicht um richtig oder falsch, sondern um die grundsätzliche Bereitschaft zu einer echten *conversio.*

2.4. Begegnung auf Augenhöhe

> Junge Menschen als *locus theologicus* fruchtbar werden zu lassen, verlangt Begegnungen auf Augenhöhe, welche jegliches «ich weiss ...» zu einem «was meinst Du zu ...» machen.

Wenn bis jetzt einerseits die Dynamik der Begegnungen und anderseits die Resonanzfähigkeit der Beteiligten in der Dynamik der Begegnungen als wichtige Grundvoraussetzungen für das Verstehen junger Menschen als einer der theologischen Orte identifiziert wurden, so sagt dies noch wenig über die Kommunikationsbeziehung zu den jungen Menschen in den Begegnungen aus. Ohne es bewusst zu wollen oder zu suchen, schwingt im Dialog zwischen erwachsenen Personen und jungen Menschen eine Asymmetrie der Rollenwahrnehmung mit. Dies bestätigen zahlreiche Rückmeldungen junger Menschen in den verschiedensten pastoralen Settings. Von Erwachsenen wird in der Regel behauptet, dass sie aufgrund ihres Alters und ihrer bereits erlebten Geschichte erfahren sind, während «die Lebensphase Jugend [...] als eine Zeit des *Moratoriums*, des zwecklosen Verweilens in der Gesellschaft ohne feste Perspektiven und ohne Verantwortung wahrgenommen [wird]»[19]. Dies spiegelt sich insofern in Begegnungen erwachsener Personen mit jungen Menschen wider, als sich der junge Mensch selber in der Regel automatisch in einer schwächeren Position wahrnimmt. Gerade in der pastoralen Arbeit, beispielsweise in einem formellen Austausch zwischen dem Kirchgemeindevorstand oder dem Seelsorgeteam mit einer Gruppe junger Menschen, prägt dieses Ungleichgewicht den Dialog.

Junge Menschen wissen sich verstanden und ernstgenommen, wenn ihnen andere Personen auf Augenhöhe begegnen. Eine Begegnung auf Augenhöhe zielt darauf ab, die Asymmetrie der wahrgenommenen Rollen zwischen den Generationen aufzubrechen. Sie strebt nach einer Symbiose der älteren Generationen mit ihrem großen Erfahrungsreichtum und der jüngeren Generation mit ihrem offenen Weltbild und ihrer Fähigkeit, die Gegenwart in ihrer Wirklichkeit zu erfassen und eine Zukunft zu entwickeln, die der Realität dieser Wirklichkeit entspricht. Eine gegenüber jungen Menschen vorurteilsfreie Haltung, eine nicht paränetisch durchdrungene Sprache oder die Rückbesinnung auf die eigene Jugendzeit können dabei helfen, den jungen Menschen das Gefühl der Wertschätzung und Anerkennung zu vermitteln.

Auch *Papst Franziskus* betont immer wieder die Wichtigkeit des Austausches zwischen den Generationen, fordert aber gleichzeitig, den Weg gemeinsam zu gehen, «um mit der Vergangenheit und der Zukunft im Austausch zu stehen: mit der Vergangenheit, um von der Geschichte zu lernen und die Wunden zu heilen, die uns zuweilen beeinträchtigen; mit der Zukunft, um den Enthusiasmus zu nähren, die Träume aufsprießen zu lassen, prophetische Visionen zu erwecken, Hoffnungen blühen zu lassen» (CV 199).

2.5. Glaubenswelt

> Junge Menschen als *locus theologicus* wirken zu lassen, bedeutet sich auf die Lebens- und Glaubenswelt der jungen Menschen einzulassen.

Es steht außer Frage, dass die verschiedenen Generationen in unterschiedlichen Lebens- und Glaubenskontexten als Kinder und Jugendliche erzogen wurden und als junge Menschen und erwachsene Personen für ihr eigenes Leben verantwortlich sind. Gerade die christliche resp. kirchliche Sozialisation kannte und kennt heute noch unterschiedliche Formen. In früheren Generationen pflegten die Eltern ihren Glauben den Kindern weiterzugeben. Dies wurde dann später oder zusätzlich vom Pfarrer im Religionsunterricht oder in der Sakramentenkatechese konkretisiert. Die Bindung an die Pfarrei und die daraus resultierte Einbettung in die Pfarreigemeinschaft waren ebenso selbstverständlich wie der sonntägliche Besuch des Gottesdienstes. Die Glaubensweitergabe und der Glaubensvollzug weisen heute hingegen vielfältige Formen auf, geschehen in unterschiedlichen Settings und ziehen sich nicht selten ins Private zurück. Dies macht deutlich, dass Begegnungen mit jungen Menschen immer auch Begegnungen mit fremden und nicht bekannten Lebens- und Glaubenswelten sind. Dabei darf die Konfrontation mit der jeweilig anderen Perspektive sowohl bei jungen Menschen als auch bei Erwachsenen nicht zu einem Beharren auf der eigenen Lebens- und Glaubensvorstellung führen. Vor allem in Begegnungen mit jungen Menschen ist es als Gegenüber angezeigt, es nicht bei der bloßen Anerkennung von Meinungen zu belassen, sondern die Bereitschaft zu haben und zum Ausdruck zu bringen, sich existenziell auf die Lebens- und Glaubenswelt junger Menschen einlassen zu wollen. Junge Menschen reagieren einerseits sehr sensibel auf vorgefertigte pastorale Worthülsen seitens kirchlicher Vertreterinnen und Vertreter. Sie lassen sich aber anderseits aufgrund von Interesse für ihre Lebens- und Glaubenswelt und einem spürbaren Bemühen, diese in ihren vielfältigen Dimensionen und Facetten kennenzulernen, motivieren, sich zu engagieren und einen Beitrag für die Verkündigung des Evangeliums zu leisten.

Das Erschließen junger Menschen als *locus theologicus* in der pastoralen Arbeit erfordert von der Erwachsenenwelt ein vielfaches Zugehen auf die jüngere Generation. Authentizität, Ehrlichkeit und Resonanzfähigkeit dynamischer und lebendiger Begegnungen und das echte Interesse gegenüber jungen Menschen bilden den Rahmen dafür, dass ihre Stimmen ertönen und adäquat gehört werden können. Dabei darf immer auch darauf vertraut werden, dass Gott selber gegenwärtig ist: «Gott ist der Urheber der Jugend und in jedem jungen Menschen am Werk» (CV 135). Als Kirche gilt es, die Lebensphase Jugend in ihrer Einzigartigkeit und Komplexität ernst zu nehmen und den jungen Menschen zuzugestehen, dass sie einer der theologischen Orte sein können. Die Qualität junger Menschen als *locus theologicus* ist eng mit der Würdigung ihres Lebensabschnittes verknüpft: «Die Jugend zu schätzen schließt ein, diesen Lebensabschnitt als einen wertvollen Augenblick zu betrachten und nicht als eine Übergangsetappe, in der die jungen Menschen sich zum Erwachsenenalter hingedrängt fühlen» (CV 135).

3. Junge Menschen als locus theologicus in der Jugendpastoral

Werden das Konzept der *loci theologici* und die Aussage des Abschlussdokumentes, junge Menschen als einen der theologischen Orte zu identifizieren, zusammengedacht, stellt dies junge Menschen existenziell in die Mitte. Fortan können Kirche und Jugendpastoral keinen Bogen mehr um diese Mitte machen. Um nochmals das Zitat von *Papst Franziskus* in CV 135 aufzugreifen: Es müssen Räume geschaffen werden, damit die Stimmen junger Menschen ertönen können. Die Herausforderung für die Jugendpastoral liegt in der Schaffung dieser Räume, in denen sich junge Menschen für andere junge Menschen und für die Communio als *locus theologicus* entfalten können. Der letzte Teil des Beitrages möchte dazu einige praktische Hinweise anbieten, ohne dabei den Anspruch auf Vollständigkeit erheben zu wollen.

3.1. Synodale (Jugend-)Pastoral

Das Pontifikat von *Papst Franziskus* steht Pate für eine synodale Kirche. Er lässt keine Möglichkeit ungenutzt, auf die Synodalität und deren Bedeutung für die Zukunft der Kirche hinzuweisen. Auch das Abschlussdokument weist mehrmals auf eine synodale Kirche hin und vermerkt an einer Stelle, dass die jungen Auditorinnen und Auditoren an der Jugendsynode wesentlich dazu beigetragen haben, die Synodalität in Erinnerung zu rufen (vgl. AD 121). Eine synodale Kirche mit jungen Menschen als *locus theologicus* ist nun aber herausgefordert, die Synodalität bis in die Ortskirchen und Pfarreien wirksam werden zu lassen.

Wenn Pfarreien junge Menschen als aktive Akteurinnen und Akteure in die pastorale Arbeit miteinbeziehen möchten, kann eine synodale (Jugend-)Pastoral der nötige und benötigte Rahmen dafür sein. Dies bedeutet, junge Menschen möglichst früh in pastorale Entwicklungsprozesse zu integrieren und ihnen in diesen Prozessen Gestaltungsfreiräume zuzutrauen und zu ermöglichen. Die jungen Menschen der Vorsynode äußerten mehrmals den Wunsch, auf den verschiedenen Ebenen der kirchlichen Struktur mehr Verantwortung übernehmen zu dürfen: «Die Kirche muss junge Menschen stärker in Entscheidungsprozesse einbinden und ihnen verantwortliche Leitungspositionen ermöglichen. Diese Positionen müssen in der Pfarrei, der Diözese, auf nationaler und internationaler Eben, sogar in einer Kommission des Vatikans sein. Wir sind der festen Überzeugung, dass auch wir Führungskräfte sind [...]» (VS 12).

Warum also nicht junge Menschen bei der nächsten Renovation der Pfarreikirche oder des Pfarreizentrums mitbestimmen lassen? Ihre Ideen und Vorstellungen können dazu beitragen, dass junge Menschen Sakralbauten und kirchliche Räumlichkeiten wieder vermehrt als Räume erschließen können, in denen sie Gott und sich selber begegnen können.

Auch an größeren und komplexeren pastoralen Prozessen müssen junge Menschen mitbeteiligt sein. Werden zum Beispiel Pfarreien zu einer größeren Seelsorgeeinheit zusammengeschlossen, so wäre es nachhaltig, mindestens so viele junge Menschen wie erwachsene Personen am Entwicklungsprozess teilhaben zu lassen. Denn junge Menschen sind nicht nur die Zukunft, sondern in erster Linie die Gegenwart: jene Gegenwart, welche immer Ausgangspunkt des Ringens um die Entwicklung und Zukunft der Pfarrei, des Bistums, der Kirche ist. Nicht umsonst beklagten die jungen Menschen der Vorsynode die «Schwierigkeiten, einen Platz in der Kirche zu finden, an dem sie aktiv mitmachen und sie mitleiten können» (VS 7), verbunden mit dem Wunsch, «eine wichtige kreative Stimme sein zu können» (VS 12).

Diese zwei Beispiele mögen kurz veranschaulichen, wie eine synodale (Jugend-)Pastoral gestaltet werden kann. Die Beispiele machen deutlich, dass Synodalität nur als Bottom-up und gerade nicht als Top-down Prozess zu verstehen ist. Es ist dabei darauf zu achten, dass eine Schein-Beteiligung junger Menschen vermieden wird. Junge Menschen müssen sich als vollwertige Mitglieder eines Entscheidungsprozesses anerkannt wissen, ansonsten läuft man Gefahr, junge Menschen für ein besseres Image oder das eigene Gewissen, zumindest die Jugend «dabei zu haben», zu funktionalisieren. Ob die Baukommission oder das Pastoralraumteam die geeigneten Formate für junge Menschen sind, sich adäquat in pastorale Entwicklungsprozesse einzubringen, gilt es nun weiter zu eruieren.

3.2. Die Frage nach dem adäquaten Format

In der Jugendpastoral muss nach geeigneten Formaten gesucht werden, in denen junge Menschen ihrer Lebens- und Glaubenswelt entsprechend einerseits ihren Fragen, Anliegen und Erwartungen und anderseits ihrem konkreten Glauben Ausdruck verleihen können. Wenn *Papst Franziskus* für die Schaffung von Räumen plädiert, so impliziert dies auch die Suche und Schaffung von adäquaten Formaten. Nur so können sich junge Menschen auf lokaler, regionaler, kantonaler oder nationaler Ebene einbringen, mitbestimmen und Kirche mitgestalten. Wie bereits oben anhand der beiden Beispiele «Baukommission» und «Pastoralraumteam» erwähnt, ist eine direkte Beteiligung junger Menschen an und in solchen Prozessen dringend nötig. Dazu motiviert auch die Jugendsynode: «Die Synode ruft dazu auf, die aktive Teilhabe junger Menschen an den Orten der Mitverantwortung in den Teilkirchen sowie auch in den Organen der Bischofskonferenzen und der Weltkirche zu etwas Effektivem und Normalem zu machen» (AD 123).

Entscheidungs- und Entwicklungsprozesse in pastoralen Kontexten werden in der Regel in Gremien und entsprechend in einer Sitzungsstruktur und -kultur organisiert. Um eine für die Sache langfristig optimale Lösung und für alle Beteiligten eine befriedigende Erfahrung zu erreichen, stellt sich bei solchen Prozessen jedoch die Frage nach dem adäquaten Format. Mitbeteiligung und Mitbestimmung von jungen Menschen in der pastoralen Arbeit muss auf verschiedene Arten und Weisen möglich sein und darf nicht in eine vorgelegte Organisations- und Strukturform hineingepresst werden. Eine auf Augenhöhe ausgerichtete und gelebte synodale und volksnahe (Jugend-)Pastoral, welche junge Menschen als *locus theologicus* ernst nehmen möchte, schließt junge Menschen in allen Phasen eines pastoralen Entscheidungs- und Entwicklungsprozesses mit ein. Wegbereitende Methoden, um gemeinsam mit jungen Menschen zu Beginn eines Prozesses eine Triage der Bedürfnisse und Erwartungen zu machen, sind Zukunftswerkstätten, Open Space, World Café oder Großgruppenprozesse. Bereits in diesem ersten Schritt ist es von großer Bedeutung, junge Menschen in die Vorbereitung miteinzubeziehen. Dies gibt ihnen die Möglichkeit, in die Rolle des *locus theologicus* hineinwachsen zu können.

3.3. Volksnahe Jugendpastoral

Synodalität soll in der pastoralen Arbeit vor Ort nach außen sichtbar und nach innen wirksam sein. Für die Jugendpastoral bedeutet dies konkret, junge Menschen als Protagonistinnen und Protagonisten pastoralen Handels und Wirkens zu befähigen. Junge Menschen sind nicht nur Zielgruppe, sie sind selbst lebendige Glieder der Kirche, die sich aktiv einbringen wollen. Ihre spezifischen Eigenschaften und Kompetenzen führen das pastorale Handeln – gerade auch für Gleichaltrige – zu einer authentischen Qualität, auf die nicht verzichtet werden kann. Sie aus der passiven

Rolle in eine aktive Teilhabe an der Kirche zu bringen, muss primäres Ziel der Jugendpastoral sein.

Papst Franziskus spricht von einer «volksnahen Jugendpastoral mit einem anderen Stil, anderen Zeiten, einem anderen Rhythmus, einer anderen Methodologie» (CV 230). Zu wünschen ist eine Jugendpastoral, die wortwörtlich «dem Volk nahe ist» und sich entsprechend mutig an die Orte begibt, an denen junge Menschen anzutreffen sind. Auch die jungen Menschen der Vorsynode forderten die Kirche auf, «neue kreative Wege [zu] finden, Menschen dort zu begegnen, wo sie sich wohlfühlen und sich spontan treffen» (VS 13).

Eine volksnahe Jugendpastoral impliziert zudem das Bestreben, den Fokus der jugendpastoralen Arbeit nicht auf einen bestimmten Kern junger Menschen zu beschränken, sondern sie offenzuhalten. *Papst Franziskus* beobachtet in «Christus vivit», dass «wir das Evangelium auf ein schales, unverständliches, uninteressantes Angebot [reduzieren]; dieses ist von den Jugendkulturen losgelöst und nur für eine Elite einer christlichen Jugend geeignet, die sich als etwas anderes fühlt, aber in Wirklichkeit in einer leblosen und unfruchtbaren Isolierung dahintreibt» (CV 232). Einen Lösungsansatz liefert *Papst Franziskus* gleich mit und ermutigt, eine «Jugendpastoral aufzubauen, die fähig ist, inklusive Räume zu schaffen, wo Platz ist für jede Art von jungen Menschen und wo wirklich sichtbar wird, dass wir eine Kirche mit offenen Türen sind» (CV 234).

Für eine volksnahe Jugendpastoral ist es wichtig zu wissen, welchen kulturellen, sozialen und religiösen Hintergrund partizipierende junge Menschen mitbringen, um sich auf die pluralen Lebens- und Glaubenswelten einlassen zu können. Alle jungen Menschen sind Teil des *locus theologicus* und tragen gleichermaßen zur Bereicherung der Kirche und des Glaubens bei. Dies geht mit der Einsicht einher, dass es nicht *die* Jugend gibt und auch nie geben wird. Dafür gilt es, bei Verantwortlichen in der Jugendpastoral das Bewusstsein zu schärfen. Daraus folgt die Notwendigkeit einer Pluralität innerhalb der Jugendpastoral. Für junge Menschen ist es selbstverständlich, dass Gott niemanden ausschließt;

sie sehen ausnahmslos alle (jungen) Menschen immer schon von Gott geliebt und angenommen. Diese Haltung der jungen Menschen gilt es sich anzueignen. Eine volksnahe (Jugend-)Pastoral begegnet allen (jungen) Menschen vorurteilsfrei, vorbehaltslos und mit echtem Interesse.

3.4. Unter sich für andere

Damit junge Menschen als *locus theologicus* «nach außen», d. h. für eine Pfarrei, eine Diözese oder die Weltkirche einer der theologischen Orte sein können, müssen sie zuerst die Gelegenheit haben, «nach innen», d. h. untereinander als Gruppe junger Menschen auf dem Weg eine Tiefenbohrung zu Lebens-, Sinn- und Glaubensfragen machen zu können. Verantwortliche in der Jugendpastoral sind angehalten, Räume und Möglichkeiten zu schaffen, in denen sich junge Menschen unter sich, ohne Beteiligung von Vertreterinnen und Vertretern der Kirche, mit Lebens-, Sinn- und Glaubensfragen auseinandersetzen dürfen. Die Autonomie in diesen Prozessen hilft jungen Menschen, ihren Anliegen, Fragen und Erwartungen gegenüber dem Glauben und der Kirche authentisch, ehrlich und ungeniert Ausdruck zu verleihen. Junge Menschen bilden ihre Meinung in Peer-Groups. In Bekannten- und Freundeskreisen ist die Hemmschwelle tiefer, die subjektiven Einsichten, Wertvorstellungen etc. zu äußern bzw. im Gespräch mit Gleichaltrigen zu schärfen.

Ein Beispiel aus dem Kanton Graubünden mag in groben Zügen für die Schaffung solcher Prozesse werben und zu eigenen Initiativen inspirieren und motivieren:

Im Vorfeld zur Jugendsynode setzte sich eine Projektgruppe, bestehend aus zwei jungen Menschen aus der Region, einer Religionswissenschaftlerin, einer Theologin und einer Fachperson für kirchliche Jugendarbeit als Projektleitung, mit der Fragestellung auseinander, wie junge Menschen untereinander zu einem Austausch zu Lebens-, Sinn- und Glaubensfragen angeregt werden können. Leitend für die Projektinitiierung war, dass junge Menschen Teil der Kirche und selber auch Kirche sind. Das Projekt strebte zwei zentrale Wirkungsziele an, welche gleichzeitig zwei Phasen im Projekt darstellten:

(a) Das Projekt wollte junge Menschen motivieren, sich mit Fragen des Glaubens und der Kirche auseinanderzusetzen und darüber untereinander in einen Austausch zu treten. In diesem *eigenverantwortlich* gestalteten Austausch, d. h. ohne Beteiligung von Vertreterinnen oder Vertretern der Kirche, sollten die Teilnehmenden sich selbst und einander als «religiös musikalische» Menschen kennenlernen, die einerseits ihre eigene Kompetenzen in Sachen Religion mitbringen und andererseits herausgefordert sind, ihre religiöse Begabung zu vertiefen.

(b) Das Projekt wollte junge Menschen anregen, jene Aspekte, die ihnen in einem solchen Austausch wichtig geworden sind, an Verantwortliche in der Jugendpastoral weiterzugeben und den Dialog auf einer übergeordneten Ebene weiterzuführen. Dadurch sollten die Anliegen und Fragen der jungen Menschen Erwachsenen *sichtbar* und transparent gemacht werden, damit Verantwortliche in der Jugendpastoral diese in ihre Arbeit einflechten und integrieren konnten.

(1) «Pastatalk»

Für junge Menschen ist es meist nicht selbstverständlich, sich über religiöse und spirituelle Fragen auszutauschen. Es braucht dafür Anstöße, die genügend Reibungsfläche bieten, damit ein Gespräch von einer bloß oberflächlichen Sicht in eine ehrliche und nachdenkliche Auseinandersetzung führt. Für das Projekt wurden darum 10 Fragen und 10 provozierende Thesen/Aussagen zum Leben, zum Glauben und zur Kirche entwickelt. Sie wurden den interessierten jungen Menschen in Form des «Pastatalk-Set» zur Verfügung gestellt, um das Grundgerüst von Diskussionen zu bilden. Die Fragen und Thesen/Aussagen wiesen, z. T. in

überraschenden und verfremdenden Ausdrucksformen, auf wichtige Themen und positive Facetten von Kirche hin. Neue und bedeutsame Seiten von Glauben und Kirche sollten dadurch aufscheinen. Zugleich brachten einige der Fragen und Thesen/Aussagen jene Vorbehalte zur Sprache, die viele junge Menschen gegenüber religiösen und kirchlichen Themen mitbringen. Dadurch wurden die Teilnehmenden eingeladen, sich ehrlich und mit kritischen Einwürfen in das Gespräch einzubringen.
Die Einladung, sich für einen solchen Austausch Zeit zu nehmen, unterstrich das Projekt dadurch, dass es für solche Gespräche die Situation des Mahles vorschlug. Essen und Trinken sollten zu einem lustvollen und anregenden Gespräch einladen und motivieren. Denn das gemeinsame Mahl wird in der Gesellschaft als beziehungsstiftende Funktion erfahren. Darüber hinaus ist Tischgemeinschaft christlich eine so gefüllte und bedeutsame Realität, dass der Exeget *Franz Mußner* im Anschluss an den Galaterbrief zusammenfassend feststellte: «Das Wesen des Christentums ist *synesthiein* [miteinander essen]»[20].
Die Fragen und Thesen/Aussagen wurden auf Tischsets (Fragen) und Getränkeuntersätze (Thesen/Aussagen) gedruckt und so den interessierten jungen Menschen verschickt. In einem mitgelieferten «Pastatalk-Booklet» wurden die jeweiligen Fragen nach Bedarf durch Symbole, Bilder, weiterführende Texte etc. ergänzt und illustriert, um zusätzliche Impulse für die jeweils angesprochenen Themen beizusteuern. Des Weiteren stellte das Projekt den jungen Menschen eine Packung Spaghetti, eine Sauce und einen lokalen Sirup zur Verfügung. Um die Ergebnisse und Antworten der Diskussionen festzuhalten, hatten die jungen Menschen die Möglichkeit, ihre Antworten, Eindrücke, Erlebnisse oder weiterführenden Fragen stichwortartig auf einer mitgelieferten Postkarte festzuhalten. Diese Postkarte konnte entweder per Foto oder per Post an die Projektgruppe zurückgeschickt werden.

(2) «Talksession»
Mit der «Talksession» wollte das Projekt über die eigenverantwortlich gestalteten Treffen hinaus jungen Menschen auf kantonaler Ebene die Möglichkeit geben, ihre Anliegen, Fragen und Erwartungen zu Glaube, Religion und Kirche kundzutun. Die von der Projektgruppe organisierte «Talksession» machte damit die Anliegen, Fragen und Erwartungen junger Menschen öffentlich sichtbar. Denn zu diesem Anlass wurden Verantwortliche aus Seelsorge und Pastoral aus dem Kanton Graubünden und dem Bistum Chur als Beobachterinnen und Beobachter eingeladen und hatten so die Gelegenheit, die Meinungen junger Menschen direkt wahrnehmen zu können. Mit ihrer Teilnahme signalisierten sie den teilnehmenden jungen Menschen ihre Bereitschaft, jungen Menschen aus ihrer Region zuzuhören. Die «Talksession» wollte zudem Anstoß zu einem synodalen Prozess mit jungen Menschen geben, welcher zum jetzigen Zeitpunkt, ein halbes Jahr nach der «Talksession», weiter anhält.

Der Projektgruppe war es wichtig, dass sich junge Menschen in einem ersten Schritt unter Gleichaltrigen und explizit ohne Beteiligung von Vertreterinnen und Vertretern der Kirche zu Lebens-, Sinn- und Glaubensfragen austauschen konnten. Dies trug in einem zweiten Schritt wesentlich zu einer überzeugenden Artikulation ihrer Anliegen, Fragen und Erwartungen gegenüber Dritten bei und wurde so zu einem authentischen theologischen Ort.

3.5. Junge Menschen als Protagonistinnen und Protagonisten

Der Einbezug von jungen Menschen in pastorale Entscheidungs- und Entwicklungsprozesse; eine auf Augenhöhe synodale und volksnahe Jugendpastoral; die Frage nach dem adäquaten Format; die Schaffung von Begegnungen verschiedenster Art mit entsprechender Dynamik und Resonanzfähigkeit – all diese Aspekte im Kontext junger Menschen als *locus theologicus* verschmelzen sich in einem letzten, bereits oben angedeuteten Punkt: Junge Menschen als *locus theologicus* sind zu Protagonistinnen und Protagonisten pastoralen Handelns und Wirkens zu befähigen. Dies setzt Möglichkeiten zum Engagement voraus, die zu aktiver Beteiligung führen. Leitend dafür dürfen nicht die Sach-Kompetenzen oder Interessen der Verantwortlichen in der Jugendpastoral sein, sondern gerade das Interesse und die Fähigkeiten der jungen Menschen. Dies führt automatisch zu einer dringend nötigen Änderung der Arbeitsweise in der Jugendpastoral: von einer Jugendpastoral des Angebots zu einer Jugendpastoral der Befähigung. Junge Menschen sind bereits durch die Taufe zu Protagonistinnen und Protagonisten kirchlichen und gesellschaftlichen Handelns befähigt worden, was die Synodenteilnehmer im Abschlussdokument mit Nachdruck in Erinnerung rufen: «Die verantwortungsvolle Teilhabe junger Menschen am Leben der Kirche ist keine Option, sondern eine Forderung des Lebens aus der Taufe und ein unverzichtbares Element für das Leben jeder Gemeinschaft» (AD 116).

Mit diesem letzten Punkt sind weitere jugendpastorale Einsichten verbunden, die aber den Rahmen dieses Beitrages sprengen würden. Trotzdem sollen zum Abschluss einige dieser Punkte genannt werden, welche deutlich machen, dass das Feld «junge Menschen als *locus theologicus* in der Jugendpastoral» bei weitem noch nicht abgesteckt und unbedingt weiterzuverfolgen ist:

- Rollenverständnis und -gestaltung von Verantwortlichen in der Jugendpastoral
- Adäquate Begleitung junger Menschen in der Jugendpastoral
- Pastorale Experimentierräume für junge Menschen
- Aus- und Weiterbildungsmöglichkeiten für junge Menschen als Protagonistinnen und Protagonisten.

Anmerkungen

1 Das Dokument der Vorsynode und das Schlussdokument der Bischofssynode 2018 sind abrufbar auf der Internetseite http://www.vatican.va/roman_curia/synod/index_ge.htm (Zugriff am 23. 4. 2019).
2 *Pottmeyer*: Überlieferung 142.
3 Vgl. *Körner*: Cano 94.
4 Ebd.
5 Heilige Schrift, Mündliche Überlieferung Christi und der Apostel, die katholische Kirche, die Konzilien, die Römische Kirche [Papstamt], die Kirchenväter, die Theologen, die menschliche Vernunft, die Philosophen, die Geschichte. Vgl. *Beinert*: Glauben 73.
6 Ebd. 74.
7 Ebd. 76f.
8 Ebd. 76.
9 Ebd. 77.
10 Vgl. ebd. 77–79.
11 Ebd. 188.
12 *Körner*: Orte des Glaubens 63.
13 Ebd. 29.
14 *Massey*: Keine Entlastung 28.
15 *Körner*: Orte des Glaubens 29.
16 *Pottmeyer*: Normen 142.
17 Ansprache des Heiligen Vaters zu Beginn der Jugendsynode, 3. Oktober 2018, http://w2.vatican.va/content/francesco/de/speeches/2018/october/documents/papa-francesco_20181003_apertura-sinodo.html (Zugriff am 11. 4. 2019).
18 *Rosa*: Resonanz 282.
19 *Hurrelmann / Quenzel*: Lebensphase Jugend 23.
20 *Mußner*: Galaterbrief 423.

Literaturverzeichnis

Beinert, Wolfgang: Kann man dem Glauben trauen? Grundlagen theologischer Erkenntnis, Regensburg 2004.

Fachstelle OKJ & Fachbereich Kirchliche Jugendarbeit der katholischen Landeskirche Graubünden: *Viktor Diethelm / Claude Bachmann*: 8 Thesen zur Jugendsynode, Luzern 2019 (Manuskript).

Hurrelmann, Klaus / Quenzel, Gudrun: Lebensphase Jugend. Eine Einführung in die sozialwissenschaftliche Jugendforschung, Weinheim / Basel [13]2016.

Körner, Bernhard: Orte des Glaubens – loci theologici. Studien zur theologischen Erkenntnislehre, Würzburg 2014.

Körner, Bernhard: Welche Rolle spielen die loci theologici in der Fundamentaltheologie, in: *Josef Meyer zu Schlochtern / Roman A. Siebenrock* (Hrsg.): Wozu Fundamentaltheologie? Zur Grundlegung der Theologie im Anspruch von Glaube und Vernunft (PaThSt 52), Paderborn / München / Wien / Zürich 2010, 15–38.

Massey, Doreen: Keine Entlastung für das Lokale, in: *Helmuth Berking* (Hrsg.): Die Macht des Lokalen in einer Welt ohne Grenzen, Frankfurt a. M. / New York 2006, 25–31.

Mußner, Franz: Der Galaterbrief. Auslegung (HThKNT 9), Freiburg i. Br. / Basel / Wien 1974.

Pottmeyer, Hermann Josef: Normen, Kriterien und Strukturen der Überlieferung, in: HFTh 4 (1988) 124–152.

Rosa, Hartmut: Resonanz. Eine Soziologie der Weltbeziehung, Berlin [3]2016.

MANFRED BELOK

KIRCHLICHE JUGENDARBEIT HEUTE IN DER RELIGIONSPLURALEN SCHWEIZ

ZIELE, ANSÄTZE, WEGE DER JUGENDPASTORAL IN DER DEUTSCHSPRACHIGEN SCHWEIZ

Die Weltbischofssynode 2018 stellte das Thema «Die Jugendlichen, der Glaube und die Berufungsunterscheidung» in den Mittelpunkt. Wie bereits im Vorfeld der Synodenversammlung 2014/15 zu «Berufung und Sendung der Familie in Kirche und Welt von heute» befragte *Papst Franziskus* in der Vorbereitung auch diesmal nicht nur die Bischofskonferenzen hinsichtlich möglicher Themen und Fragestellungen – dies ist seit 1969 üblich, wobei die Bischöfe durchaus auch bisher schon frei waren, ihrerseits Ansichten und Meinungen zum jeweiligen Synodenthema in ihren Bistümern einzuholen und in ihren Voten mitaufzunehmen – sondern er forderte «alle Menschen guten Willens» in den Ortskirchen auf, diesmal speziell Jugendliche und junge Erwachsene, sich per Online-Fragebogen selbst einzubringen. Die Jugendseelsorge Zürich unterstützte dieses Anliegen mit ihrer Aktion «Sag's dem Papst», in der sie u. a. einen Videoclip und einen Online-Fragebogen mit fünf kurzen Fragen erstellte[1].

Da sich das Einholen der Vielfalt der Meinungen in der Vorbereitungszeit der Weltbischofssynode 2014/15 und ihre Einbeziehung in die Synodendebatten bewährt hatte, erklärte *Papst Franziskus* mit der Apostolischen Konstitution «Episcopalis communio» vom 15. September 2018 über die Struktur der Bischofssynode[2] die ausdrückliche Konsultation des Volkes Gottes zum jeweiligen Thema einer Bischofssynode künftig für obligatorisch («die Bischofssynode muss immer mehr zu einem bevorzugten Instrument des Hörens auf das Volk Gottes werden», Nr. 6). Ebenso hielt er fest, dass «dieselbe Synodenversammlung in mehreren verschiedenen Perioden stattfinden» kann (Nr. 8) und lud für den 19.–24. März 2018 zu einem vorsynodalen Treffen ein, einer «Vor-Synode», an der rund 300 Jugendliche teilnahmen, darunter drei aus der Schweiz, eine davon als ausdrücklich von der Schweizer Bischofskonferenz Delegierte, und zwei weitere, die entsprechend dem Wunsch des Päpstlichen Rates für Kultur als «Kirchenkritische/Kirchenferne» aus dem deutschen Sprachraum eingeladen wurden. Die eigentliche Bischofssynode mit rund 270 Bischöfen aus aller Welt sowie gut 50 Nichtklerikern – als sogenannte Auditor(inn)en mit Rede-, aber ohne Abstimmungsrecht über das Schlussdokument, unter ihnen 36 junge Katholik(inn)en unter 30 Jahren, und ausgewählte Expert(inn)en – kam vom 3. – 28. Oktober 2018 zusammen und arbeitete analog dem pastoraltheologischen Dreischritt «Sehen», «Urteilen» «Handeln» in ignatianischer Grundhaltung, die jeder der drei Wochen ihre Struktur gab: In der ersten Woche stand das «Sehen» und «Hören» (das Wahrnehmen der Lebenswirklichkeiten junger Menschen), in der zweiten das «Unterscheiden» (das Deuten des Wahrgenommenen im Lichte des Evangeliums) und in der dritten Woche das «Wählen» (das Treffen von Entscheidungen, die – angesichts verschiedener Handlungsmöglichkeiten – mit Konsequenz verfolgt werden sollen) an. Als Delegierter der Schweizer Bischofskonferenz nahm der Schweizer Jugendbischof *Alain de Raemy* an der Synode teil. In der deutschsprachigen Diskussionsgruppe brachte sich unter anderen auch der Schweizer Kurienkardinal Kurt Koch ein.

Die Jugendlichen und jungen Erwachsenen – die Weltbischofssynode 2018 hatte vor allem die Altersgruppe «16–29 Jahre» vor Augen (AD 10) – unterscheiden sich in der Deutschschweiz nicht wesentlich von Kindern, Jugendlichen und jungen Erwachsenen anderer Länder der westlichen Welt. Gemeinsam ist ihnen, dass sie als Jugend der Gegenwart im Zeitalter der Postmoderne aufwachsen und somit unter den Bedingungen einer pluralistischen, zudem religionspluralen Gesellschaft ihre Identität finden müssen. Aufgabe der kirchlich verantworteten Jugendarbeit und Jugendpastoral der Schweiz – hier bewusst fokussiert auf den sprachregionalen Kontext der deutschsprachigen Schweiz (die französisch- und die italienischsprachige Schweiz bleiben außerhalb des Blickfelds) – ist es, in Wahrnehmung der sozialen, gesellschaftlichen und kirchlichen Realitäten der Deutschschweiz, ihr Verständnis von Jugendarbeit und Jugendpastoral immer wieder neu zu schärfen und sich für konkrete Handlungsoptionen zu entscheiden sowie diese operativ umzusetzen.

Zu fragen ist daher: Wie stellt sich die religionsplurale Gesellschaft der Deutschschweiz dar? Was sind auf diesem Hintergrund die Ziele und Handlungsfelder der kirchlichen Jugendarbeit und Jugendpastoral? Was lässt sich, zumindest überblicksartig, benennen? Und: Wird die Jugendpastoral in der deutschsprachigen Schweiz in dem, wie sie heute aufgestellt ist, durch Aussagen des Abschlussdokuments der Synode wie auch des Nachsynodalen Apostolischen Schreibens «Christus vivit»[3] von Papst Franziskus bestärkt und/oder zugleich neu herausgefordert?

1. Die religionsplurale Wirklichkeit der Schweiz

1.1. Was meint «religionsplural» bzw. «multireligiös»?

In einer auf den konfessionellen Religionsunterricht bezogenen empirischen Studie für die deutschsprachige Schweiz heißt es im Hinblick auf die religiöse Pluralität in den Gesellschaften Europas: «Auch wenn sich die europäischen Gesellschaften gegenwärtig als religiös plural verstehen, gibt es in den meisten von ihnen eine oder zwei Religionsgemeinschaften, denen die Mehrheit der Bevölkerung angehört. In England ist dies die anglikanische Kirche, in Österreich, Italien, Spanien, Polen und Irland die katholische, in Finnland, Schweden und Norwegen sind es protestantische Kirchen. In Deutschland und der Schweiz finden sich ebenso katholisch geprägte Gebiete wie protestantisch geprägte. Darüber hinaus überwiegen in den östlichen Bundesländern Deutschlands Menschen ohne Bekenntnis. Gleiches gilt für Tschechien und weite Teile der Niederlande. Typologisch ausgewertet könnte man Ländern, in denen die meisten Menschen nur einer Religionsgemeinschaft angehören, ein mono-religiöses Profil zuschreiben. Polen, Italien oder Finnland würden dieser Gruppe angehören. Ein multi-religiöses Profil würde Länder kennzeichnen, in denen es mindestens zwei Religionsgemeinschaften gibt, die nennenswerte Mitgliederzahlen vorweisen. Zu dieser Gruppe gehörten die Schweiz, England und Deutschland. Ein nicht-religiöses Profil würde Ländern zugewiesen, in denen die Mehrzahl der Menschen keiner Religionsgemeinschaft angehört. Dabei handelt es sich z. B. um die Niederlande oder Tschechien. Neben diesen Mehrheitsbekenntnissen findet sich eine Vielzahl weiterer Bekenntnisse. Auf nennenswerte Anteile kommen in der Regel die christlichen Partnerkirchen sowie der Islam in seinen verschiedenen Traditionen. In England findet sich schließlich eine nennenswerte Anzahl von Hinduisten. Neben und in diesen organisierten Religionsgemeinschaften findet man eine Vielzahl an religiösen Praktiken. Zu nennen wären hier etwa die vielfältigen Formen eines volkskirchlichen Christentums. Dazu zählen aber auch alternative oder esoterische Vollzüge sektenartiger Gruppierungen, umfassende Sinnsysteme der Daseinsdeutung, wie etwa ein ökologischer Lebensstil, oder so genannte funktionale Äquivalente wie Sport oder Konsum»[4].

1.2. Religionszugehörigkeit in der Schweiz

Der Anteil der «ständigen Wohnbevölkerung» in der Schweiz beträgt nach Angaben des Schweizer Bundesamtes für Statistik

(BFS) derzeit 8,5 Millionen Menschen (Stand: 2018)[5]. Zur Auswertung der letzten, im Jahre 2000 durchgeführten Eidgenössischen Volkszählung[6] wurden im Auftrag des Schweizer Bundesamtes für Statistik eine Reihe wissenschaftlicher Analysen durchgeführt. Die Studie «Religionslandschaft in der Schweiz»[7] skizziert ein «Religionsmosaik» der Schweiz, aus dem der religiöse Wandel in der Schweiz deutlich wird. Die Studie beleuchtet dabei verschiedene Aspekte wie die Pluralisierung, die abnehmende Dominanz der beiden größten Religionsgemeinschaften (katholische und reformierte), die wachsende Zahl der Personen, die keiner Religionsgemeinschaft angehören, die Entstehung neuer religiöser Bewegungen, die Weitergabe der Religionszugehörigkeit innerhalb der Familie, religiös gemischte Beziehungen usw. So schrumpfen die großen Religionsgemeinschaften, während die kleinen – besonders die muslimische – wachsen. Stark zugenommen hat auch der Bevölkerungsanteil ohne Religionszugehörigkeit und die Anzahl der religiös gemischten bzw. religionsverbindenden Ehen.

75% der in der Schweiz Lebenden gehören einer der beiden großen Landeskirchen an, wobei es starke regionale Unterschiede gibt. So gehören im Kanton Basel-Stadt 50% zu einer der beiden großen christlichen Konfessionen, im Kanton Genf sind es 55% und im Kanton Neuenburg 65%. Hervorzuheben ist die «Deterritorialisierung» der Glaubensgemeinschaften. Sie besagt, dass die einst eindeutige konfessionelle Prägung der einzelnen Kantone abnimmt. So gehören nur noch im Kanton Bern mehr als 50% der Menschen der reformierten Kirche an. Noch 1970 waren zehn Kantone zu über 50% reformiert. Zwischen 2010 und 2017 haben die Anteile der römisch-katholischen und der evangelisch-reformierten Landeskirchen um 3 bzw. um 4 Prozentpunkte abgenommen, der Anteil der muslimischen und der aus dem Islam hervorgegangenen Glaubensgemeinschaften ist dagegen um 1 Prozentpunkt, der Anteil der jüdischen Glaubensgemeinschaft um 0,1 Prozentpunkte leicht gestiegen. Während der Anteil der römisch-katholischen Landeskirche relativ stabil geblieben ist, hat jener der evangelisch-reformierten Landeskirche stark zugunsten von Personen ohne Religionszugehörigkeit abgenommen; ihr Anteil hat um 6 Prozentpunkte zugenommen[8].

Als Fazit lässt sich festhalten: Feststellbar ist ein Prozess der Pluralisierung, wenn auch nicht überall gleichermaßen ausgeprägt, aber es ist ein deutlicher *Trend zur Entkoppelung von Wohnort und Religionszugehörigkeit* auszumachen, ebenso ein – im Blick auf die fünf größten Städte der Schweiz (Zürich, Bern, Basel, Genf, Lausanne) starkes Stadt-Land-Gefälle. An Gründen für die religiösen Veränderungen sind neben jenen im direkt religiösen Bereich auch Entwicklungen im Politisch-Sozialen anzuführen. Die Etablierung des Islam als größter Minderheit verdankt sich der Migration, von der auch die römisch-katholische Kirche im Hinblick auf ihre Mitgliederzahl – derzeit rund 3 Millionen – profitiert. Ein weiterer Faktor, der zur religiösen Vermischung deutlich beiträgt, ist der Arbeitsmarkt[9].

1.2.1. Muslime

Die Religionsgemeinschaft der Muslime hat sich in der Schweiz in den letzten 40 Jahren kontinuierlich zur stärksten nichtchristlichen Religionsgemeinschaft entwickelt. Lebten 1970 16 300 Muslime in der Schweiz, so waren es 1980 bereits 56 600 und 1990 dann 152 200. Die Eidgenössische Volkszählung 2000 zählte knapp 311 000 Muslime. Es handelte sich dabei überwiegend um Migrant(inn)en, die entweder ab den 1960er Jahren von der Schweizer Wirtschaft als Arbeitskräfte angeworben wurden, oder ab den 1990er Jahren als Flüchtlinge und Asylsuchende in die Schweiz kamen. Sie machten 1990 2,2% der Schweizer Bevölkerung aus, 2000 waren es 4,3%. Von den Muslimen in der Schweiz sind 88,3% Ausländer(innen).

Heute, im Jahr 2019, ist der Islam mit fast 450 000 Gläubigen (5,5% der Bevölkerung) die drittgrößte Religionsgemeinschaft in der Schweiz. Die Muslime in der Schweiz sind hinsichtlich ihrer Herkunft (vorwiegend vom Balkan und aus der Türkei) wie auch hinsichtlich der Intensität ihrer Glaubens- und Gebetspraxis sehr heterogen[10]. Sie stellen weder ethnisch noch kulturell noch religiös einen einheitlichen und in sich geschlossenen homogenen Block dar.

Sie sind vielmehr nach kulturellen, nationalen, sprachlichen und nicht zuletzt politischen Kriterien organisiert. Die Tatsache, dass islamische Traditionen religiös-ethisch und politisch ein weit gefächertes Phänomen darstellen – weltweit gibt es immerhin über 50 islamische Staaten mit jeweils unterschiedlichen sozio-politischen Eigenheiten – zeigt sich ebenso im Erscheinungsbild der Muslime in der Schweiz. 56% stammen aus dem ehemaligen Jugoslawien (Kosovo-Albaner und Bosnier), 20% aus der Türkei, 4% aus den Maghreb-Staaten, 3% aus dem Libanon, 15% aus Schwarzafrika und Asien. Neben der sunnitischen Mehrheit (75%) leben in der Schweiz ca. 12 000 Schiiten, vorwiegend iranischer Herkunft. Hinzu kommen türkische Aleviten (10–15%) sowie ca. 40 000 Muslime schweizerischer Nationalität, dies infolge von Einbürgerungen, Heirat oder Konversion. 39,2% sind unter 20 Jahre alt. Mit 54,6% sind die Männer in der Mehrheit gegenüber 45,4% Frauen (2000). 1970 bezeichneten nur 10,5% der Muslime eine der vier Landessprachen (Deutsch, Französisch, Italienisch, Rätoromanisch) als ihre Hauptsprache, heute sind es 47,6%. Unter den Religionsgemeinschaften weisen die Muslime, auch aufgrund ihres relativ niedrigen durchschnittlichen Bildungsniveaus, die höchsten Arbeitslosenquoten auf.

Wie stark die rund 450 000 Muslime in der Schweiz die einheimische Bevölkerung verunsichern, zeigte die weltweit beachtete Abstimmung aller Schweizer und Schweizerinnen über die Volksinitiative gegen den Bau von Minaretten im November 2009: Entgegen allen Empfehlungen der Schweizer Bischofskonferenz, des Schweizerischen Evangelischen Kirchenbundes und der Kantonalkirchen sowie der Schweizer Bundesregierung, der meisten politischen Parteien und entgegen allen Prognosen sprach sich eine unerwartet große Mehrheit von 57% für ein Minarett-Verbot aus. Dies sei, so die einhellige Meinung aller Analysen im Nachgang zur Abstimmung, als symbolisches Zeichen gegen die Verbreitung des Islam in der Schweiz zu deuten, keinesfalls aber als generelle Ablehnung der in der Schweiz lebenden Muslime. Die große Mehrheit ist integriert. 350 verschiedene Verbände vertreten ihre Interessen, und gepredigt wird in 300 Gebetshäusern. Nur vier davon verfügen über ein Minarett.

1.2.2. Urbane jüdische Gemeinden

Der Anteil der Juden und Jüdinnen blieb konstant bei 0,2%. Die jüdische Gemeinschaft ist urban und intellektuell geprägt, 42% der Jüdinnen und Juden der Schweiz leben in Zürich und Genf. 42,7% haben einen Hochschulabschluss – der Schweizer Schnitt liegt bei 19,2%.

2. Kirchliche Jugendarbeit und Jugendpastoral in der Deutschschweiz

Die kirchliche Jugendarbeit in der Deutschschweiz findet zwar im Kontext einer religionspluralen Wirklichkeit statt, jedoch überwiegend in konfessioneller Trägerschaft, sei es der evangelisch-reformierten oder der römisch-katholischen Kirche, und dies in ökumenischer Offenheit beider Kirchen, die nach wie vor die beiden größten Religionsgemeinschaften der Schweiz sind. Beide müssen damit umgehen, dass die konfessionsgebundene Religiosität als gesellschaftliche Normalposition in den 1990er Jahren von einer sozial tolerierten «Minimumreligion» abgelöst wurde, so *Dominik Schenker*[11]. «Im Zentrum der Minimumreligion steht ein diffuser Glaube an eine höhere Macht, verbunden mit der Prämisse, dass alle Religionen gleich wahr oder falsch seien. Man darf an alles glauben, solange man nicht zu überzeugt ist, d. h. weder die persönliche Freiheit noch der Konsum eingeschränkt oder gesellschaftliche Forderungen erhoben werden»[12].

Die wachsende Zahl der Muslime und damit der Jugendlichen islamischen Glaubens ist für die kirchliche Jugendarbeit in der Hinsicht eine Herausforderung, als muslimische Jugendliche sich oft mehr als katholische oder evangelisch-reformierte Jugendliche – z. B. in der Schule – offen zu ihrer Religion bekennen, auf die Möglichkeit der Religionsausübung Wert legen und ihren Glauben auch praktizieren. Aber es gibt natürlich auch hier beides: Während sich unter den muslimischen Jugendlichen die einen vermehrt mit dem Islam identifizieren und etwa den Koran zu lesen beginnen, distanzieren sich andere von ihrer Religion und deren Traditionen. In der römisch-katholisch verantworteten kirchlichen Jugendarbeit kommen Jugendliche islamischen Glaubens als eine eigene Gruppe nicht vor.

Hinzu kommt, dass – so der von der Schweizer Bischofskonferenz (SBK) und der Römisch-Katholischen Zentralkonferenz der Schweiz (RKZ) im Januar 2019 veröffentlichte Bericht zur «Migrationspastoral in der Schweiz»[13] – bei den rund 3 Millionen Personen in der Schweiz, die römisch-katholisch sind, 25% über keinen Schweizer Pass verfügen und weitere 13% einen Migrationshintergrund aufweisen, wobei diese Anteile je nach Kanton/Region sehr stark variieren.

Was sind auf diesem Hintergrund die Ziele und Handlungsfelder der kirchlichen Jugendarbeit in der Deutschschweiz?

2.1. Die «Magna Charta» der kirchlichen Jugendarbeit

Die Jugendarbeit der römisch-katholischen Kirche in der Deutschschweiz orientiert sich in ihren Zielen, Grundsätzen und Rahmenbedingungen an der «Magna Charta – Grundlage für eine gelingende kirchliche Jugendarbeit in der deutschsprachigen Schweiz»[14], wie sie von der Mitgliederversammlung des Vereins der Deutschschweizer Jugendseelsorger(innen) 2001 verabschiedet und 2005 ergänzt wurde. Diese genießt in der Deutschschweiz bis heute einen ähnlich hohen Rang wie der bundesdeutsche Synodenbeschluss «Ziele und Aufgaben kirchlicher Jugendarbeit»[15] von 1975. Es geht der «Magna Charta», wie es im Rückgriff auf ein Zitat aus der Synode 1972 im Bistum St. Gallen heißt, vor allem «um die individuelle, soziale, gesellschaftliche und religiöse Entfaltung und Selbstverwirklichung des Jugendlichen: Der freie, kontaktfähige, engagierte, kritische, selbst- und verantwortungsbewusste Mensch» ist das Ziel. Leitperspektive ist «das Interesse an der Subjektwerdung aller Menschen vor Gott». Kirchliche Jugendarbeit versteht sich von dieser Zielsetzung her als Wegbegleitung junger Menschen, indem sie 1. auf der Lebenswelt der Jugendlichen aufbaut, 2. Wertschätzung und Anerkennung durch Mitbeteiligung und Mitbestimmung ausdrückt, 3. zu zeitintensiver Beziehungsarbeit bereit ist, 4. zur Orientierung an der Lebenspraxis Jesu einlädt, 5. im Prozess der Sinn-, Glaubens- und Identitätsstiftung Raum bietet für Auseinandersetzung mit den Lebens- und Glaubensfragen Jugendlicher, 6. dabei die Erlebnisse und Erfahrungen der Jugendlichen als Spuren des Glaubens im Alltag aufnehmen und gemeinsam mit ihnen deuten und feiern will und 7. mit Genderbewusstsein[16] Jugendliche in ihrer Identitätsfindung als Frau und Mann in Gesellschaft und Kirche begleitet und die «Unterschiede in den Realitäten von Mädchen und Buben sowie der Geschlechtergruppen» (an)erkennt und die Geschlechterdifferenz ausdrücklich auch in ihren Strukturen, Konzepten und Programmen berücksichtigt.

2.2. Die Handlungsfelder der kirchlichen Jugendarbeit

Die Jugendarbeit der römisch-katholischen Kirche versteht sich zum einen als selbstloser, diakonischer Dienst für, mit und durch junge Menschen und zum anderen als evangelisierendes Handeln, insofern jungen Menschen durch die Aktivitäten der Jugendarbeit die Möglichkeit eröffnet wird, die Lebensmöglichkeiten des Evangeliums für sich zu entdecken und sich anzueignen.

Für die kirchliche Jugendarbeit der Deutschschweiz ist kennzeichnend, dass sie ihre Schwerpunkte auf drei Handlungsfelder setzt, die – mit je eigener Zielsetzung – in einem jugendpastoralen Gesamtzusammenhang zu sehen sind, der vor allem die Lebenswelten der Jugendlichen und ihre jeweiligen altersspezifischen Herausforderungen in den Blick nimmt: So ist

1. das Ziel der pfarreiorientierten Jugendarbeit die *Begleitung*
2. das Ziel des Oberstufenunterrichts die *religiöse Bildung*
3. das Ziel der Firmung ab 17/18 die *kirchliche Sozialisation.*

2.2.1. Die pfarreiorientierte Jugendarbeit

Die wichtigste Ebene der kirchlichen Jugendarbeit ist die Pfarrei als Ort basisnahen Kontaktes mit Jugendlichen. Hier gibt es die verbandliche Jugendarbeit, die Ministrant(inn)en-Pastoral und die offene Jugendarbeit. Fast jede Pfarrei stellt eigene Jugendarbeiter(innen) hauptberuflich ein, um eine professionelle Jugendarbeit zu gewährleisten.

1. Die *verbandliche Kinder- und Jugendarbeit* umfasst die Verbände Jungwacht Blauring, den Verband Katholischer Pfadfinder und Pfadfinderinneninnen sowie die verbandliche Ministrant(inn)en-Pastoral. Hauptträger(innen) dieser Arbeit sind qualifizierte Jugendliche, die in ihrer Freizeit für Gleichaltrige und Jüngere ein verbindliches Engagement leisten. Es gibt jeweils einen «Präses» – eine Fachperson, die in einer rein begleitenden Rolle die Leiter(innen) der jeweiligen Gruppierung unterstützt.

2. Die *offene Jugendarbeit* kann gerade solche Jugendliche erreichen, die sich nicht an einen Verband binden möchten oder können und wird als diakonische und als kirchlich-spirituelle Jugendarbeit sichtbar. Als diakonisch akzentuierte Jugendarbeit werden vor allem Treffangebote, Projektarbeit, offene Angebote, thematische Gruppenarbeit, mobile (aufsuchende) Jugendarbeit und Gemeinwesenarbeit ermöglicht. Zur kirchlich-spirituellen Jugendarbeit zählen Jugendgottesdienste, Taizé-Abendgebet, Nacht der Lichter usw. Die Jugendseelsorger(innen) verstehen sich als Begleiter(innen) der Jugendlichen und als Animator(inn)en bei der Erstellung und Durchführung von Angeboten. Die hohe Unverbindlichkeit der Jugendlichen in der offenen Jugendarbeit stellt dabei besondere Anforderungen an die Fähigkeit der Jugendseelsorger(innen) zur Sicht ihres Dienstes als einer Pastoral der Gastfreundschaft, die mit Menschen für eine kurze Zeit in einen losen oder intensiven Kontakt kommt und sie in einer freilassenden Haltung nicht vereinnahmen will, sondern sie auch wieder gehen lassen kann.

Ein innovatives Angebot in der offenen Jugendarbeit in der Deutschschweiz stellt das Projekt *Jugendkirche* in Zürich[17] dar. Hier wurden Erfahrungen eines niederschwelligen Zugangs zu religiös interessierten Jugendlichen und jungen Erwachsenen, wie sie bereits in Deutschland und Österreich existieren, aufgegriffen und adaptiert. Als «Kirche *mit* jungen Erwachsenen» will die Jugendkirche Begegnungsort mit großer Gestaltungsfreiheit sein. Besondere Bedeutung kommt dem Kirchenraum zu: Seine Raumsprache prägt das Erleben in ihm. In ästhetisch ansprechenden Räumen (Kirche, Café) sollen die Jugendlichen und jungen Erwachsenen sich wohl fühlen. Die

Räume, in denen vielfältige Aktivitäten und Begegnungsformen möglich sind, sind die Visitenkarten der Jugendkirche. Ziel der Jugendkirchen ist es, jungen Menschen, denen die traditionellen Kirchenräume und Gottesdienstformen fremd geworden sind, eigene (Kirchen-) Räume zu geben, die sie nach ihren Vorstellungen gestalten können und in denen sie z. B. bewährte Gottesdienstformen mit jugendkulturellen Ausdrucksformen («zwischen Event und Verkündigung») weiterentwickeln und neue kreieren können, um so auf ihnen gemäße Weise Gemeinschaft zu erfahren. Bei vielen Jugendkirchen-Projekten steht das Angebot des Kirchenraumes als kultureller sowie religiöser Erlebnis- und Erfahrungsraum im Zentrum. Anderen dient als Raumangebot ein Zelt oder ein Fabrikgebäude, das sowohl als Gottesdienstraum wie auch als Veranstaltungsraum genutzt wird.

Die Ausrichtung der Arbeit der Jugendkirchen-Projekte machen die verschiedenen Vollzugsweisen von Kirche erfahrbar. Neben den liturgischen Erfahrungsfeldern sollen die Möglichkeiten des diakonisch orientierten sozialen Handelns ebenso wie gemeinschaftsbildende Angebote entwickelt werden. Die inhaltliche und praktische Ausgestaltung liegt wesentlich bei denen, welche die Angebote nutzen und die in der Folge in geeigneter Weise für eine Mitarbeit gewonnen werden müssen, sowie bei den verschiedenen Partnern, die sich (pfarrei- und überpfarreilich) an der Gestaltung dieser jugendpastoralen Projekte beteiligen. Die Jugendkirchen wollen nicht mit der Pfarrei vor Ort konkurrieren, sondern das jugendpastorale Angebot in den Pfarreien und Verbänden ergänzen. Sie nehmen durch diese Ergänzung eine Impulsfunktion für das örtliche und regionale Angebot wahr.

3. Der Jugendverband «Jungwacht Blauring» (Jubla) ist mit über 31 500 Mitgliedern der größte katholische Kinder- und Jugendverband der Schweiz. Er ist grundsätzlich offen für alle Kinder und Jugendlichen, unabhängig von Konfession, Religion und Kultur. Der Verband ist eine Fusion (seit 2009) aus den beiden getrennten Jugendverbänden «Jungwacht» (für Jungen) und «Blauring» (für Mädchen). Ziel bei der Gründung 1932 war die konfessionell geprägte, geschlechtergetrennte Freizeitgestaltung mit Mädchen und Jungen.

Heute sind in Jungwacht Blauring Schweiz – kurz «Jubla Schweiz» – immer weniger Kinder und Jugendliche katholisch, sondern evangelisch-reformiert, oder gehören einer anderen Religionsgemeinschaft an. Jungwacht Blauring ist in den Pfarreien von 21 Kantonen der deutsch- und der deutsch-französisch-sprachigen Schweiz präsent. Auf der Basis seiner fünf Grundsätze (1) «zusammen sein», (2) «kreativ sein», (3) «mitbestimmen», (4) «Natur erleben» und (5) «Glauben leben» will der Verband (a) einen Freiraum ermöglichen, in dem sich Kinder und Jugendliche entfalten können und akzeptiert erfahren, (b) ein vielseitiges Angebot an Aktivitäten bieten, das von den Kindern und Jugendlichen mitbestimmt und mitgestaltet wird, (c) eine Gemeinschaft sein, in der Glaube und Rituale eine wichtige Rolle spielen, (d) ein Ort sein, an dem Kinder und Jugendliche eigene Fähigkeiten ohne Leistungsdruck entdecken und erleben können und in ihrem Selbstbewusstsein gestärkt werden sowie im besten Fall (e) Lebensfreu(n)de gewinnen.

In Jungwacht Blauring stehen die Gemeinschaft sowie das Miteinander und Füreinander im Vordergrund. «Ohne Leistungsdruck, eingebettet in Spiel und Abenteuer, lernen Kinder von klein auf, sich in einer Gruppe einzubringen. Im ungezwungenen Rahmen entdecken sie ihre individuellen Fähigkeiten und entwickeln sich zu sozialkompetenten und selbstständigen Persönlichkeiten. Die beste Lebensschule inmitten von Freizeitspass»[18]. Die zunehmende Beliebtheit von Jungwacht Blauring – 2018 war im Vergleich zum Vorjahr ein Mitgliederzuwachs von 1,5 % zu verzeichnen[19] – ist der Qualität des Angebots vor Ort zu verdanken, verbunden mit der vom Verband in den vergangenen Jahren intensivierten Aus- und Weiterbildung von jungen Leitungspersonen. Zugleich verfolgte Jubla im Rahmen von mehrjährigen Zielen sowohl lokal als auch überregional neue Schritte in Bezug auf Identitätsverständnis, Vernetzung und Kommunikation.

4. Der Verband Katholischer Pfadfinder und Pfadfinderinnen (VKP) ist ein Verband innerhalb der «Pfadibewegung» der Schweiz. Er zählt rund 11 000 Mitglieder und unterstützt die Leiter(innen) und Präsides der rund 120 deutschsprachigen Pfadi-Abteilungen in der Ausbil-

dung, Beratung und Begleitung sowie auf nationaler Ebene die Pfadibewegung Schweiz mit Hilfsmitteln, Projekten und Kursen zu «animation spirituelle».

5. Die Deutschschweizerische Arbeitsgruppe für Ministrant(inn)en-Pastoral (DAMP) ist eine ehrenamtliche Arbeitsgruppe von Priestern, Pastoralassistent(inn)en, Religionspädagog(inn)en und Sakristan(inn)en; ihre Arbeit verfolgt drei Ziele: (1) Grundlagenarbeit zu betreiben, (2) Aus- und Weiterbildungskurse für Leiter(innen) der Ministrant(inn)en-Arbeit anzubieten und (3) Events zu veranstalten, z. B. alle drei Jahre ein Ministrant(inn)en-Fest und alle vier bis fünf Jahre eine Ministrant(inn)en-Wallfahrt nach Rom durchzuführen.

2.2.2. Der von der Pfarrei verantwortete Oberstufenunterricht (7.–9. Schuljahr)

Einzelne Pfarreien in der Deutschschweiz erproben seit einigen Jahren Alternativformen zum schulischen Oberstufen-Religionsunterricht. Weil der Religionsunterricht am Lernort Schule[20] im Stundenplansystem oft an den Rändern (erste oder letzte Stunde eines Unterrichtstages) angesiedelt und durch Desinteresse der Schüler(innen) sowie durch Disziplinprobleme belastet ist, vermag er sowohl die Schüler(innen) als auch die Lehrpersonen kaum zu einem kerygmatischen Religionsunterricht zu motivieren. Deswegen haben sich mit der Zeit drei Alternativformen herausgebildet, die eine geringere Anlaufzeit, größere Erlebnisdichte und bessere Motivation versprechen. Da die Richtlinien des Oberstufen-Religionsunterrichtes von Kanton zu Kanton verschieden sind, beziehe ich mich hier exemplarisch auf diejenigen im Kanton St. Gallen[21]:

1. *Zusatzangebote zum schulischen Religionsunterricht* (zwei Wochenstunden), die außerschulische Vertiefungsschritte ermöglichen, in denen gerade die für diese Altersstufe wichtigen emotionalen Elemente intensiver Gemeinschaftserfahrung in Gottesdienst, Spiel etc. Raum bekommen. Die Teilnahme ist für die Schüler(innen) freiwillig. Ort dieser Zusatzangebote sind die Räumlichkeiten der Pfarrei, die in

ihrer Verantwortung für den Religionsunterricht an der Schule und für Zusatzangebote in der Pfarrei bewusst ausgebildete und erfahrene Religionspädagog(inn)en und Katechet(inn)en anstellt.

2. *Innerschulische Alternativformen* sind jene Angebote, in denen der Religionsunterricht innerhalb der obligatorischen Schulzeit in größeren Zeitblöcken (Halb- oder Ganztagsblöcke) erteilt wird. Diese Alternativformen sind für alle Schüler(innen) verpflichtend, wobei die Einführung des Blockunterrichtes auf die Situation der nichtkatholischen Schüler(innen) Rücksicht nehmen muss. Die Durchführung kann in der Schule oder in Räumlichkeiten der Pfarrei erfolgen.

3. *Außerschulische Alternativformen* des Religionsunterrichts haben experimentellen Charakter und variieren je nach Pfarrei und ihren Möglichkeiten. Die Zuständigkeit und Verantwortung liegen beim Pfarrer im Einvernehmen mit dem Bischöflichen Ordinariat. Er spricht das konkrete Modell mit dem Seelsorgeteam, dem Pfarrei- und Kirchenverwaltungsrat ab, das den Lehrer(inne)n und Schulbehörden informativ zur Kenntnis zu bringen ist. Die Eltern der betroffenen Schüler(innen) müssen über das Projekt eingehend informiert werden und ihr Einverständnis zur Durchführung geben. Für den außerschulischen Religionsunterricht motivieren Schule, Kirche und Eltern die Schüler(innen) gemeinsam zur Teilnahme. Die Nichtteilnahme erfordert ausdrücklich die elterliche Unterschrift. Die für den außerschulischen Religionsunterricht aufgewendete Zeit soll in etwa den 2 Jahreswochenstunden schulischen Religionsunterrichtes entsprechen, damit die Schüler(innen) ihre Pflichtlektionenzahl von 34–36 Jahreswochenstunden je nach Schuljahr erreichen können.

Ziel des von der Pfarrei verantworteten Oberstufenunterrichts ist die *religiöse Bildung*. Je nach örtlichem Vorverständnis wird er mehr als Unterricht oder mehr als Katechese gestaltet. Er versteht sich als Begleitung Jugendlicher und junger Erwachsener und ist ergänzender Teil der kirchlichen Jugendarbeit. Fester Bestandteil der Lehrpläne im Fach Religion ist in der religionspluralen Schweiz neben der christlich-konfessionellen Selbstvergewisserung selbstredend auch das interreligiöse Lernen, die Beschäftigung mit den Weltreligionen Judentum und Islam. Dabei erfolgt der Lernweg, der ein solides interreligiöses Orientierungswissen vermitteln möchte, in drei didaktisch-methodischen Schritten: 1. Kennenlernen der eigenen kulturellen und religiösen Wurzeln, 2. Kennenlernen anderer Religionen und Einüben des Perspektivenwechsels, 3. Sensibilisierung für Gemeinsamkeiten und Differenzen zwischen den Religionen.

2.2.3. Der von der Pfarrei angebotene katechetische Weg «Firmung ab 17/18»

Der katechetische Weg «Firmung ab 17/18», der in vielen, wenn auch nicht in allen Regionen der Deutschschweiz angeboten wird – im Bistum St. Gallen ist die Erwachsenenfirmung seit 2003 eingeführt und als «Firmung ab 18» bistumsweit verbindlich[22] – stellt ein Spezifikum kirchlicher Jugendarbeit in der Deutschschweiz dar. Er folgt, wie die kirchliche Jugendarbeit insgesamt, einem subjektorientierten Ansatz und stellt als Aufgabe der Diakonie, Jugendlichen Lebensbegleitung anzubieten, bei der Firmvorbereitung den Verkündigungsaspekt in den Vordergrund. Wird Diakonie hier nämlich bewusst als Lebenshilfe an der Schwelle zum Erwachsenwerden verstanden, so ist Firmvorbereitung als diakonales Engagement in katechetischer Intention zu verstehen, als «Lebenshilfe durch Glaubenshilfe».

Das Sakrament der Firmung gehört zu den Initiationssakramenten. Der katechetische Weg «Firmung ab 17/18» mit jungen Erwachsenen in der Pfarrei zielt somit auf kirchliche Sozialisation. Hinter der Entscheidung für das Firmalter um den Zeitpunkt des Mündig-Werdens stehen daher anthropologische wie theologische Begründungen. So sollen Jugendliche in einer für sie anstrengenden Lebensphase (Lehrabschlussprüfung, Abitur/Matura, Zukunftsplanung) Kirche als einen empathischen und sympathischen Ort erfahren, an dem sie einerseits Freiräume entdecken und Gemeinschaft erfahren können. Anderseits können sie sich neu mit Fragen des Glaubens auseinandersetzen und Antworten erhalten auf Fragen zum Lebens- und Glaubenswissen. In den Firmgruppen können sie religiöse Erfahrungen in der Gemeinschaft machen und in den Firmbegleiter(inne)n glaubwürdigen Zeuginnen und Zeugen des Glaubens begegnen. Ziel des katechetischen Weges «Firmung ab 17/18» ist es, den jungen Erwachsenen eine bewusste Entscheidung im Hinblick auf den Empfang des Firmsakramentes und die Eingliederung in die kirchliche Gemeinschaft zu ermöglichen[23]. Firmvorbereitung ist Katechese mit Methoden der Jugendarbeit und vor Ort auf eine gut funktionierende Jugendarbeit angewiesen. Sie kann die pfarreiliche Jugendarbeit nicht ersetzen. Gestaltet sich die Firmgruppen-Erfahrung für die jungen Erwachsenen positiv, so können in der Folge daraus Angebote pfarreilicher Jugendarbeit entstehen.

2.2.4. Der «Deutschschweizer Weltjugendtag»

Zwischen den großen internationalen Weltjugendtagen, die *Papst Johannes Paul II.* initiierte und zu dem er erstmals 1986 einlud[24], nach Rom, und zu denen auch *Papst Benedikt XVI.* und *Papst Franziskus* alle zwei Jahre Jugendliche und junge Erwachsene in eine Weltstadt inner- oder außerhalb Europas eingeladen haben – das nächste Treffen wird 2022 in Lissabon sein – finden jeweils Treffen in den einzelnen Ortskirchen statt. Diese Bistumsjugendtreffen ermöglichen Jugendlichen eines bestimmten territorial begrenzten Gebietes die Begegnung untereinander sowie mit verschiedenen Akteuren kirchlicher Jugendarbeit und mit der Bistumsleitung zusammenzukommen. Seit 2003 gibt es zudem den «Deutschschweizer Weltjugendtag», der 2019 im Bistum Basel, in Luzern, stattfinden wird. Ziel ist, Gemeinschaft zu erfahren und einander im Glauben zu stärken. Am letzten «Deutschschweizer Weltjugendtag» 2018 in Freiburg nahmen über 1200 Jugendliche am dreitägigen Treffen teil.

2.2.5. Das jährliche vorweihnachtliche «Ranfttreffen» in Flüeli-Ranft

Das größte regelmäßige kirchliche Jugendtreffen der Schweiz findet seit 1977 in Flüeli-Ranft statt, jenem Ort, an dem Niklaus von Flüe (1417–1487), der Nationalheilige der Schweiz, als Bruder Klaus in einer Eremitenzelle im Ranft, einer Gebirgsschlucht, lebte. Jeweils am Wochenende vor Weihnachten treffen sich dort rund 1000 Jugendliche und junge Erwachsene aus der ganzen Deutschschweiz. Organisiert wird das Ranfttreffen vom Jugendverband «Jungwacht Blauring». Eingeladen sind Jugendliche ab 15 Jahren und junge Erwachsene, die inmitten der alljährlichen vorweihnachtlichen Hektik Momente der Stille und der Besinnlichkeit suchen. Die Teilnehmenden werden in Gruppen zu jeweils 12 Personen eingeteilt und brechen in einer nächtlichen Sternwanderung von drei Ausgangsorten rund um Flüeli-Ranft in die Winternacht auf. In einer ersten Runde lernen sich die Gruppenmitglieder kennen und machen sich mit dem jeweiligen Thema des Treffens vertraut. Ein mit Kerzen ausgeleuchteter Weg markiert den Weg bis zur zweiten Gruppenrunde, wo alle mit Brot und Suppe verpflegt werden. Anschließend gibt es die Möglichkeit zu zahlreichen Workshops, bevor jede Gruppe, begleitet vom Fackelschein, in die Ranftschlucht hinabsteigt. Um zwei Uhr früh wird dort ein eindrücklicher Gottesdienst gefeiert, und das Ranfttreffen endet mit einem Frühstück in der Morgendämmerung.

2.3. Zusammenfassung

Der Jugendpastoral in der Deutschschweiz, die sich in den letzten Jahren immer wieder einem intensiven Reflexionsprozess gestellt und dabei ihr Selbstverständnis jeweils neu überprüft hat, geht es um ein Begleiten von Jugendlichen und jungen Erwachsenen bei ihrer persönlichen – und darin auch religiösen – Identitätsfindung. Dies geschieht in der Bereitstellung eines personellen Angebotes von Erwachsenen, die sich – bewusst als Christinnen und Christen – als Gesprächspartner(innen) verstehen, und in der Bereitstellung von Räumen und Finanzmitteln für die Jugendarbeit. Strukturell geht es um eine gute Kooperation zwischen der kirchlichen Jugendarbeit in der Pfarrei (als Ort der *verbandlichen* Kinder- und Jugendarbeit sowie der *offenen Jugendarbeit* in diakonischer und kirchlich-spiritueller Ausrichtung) und der Schule bzw. dem von der Pfarrei verantworteten Oberstufenunterricht (als Ort *religiöser Bildung*). Mit dem Projekt «Firmung ab 17/18» ist das Ziel der *kirchlichen Sozialisation* verbunden. Als generelles Ziel und als bleibende Aufgabe gilt es, eine bessere Verzahnung von Jugend- und Erwachsenenpastoral sowie eine zeitgemäße und glaubwürdige Glaubenskommunikation anzustreben. Hierzu gehört auch die Erarbeitung einer integrativen Pastoral, die die Lebenswelt aller jungen Menschen eines bestimmten Sozialraumes in den Blick nimmt. Als «erste Adresse» für eine fachlich kompetente Unterstützung in allen relevanten Fragen um eine theologisch und religionspädagogisch reflektierte Jugendarbeit in kirchlicher Verantwortung sei neben den Fachstellen für kirchliche Jugendarbeit in den einzelnen Bistümern und Kantonalkirchen ausdrücklich auf die «Deutschschweizer Fachstelle für kirchliche Jugendarbeit»[25] in Zürich sowie auf die Fachstelle «Offene kirchliche Jugendarbeit» (OJK) in Luzern[26] verwiesen.

Neben der Aufgabe der *Begleitung* von Jugendlichen («Ein guter Begleiter ist ein ausgeglichener Mensch, der zuhört, glaubt und betet [...], ohne zu moralisieren und falsche Nachsicht zu üben und [...] ohne [...] zu versuchen, ihnen seinen Willen und seine eigenen Vorlieben aufzudrängen [...] und sich besitzergreifend und manipulativ zu verhalten», AD 103), wie sie das Abschlussdokument der Synode (AD 91–103) und das Nachsynodale Apostolische Schreiben «Christus vivit» von *Papst Franziskus* (CV 242–247; 291–298) zu Recht hervorheben, gilt es ernst zu nehmen, dass Jugendliche nicht Betreuungsobjekte einer großen Institution sein wollen, sondern vielmehr als Subjekte der Kirche wahr- und ernstgenommen werden wollen. Ein wichtiger Beitrag der *verbandlichen* Kinder- und Jugendarbeit ist hierbei die Vermittlung eines nicht-klerikalen Verständnisses von Leitungsamt in der Kirche, wie es etwa am Beispiel der Auswahl von Gruppenleiter(inne)n erlernt werden kann, da hier demokratierelevante Kompetenzen geschult werden.

Daher ist es Jugendlichen, so der Jesuit *Klaus Mertes*, Direktor des Kollegs St. Blasien – er forcierte 2010 als damaliger Direktor des Berliner Canisius-Kollegs durch seinen Einsatz für Opfer sexuellen Missbrauchs die Aufdeckung sexuellen Missbrauchs durch Priester und Ordensangehörige in kirchlichen Einrichtungen –, heute nicht mehr «zuzumuten, dass sie in den kirchlichen Verbänden Demokratie, Partizipation und Verantwortung lernen, um dann den Rest ihrer Tage in der Kirche ein monarchisches Leitungsmodell vorgesetzt zu bekommen»[27], wie er bei der Preisverleihung der Herbert-Haag-Stiftung «Für Freiheit in der Kirche» an «Jungwacht Blauring» (Jubla) und an den «Bund der Deutschen Katholischen Jugend» (BDKJ) am 24. März 2019 in Luzern betonte, den Dreiklang und die Arbeitsfelder aufgreifend, die den BDKJ charakterisieren: «Katholisch, politisch, aktiv».

Auch wenn es in der Schweiz, so *Dominik Schenker*, langjähriger Co-Leiter der Deutschschweizer Fachstelle für kirchliche Jugendarbeit, «ein jugendpastorales Paradoxon [ist], dass eine absichtslose, nur auf die Jugendlichen und ihre Bedürfnisse ausgerichtete Jugendarbeit kirchliche Beheimatung schafft, während im Gegenzug die bewusste Förderung der Kirchlichkeit mit anderen Angeboten kaum Erfolge zeigt» – obwohl «in der biografischen Rückschau vielfach die Verbindung zwischen der Kirche und den eigenen Jugendarbeitserfahrungen hergestellt [...] und mit zur Motivation wird, sich kirchlich zu engagieren»[28] – darf sich die kirchlich verantwortete Jugendarbeit und Jugendpastoral der Deutschschweiz in dem, wie sie heute aufgestellt ist, sowohl durch das Abschlussdokument der Synode wie auch durch das Nachsynodale Apostolische Schreiben «Christus vivit» von *Papst Franziskus* bestärkt sehen. Denn in ihren Zielen, Ansätzen und Wegen entspricht sie genau der vom Papst gewünschten «volksnahen Jugendpastoral» (CV 230–238), «einer breiter und flexibler angelegten Pastoral [...] an den verschiedenen Orten, an denen Jugendliche anzutreffen sind» (CV 230).

3. Schluss

In einem Punkt ist die kirchlich verantwortete Jugendarbeit und Jugendpastoral der Deutschschweiz allerdings theologisch konsequenter als das Abschlussdokument der Synode, nämlich in der Verwendung des Kirchenbegriffs. Wird im Abschlussdokument der Synode immer wieder ein Gegenüber konstruiert von hier «Kirche» als hierarchisch gegliederter Institution und dort «die Jugend», die es zu gewinnen und in die Kirche zu integrieren gilt, so werden die Kinder und Jugendlichen in der kirchlich verantworteten Jugendarbeit und Jugendpastoral der Deutschschweiz in jeder Lebensphase aufgrund von Taufe und Firmung konsequent als Teil der Glaubensgemeinschaft Kirche, und darin als vollwertige Mitglieder gesehen und angesprochen. Gemeinsam sind Papst, Bischöfe, Priester, Diakone und alle Christgläubigen jeglichen Alters in der Nachfolgegemeinschaft Kirche gleichgestellt und als solche jeweils Subjekt im Hören auf das Evangelium und auf die Frage «Was will Gott von mir und von uns hier und jetzt? Und wozu beruft er mich und uns?» Die undifferenzierte Rede von «Kirche» *und* «Jugend» im Abschlussdokument der Synode («Junge Menschen, die für den Heiligen Geist offen sind, können der Kirche helfen», AD 125) kommt bereits in der Formulierung des Titelthemas der Synode «Die Jugendlichen, der Glaube und die Berufungsunterscheidung» zum Ausdruck, da im Dreischritt «Hören» – «Unterscheiden» – «Wählen» das Subjekt immer wieder wechselt, d. h. einmal sind die Jugendlichen Subjekt, zumeist aber sind es die Bischöfe und die Jugendlichen sind Objekt der Überlegungen der Bischöfe.

Ebenso fällt im Abschlussdokument der Synode auf: Im Teil I, beim «Hören» der Bischöfe auf die Eingaben der Jugendlichen (AD 6--22), werden deren Hinweise, z. B. dass die Hälfte der Menschheit aus Frauen besteht und dass Frauen nicht nur in der Gesellschaft, sondern auch in der Kirche ungleich behandelt werden, zwar aufgenommen: «Wir dürfen den Unterschied zwischen Männern und Frauen mit ihren besonderen Gaben, speziellen Empfindsamkeiten und Erfahrungen in der Welt nicht vergessen. Dieser Unterschied kann dazu führen, dass Formen von Herrschaft, Ausgrenzung und Diskriminierung entstehen, von denen alle Gesellschaften und die Kirche selbst sich befreien müssen». Denn: «Die Bibel stellt Mann und Frau als gleichberechtigte Partner vor Gott dar (vgl. Gen 5,2)» (AD 13).

Auch wird wahrgenommen, dass Jugendliche auf der Synode nicht nur auf gesellschaftlicher Ebene, sondern auch in der Kirche *strukturelle Konsequenzen* angemahnt haben, von größerer Indienstnahme von Frauen in kirchliche Führungsaufgaben bis hin zur Zulassung zum ordinierten Amt: «Auch bei den Jugendlichen besteht die

Forderung nach mehr Anerkennung und Wertschätzung von Frauen in Kirche und Gesellschaft. Viele Frauen spielen eine unersetzliche Rolle in christlichen Gemeinschaften» – *Kardinal Walter Kasper* diagnostiziert zu Recht: «Ohne Frauen wäre jede Pfarrei morgen tot»[29] – «aber vielerorts tut man sich schwer, ihnen Raum in Entscheidungsprozessen zuzugestehen, auch wenn diese keine speziellen priesterlichen Verantwortlichkeiten einfordern. Das Fehlen der Stimme und des Blicks der Frauen macht die Diskussion und den Weg der Kirche ärmer und beraubt den Unterscheidungsprozess eines wertvollen Beitrags. Die Synode empfiehlt, bei allen ein stärkeres Bewusstsein dafür zu schaffen, dass eine Veränderung auch ausgehend von anthropologischen und theologischen Überlegungen zu der Wechselbeziehung zwischen Männern und Frauen absolut unausweichlich ist» (AD 55).

Im Teil II, dem «Unterscheiden», also dem Deuten des Wahrgenommenen im Lichte des Evangeliums, sowie im Teil III, den Konsequenzen, die daraus zu ziehen wären, wird es aber nicht angegangen. Es heißt zwar: «Eine Kirche, die einen synodalen Stil leben möchte, kann nicht umhin, auch über die Stellung und Rolle der Frau in der Kirche und dementsprechend auch in der Gesellschaft nachzudenken. Junge Menschen beiderlei Geschlechts fordern dies mit Nachdruck. Die dazu entwickelten Überlegungen rufen nach Umsetzung durch mutige Schritte zur kulturellen Umkehr und Veränderung in der Alltagsseelsorge» (AD 148). Und konkret: «Ein wichtiger Bereich ist diesbezüglich die Präsenz von Frauen in kirchlichen Gremien auf allen Ebenen sowie auch in Leitungspositionen und die Beteiligung von Frauen an kirchlichen Entscheidungsprozessen unter Einhaltung der Rolle des Priesteramts. Es ist eine Pflicht der Gerechtigkeit, die sich sowohl daran orientiert, wie Jesus mit den Frauen und Männern seiner Zeit in Beziehung getreten ist, als auch an der Bedeutung der Rolle bestimmter Frauenfiguren in der Bibel, der Heilsgeschichte und im Leben der Kirche» (AD 148).

Dieses «unter Einhaltung der Rolle des Priesteramts» aber zeigt, dass – obwohl die Bischöfe auf der Synode ausdrücklich bekundeten: «Wir sind uns bewusst [und] wir wissen, dass wir, um glaubwürdig zu sein, eine Reform der Kirche erleben müssen» (AD 118) – hinsichtlich der Möglichkeit der Frauenordination seitens des kirchlichen Lehr- und Leitungsamtes nach wie vor eine Verweigerungshaltung vorherrschend ist, und dies, obwohl die theologische Forschungslage sehr wohl gute und nachvollziehbare Argumente für die Möglichkeit der Ordination von Frauen vorzuweisen hat[30].

Und ob das «Hören» der Bischöfe auf die Jugendlichen – immerhin, so die Bischöfe, «sind junge Menschen einer jener ‹theologischen Orte›, an denen uns der Herr manche seiner Erwartungen und Herausforderungen für die Gestaltung der Zukunft erkennen lässt» (AD 64) – wirklich zu einer neuen Wahrnehmungsbereitschaft auf gesellschaftliche und kirchliche Realitäten geführt hat, die auch zu systemischen, strukturellen Konsequenzen bereit ist, daran lässt auch die nach wie vor fehlende Sprachsensibilität zweifeln. Denn: Im gesamten Abschlussdokument der Synode wird, wenn Bischöfe von sich *und* den Jugendlichen, und überhaupt von der Kirche als Glaubensgemeinschaft sprechen, kein einziges Mal von «Geschwisterlichkeit» oder von «geschwisterlicher Kirche», sondern durchgehend von «Brüderlichkeit» gesprochen: «die Kirche [...] Ort des Dialogs und des Zeugnisses der Brüderlichkeit» (AD 1). Oder: «der brüderlichen Erfahrung des gemeinsamen Lebens» (AD 110). Oder, in Bezug auf die Weltjugendtage: «Diese Momente der Begegnung und des Teilens werden fast überall geschätzt, weil sie die Möglichkeit bieten, gemeinsam zu pilgern, Brüderlichkeit mit allen zu erfahren, den Glauben freudig zu teilen und sich der Kirche noch enger zugehörig zu fühlen» (AD 142). Wenn aber Sprache Wirklichkeit ausdrückt und neue schafft, ist diese fehlende Sprachsensibilität – nur ein einziges Mal wird von «Brüdern und Schwestern» (AD 134) gesprochen – mehr als bedenklich. Denn wir sind als römisch-katholische Kirche, pointiert formuliert, doch de facto eine von wenigen Männern geleitete Frauenkirche, d. h. im Wesentlichen tragen mehrheitlich Frauen diese Kirche, z. B. durch ihr diakonales Engagement, geleitet aber wird sie durch, in der Regel, ältere Männer.

Umsomehr ist *Papst Franziskus* zuzustimmen, wenn er sagt, die Kirche solle «demütig zugeben, dass sich einige Dinge ändern müssen, und zu diesem Zweck muss sie auch die Meinungen und sogar die Kritik der jungen Menschen anhören» (CV 39). Und: «Bitten wir den

Herrn, er möge die Kirche von denen befreien, die die Kirche alt machen, sie auf die Vergangenheit festnageln, bremsen und unbeweglich machen wollen» (CV 35).

Anmerkungen

1 Siehe http://www.jugendseelsorge.ch/sagsdempapst (Zugriff am 7. 5. 2019).

2 *Papst Franziskus*: Apostolische Konstitution «Episcopalis communio» über die Struktur der Bischofssynode vom 15. September 2018.

3 *Papst Franziskus*: Nachsynodales Apostolisches Schreiben «Christus vivit» an die jungen Menschen und das ganze Volk Gottes vom 25. März 2019.

4 *Monika Jakobs* u. a.: Konfessioneller Religionsunterricht in multireligiöser Gesellschaft. Eine empirische Studie für die deutschsprachige Schweiz (SPI-Reihe 13), Zürich 2009, 8f.

5 Siehe https://www.bfs.admin.ch/bfs/de/home/statistiken/bevoelkerung.gnpdetail.2019-0271.html (Zugriff am 7. 5. 2019).

6 Die von 1850 bis 2000 alle zehn Jahre durchgeführte Volkszählung zur Erhebung wichtiger Informationen über die Schweizer Bevölkerung wurde 2010 grundlegend verändert und wird seitdem neu jährlich durchgeführt, wobei ein großer Teil der Daten vereinheitlichten Verwaltungsregistern entnommen wird. Nur noch jene Informationen, die nicht in einem Register geführt werden, werden mit ergänzenden Stichprobenerhebungen, unter anderem durch die jährlich durchgeführte Strukturerhebung, erfragt. Diese ermöglicht Informationen zu Themenbereichen wie Familie, Arbeit, Bildung oder Sprache und beinhaltet auch eine Frage nach der Religions- und Konfessionszugehörigkeit.

7 Vgl. *Claude Bovay / Raphael Broquet*: Religionslandschaft in der Schweiz (Eidgenössische Volkszählung 2000, Grüne Reihe 7), Neuchâtel 2004. Siehe auch *Christoph Bochinger* (Hrsg.): Religionen, Staat und Gesellschaft. Die Schweiz zwischen Säkularisierung und religiöser Vielfalt (Religionsgemeinschaften, Staat und Gesellschaft – Nationales Forschungsprogramm NFP 58), Zürich 2012 sowie *Judith Albisser*: Glauben und Religiosität in- und ausserhalb der Gotteshäuser, in: https://spi-sg.ch/glauben-und-religiositaet-in-und-ausserhalb-der-gotteshaeuser/ (Zugriff am 7. 5. 2019).

8 Vgl. die Grafik zur Religionszugehörigkeit der Wohnbevölkerung ab 15 Jahren, 2015–2017, online unter https://www.bfs.admin.ch/bfs/de/home/statistiken/bevoelkerung/sprachen-religionen/religionen.html (Zugriff am 7. 5. 2019).

9 Vgl. die Grafik zur Entwicklung der Religionslandschaft von 1970 bis 2017, online unter https://www.bfs.admin.ch/bfs/de/home/statistiken/bevoelkerung/sprachen-religionen/religionen.html (Zugriff am 7. 5. 2019).

10 Siehe https://www.swissinfo.ch/ger/dossiers/islam-in-der-schweiz (Zugriff am 7. 5. 2019).

11 Vgl. *Dominik Schenker*: Jugendarbeit der katholischen Kirche in der Deutschschweiz, in: *Angela A. Kaupp / Patrik C. Höring* (Hrsg.): Handbuch Kirchliche Jugendarbeit. Für Studium und Praxis, Freiburg i. Br. / Basel / Wien 2019, 81–87 sowie *Dominik Schenker*: Organisierte Freiheit. Jugendarbeit der katholischen Kirche in der Deutschschweiz. Ein Handbuch, Zürich 2017.

12 Ebd. 83. Zur Religiosität der Jugendlichen in der Deutschschweiz siehe auch *Sabine Zehnder Grob*: Jugendliche in der Deutschschweiz und ihre Religiosität, in: *Christoph Käppler / Christoph Morgenthaler* (Hrsg.): Werteorientierung, Religiosität, Identität und die psychische Gesundheit Jugendlicher (PTHe 126), Stuttgart 2013, 51–79.

13 Vgl. Schweizer Bischofskonferenz (SBK), Mediencommuniqué vom 25. 3. 2019, online unter http://www.bischoefe.ch/dokumente/communiques/migrations pastoral-2019 (Zugriff am 7. 5. 2019).

14 Vgl. Synode 72, Bistum St. Gallen: XI. Bildungsfragen und Freizeitgestaltung, in: Synode 72, Bistum St. Gallen. Verabschiedeter Text, Heft 11, St. Gallen 1976 sowie https://www.google.com/search?q=Profilierung-Jugendarbeit-2012-Strategie papier.pdf&tbm=isch&source=univ&client=firefox-b-d&sa=X&ved=2ahUKEwili_ql7o3iAhUG6aQKHXU_AtkQsAR6BAgJEAE&biw=1536&bih=701 (Zugriff am 7. 5. 2019).

15 Beschluss «Ziele und Aufgaben kirchlicher Jugendarbeit», in: Gemeinsame Synode der Bistümer in der Bundesrepublik Deutschland, Teil 1: Beschlüsse der Vollversammlung, Freiburg i. Br. / Basel / Wien [6]1976, 288–311.

16 Vgl. *Margit Eckholt* (Hrsg.): Gender studieren. Lernprozess für Theologie und Kirche, Ostfildern 2017.

17 Siehe https://www.zhkath.ch/seelsorge-soziales/angebote/jugendkirche-zuerich_n (Zugriff am 7. 5. 2019).

18 *Alice Stierli*, Co-Präsidentin von Jungwacht Blauring Schweiz, in: https://www.

kath.ch/medienspiegel/jungwacht-blauring-je-laenger-je-beliebter/ (Zugriff am 7. 5. 2019).

19 Vgl. Jahresbericht 2018, online unter https://www.jubla.ch/mitglieder/verband/zahlen-fakten/ (Zugriff am 7. 5. 2019).

20 Vgl. *Christian Cebulj* u. a.: Bildung braucht Religion. Religionspädagogische Stellungnahme zum Lehrplan 21, in: SKZ 181 (2013) 790-795.

21 Siehe http://209.85.229.132/search?q=cache:xy7Fu6thg88J:www.fakaru-sg.ch/downloads/1235_alternative_formen.pdf+oberstufen+katechese&cd=4&hl=de&ct=clnk&gl=ch (Zugriff am 7. 5. 2019).

22 Siehe http://www.bistum-stgallen.ch/upload/Download-Dokumente/Dokumente/2222_Brosch_Firmung_ab18.pdf (Zugriff am 7. 5. 2019).

23 Vgl. *Nicola Ottiger / Monika Jakobs / Markus Arnold* (Hrsg.): Firmung. Theorie und Praxis eines eigenwilligen Sakraments, Luzern 2019.

24 Die zwei vorausgehenden «Weltjugendtagstreffen» fanden im Rahmen anderer Großveranstaltungen statt: 1984 zum «Heiligen Jahr der Erlösung» und 1985 zum «Jahr der Jugend» der Vereinten Nationen.

25 Siehe https://www.zhkath.ch/seelsorge-soziales/angebote/jugendarbeit_n (Zugriff am 7. 5. 2019).

26 Siehe https://fachstelle.info/ (Zugriff am 7. 5. 2019).

27 *Klaus Mertes*: Freiräume-Demokratie-Partizipation-Widerstand. Festrede und Laudatio auf den Bund der Deutschen Katholischen Jugend (BDKJ), in: https://www.herberthaag-stiftung.ch/index.php?nav=5 (Zugriff am 7. 5. 2019), hier: Redetexte und Beiträge vom 24. 03. 2019, 17.

28 *Schenker* 2019 (Anm. 11) 82.

29 *Walter Kasper*, in: https://www.vaticannews.va/de/kirche/news/2019-04/kardinal-kasper-frauen-diakon-interview-laien-engagement.html (Zugriff am 7. 5. 2019).

30 Vgl. *Eva-Maria Faber*: Tradition, Traditionskritik und Innovation. Auf dem Weg zu geschlechtergerechten Amtsstrukturen in der römisch-katholischen Kirche, in: *Margit Eckholt / Ulrike Link-Wieczorek / Dorothea Sattler / Andrea Strübind* (Hrsg.): Frauen in kirchlichen Ämtern. Reformbewegungen in der Ökumene, Freiburg i. Br. / Göttingen 2018, 39–54.

CHRISTIAN CEBULJ

KIRCHE IM LABOR

JUGENDTHEOLOGIE ALS RELIGIONSPÄDAGOGISCHER IMPULSGEBER FÜR EINE ERNEUERTE KIRCHE

Für einen Religionspädagogen ist es eine höchst erfreuliche Entwicklung, dass die Jugend als Zukunftshoffnung der Kirche für *Papst Franziskus* eine so wichtige Rolle spielt. Er ist intensiv mit Jugendlichen und jungen Erwachsenen in Kontakt, twittert, macht Selfies und fordert sie auf, in der katholischen Kirche «Wirbel zu machen». Man mag es mit dem südamerikanischen Temperament des Papstes oder seiner Biografie begründen, jedenfalls sind es ungewohnt offene und befreiende Töne aus Rom, die nicht nur Jugendliche, sondern auch Junggebliebene ermutigen, daran zu glauben, dass Reformen in der katholischen Kirche gerade auf dem Weg einer Orientierung an der Jugend möglich sind.

1. Jungsein ist keine Frage des Alters

So ist es erfrischend zu lesen, wenn *Papst Franziskus* im nachsynodalen Schreiben «Christus vivit» (CV) schreibt: «Jung zu sein ist weniger eine Frage des Alters, als vielmehr ein Zustand des Herzens. Eine alte Institution wie die Kirche kann sich also erneuern und in verschiedenen Phasen ihrer langen Geschichte wieder jung werden. Tatsächlich hört sie in ihren tragischsten Momenten den Ruf, zum Wesentlichen ihrer ersten Liebe zurückzukehren. In Erinnerung dieser Wahrheit sagte das Zweite Vatikanische Konzil: ‹Da sie reich ist an einer langen Geschichte, die immer in ihr lebendig bleibt, und sich zugleich auf dem Weg durch die Zeiten hin zur menschlichen Vollendung und zum letzten Ziel der Geschichte und des Lebens befindet, ist sie die wahre Jugend der Welt›» (CV 34). An anderer Stelle heißt es: «Bitten wir den Herrn, er möge die Kirche von denen befreien, die sie alt machen, sie auf die Vergangenheit festnageln, bremsen und unbeweglich machen wollen» (CV 35). Das sind prophetische Worte, die sich nicht scheuen, Kritik an reaktionären Kräften zu üben, denen die Reformbestrebungen und der unter *Papst Franziskus* eingeschlagene synodale Weg zu weit gehen. Dabei ist das «Gehen» eigentlich eine wichtige Metapher für den Papst. Nicht umsonst gehört die Formulierung «Andiamo avanti!» zu den am meisten gebrauchten Wendungen in seinen Predigten und Ansprachen.

2. Jugendliche bekommen keinen Nobelpreis für Vorsicht

Im Zusammenhang von Reformforderungen in der Kirche hat *Papst Franziskus* immer wieder das prophetische Potenzial der Jugend betont. Bei der Eröffnung der Vorsynode zum Thema Jugend am 18. März 2018 brachte er das gut auf den Punkt, nachdem er die über 15 000 Teilnehmer der vorsynodalen Versammlung begrüßt hatte. Der Papst begann seine Rede mit der Einladung, jeder solle mutig und ohne Scham seine Sicht der Dinge einbringen, und ergänzte, dass das Sich-Schämen draußen vor der Tür bleiben solle. Falls sich jemand beleidigt fühle, müsse man ihn um Verzeihung bitten, und wichtig sei es auch, mit Bescheidenheit auf die anderen zu hören. «Wenn der da redet, den ich nicht mag, muss ich ihm sogar noch mehr zuhören», sagte der Papst den jugendlichen Teilnehmern an der Vorsynode, «denn jeder hat das Recht, hier gehört zu werden, so wie jeder das Recht zu reden hat». Zu viel spräche man über und nicht mit der Jugend und meine, es sei mit ein wenig Lob getan. Dann ergänzt er, dass sich Erwachsene ja nicht gern von Jugendlichen infrage stellen lassen und bringt es treffend mit diesen Worten auf den Punkt: «Die Jugendlichen kriegen keinen Nobelpreis für Vorsicht. Manchmal reden sie mit Ohrfeigen. Aber man muss ihnen zuhören». Anschließend riet der Papst dazu, sich zu verabschieden von dem Satz «das haben wir schon immer so gemacht. Diese Logik, bitte, die ist ein Gift. Ein süßes Gift, weil es dir die Seele ruhigstellt und einschläfert und dich nicht vorangehen lässt. Verlasst diese Logik und bleibt auf kreative Weise auf dem Boden der wahren christlichen Tradition». Der Papst lud die Jugendlichen und jungen Erwachsenen dazu ein, sich auf der Vorsynode offen und voller Freiheit auszudrücken. Sie sollten keine Sorge davor haben, was dann ein Kardinal von ihnen denken könnte: «Der soll das ruhig hören, er ist es gewohnt! Es geht um euch und es ist wichtig, dass ihr offen redet», schloss der Papst seine Grußansprache. «Ich versichere euch, dass wir euren Beitrag ernst nehmen»[1].

3. Jugendliche als Propheten

Diese ermutigenden Worte von *Papst Franziskus* schlagen eine spannende Brücke zum Diskurs um die Jugendtheologie als einem viel diskutierten religionspädagogischen Paradigma der letzten Jahre. *Thomas Schlag* und *Friedrich Schweitzer* sprechen in Anlehnung an *Ottmar Fuchs* von «Jugendlichen als Propheten» und machen so auf das kritische und herausfordernde Potenzial aufmerksam, mit dem Jugendliche der gesellschaftlichen Wirklichkeit gegenübertreten[2]. Während die Entstehung dieser Redeweise in den Kontext der 1980er Jahre gehört und an Beispiele wie Friedens-, Ökologie- und Alternativbewegungen denken lässt, greift *Papst Franziskus* die bis heute richtige Einsicht auf, dass Jugendliche oft die ersten waren und sind, die Zukunftsprobleme erkennen und sie mit einer geradezu seismografischen Sensibilität für Gerechtigkeitsprobleme wahrnehmen. Das zeigte kürzlich auf eindrucksvolle Weise die von der 16-jährigen schwedischen Schülerin *Greta Thunberg* begründete Bewegung «Fridays for Future», die durch Schülerstreiks auf das globale Anliegen des Klimaschutzes aufmerksam macht. Da *Papst Franziskus* wesentliche Inhalte seiner Umwelt-Enzyklika «Laudato si» von 2015 durch die Schülerproteste bestätigt sah, empfing er *Greta Thunberg* zu einer Audienz in Rom. Die Schülerin zeigte dem Papst ein Plakat mit der Aufschrift «Join the climate strike». *Greta*, die um das Treffen gebeten hatte, dankte dem Papst für sein Engagement zur Erhaltung der Schöpfung. Der Papst wiederum ermutigte *Greta* und die Jugendlichen auf der ganzen Welt dazu, mit ihren Protesten im Dienst des Klimaschutzes weiterzumachen.

Mit der Einberufung eines Vorbereitungstreffens im März 2018, mit der Jugendsynode im Oktober 2018 und dem nachsynodalen Schreiben «Christus vivit» vom März 2019 nimmt auch *Papst Franziskus* Kinder und Jugendliche im Raum der Kirche als Seismographen ernst, die sie nach der Ansicht von Sozialwissenschaftlern im Raum der Politik längst sind[3]. Ihr Verhalten erlaubt Rückschlüsse auf den Zustand der Gesellschaft. Kinder- und Jugendstudien liefern nicht nur ein differenziertes Abbild dieser sozialstrukturellen Gruppe, sie geben zugleich auch den Blick auf Probleme der Gesellschaft insgesamt frei. Ob es sich um Politikverdrossenheit, um die mangelnde Identifikation Jugendlicher mit dem Gesellschaftssystem, um das Verhalten Jugendlicher bei Wahlen oder ganz allgemein um die Zukunftsvorstellungen von Jugendlichen handelt, die je spezifischen Ergebnisse verweisen auf konkrete Probleme, die es in unserer Gesellschaft zu lösen gilt.

Umso verdienstvoller ist die Initiative des Papstes, die Jugendlichen stärker in die Planung und Gestaltung der katholischen Kirche der Zukunft einzubeziehen. Schon *Papst Johannes Paul II.* hatte im Jahr 1979 die Jugend dazu aufgerufen, eine «prophetische Rolle» im Kampf gegen die «Kultur des Todes» zu spielen. Innerhalb seines 26-jährigen Pontifikats blieb es allerdings im Wesentlichen bei diesem zaghaften Aufruf, der keine sichtbaren Folgen im Sinne einer Partizipation von Jugendlichen auf kirchenpolitischer Ebene hatte. Zwar ist *Papst Johannes Paul II.*, was das Engagement für die Jugend angeht, die Gründung der Weltjugendtage 1984 zuzurechnen, die seitdem alle drei Jahre auf internationaler Ebene stattfinden. Durch ihre vorwiegend spirituelle Ausrichtung und ihre unbedingte Loyalität gegenüber der katholischen Hierarchie sind die Weltjugendtage jedoch nicht dazu geeignet, das Bild einer politischen, geschweige denn prophetischen Jugend abzugeben. So lautete der Tenor in den Untersuchungen eines soziologischen Forschungskonsortiums zu den Weltjugendtagen denn auch, sie würden weniger prophetisch und kritisch als vielmehr friedlich, freundlich und harmonisch ablaufen[4]. Während die Veranstalter betonten, im Zentrum des Weltjugendtags stünde nicht der Event-Charakter, sondern die Religion, die Lehre der katholischen Kirche, die katholische Frömmigkeit und ihre liturgischen Ausdrucksformen, meinten dessen Kritiker, die Weltjugendtage seien lediglich Ausdruck einer Spaßkultur, die ein «faules Christentum» hervorbringe, weil sich die Jugendlichen im Wesentlichen durch Katechesen «bedienen» ließen anstatt selbst aktiv zu sein[5]. Pro und Contra zum Weltjugendtag stehen eng nebeneinander und bedürften einer vertieften Auseinandersetzung, die hier jedoch nicht geleistet werden kann.

4. Jugend zwischen Tradition und Innovation

Wir bleiben bei der Einladung «Andiamo avanti!» von *Papst Franziskus*, der die Jugendlichen motiviert, mutig und prophetisch aktiv zu sein. Denn im Umfeld dieser nachdrücklichen Aufforderung wird offenkundig, dass die Einladung zum Vorangehen, die *Papst Franziskus* in besonderer Weise mit der prophetischen Kraft der Jugend verbindet, nicht in allen Kreisen und Milieus der Kirche Gefallen findet. Ein Grund dafür scheint der ängstliche Umgang restaurativer Kreise mit der katholischen Tradition und Lehre zu sein. Gerade bei Jugendlichen und jungen Erwachsenen entspricht das, was die Kirche in ihrer langen Geschichte an Bekenntnissen und dogmatischen Überzeugungen formuliert und geklärt hat, nicht mehr unserer heutigen Zeit. Mit anderen Worten: Es ist wichtig, dass sich die Kirche auf authentische Weise der Spannung von Tradition und Innovation stellt, um den Herausforderungen der Gegenwart gerecht zu werden[6].

Eine Möglichkeit für Jugendliche und junge Erwachsene, Tradition in posttraditionalen Zeiten neu zu verstehen, wäre die in der Religionspädagogik üblich gewordene Unterscheidung der *semantischen*, *performativen*, *syntaktischen* und *anamnetischen* Dimension, die den Begriff der Tradition kennzeichnen[7]. Die *semantische* Ebene macht die schriftliche Fixierung des Glaubens, z. B. in Gestalt biblischer Texte deutlich. Sie enthält die Problemanzeige, dass Jugendliche die hermeneutische Kompetenz haben müssten, die Tradition der Bibel zu entschlüsseln. Dafür fehlt vielen jedoch die Sprache.

Wichtig an der *performativen* Ebene ist die Tatsache, dass Traditionen einen Ort haben. Die Eigenart der christlichen Religion kann gerade von Jugendlichen nicht ausschließlich auf kognitiver Ebene erfasst werden, sondern ist «gleichermaßen ein existenziell erfahrenes wie kognitiv gewusstes, sie ist ebenso ein bekenntnishaft geteiltes wie betendes, feierndes und sich auf den Alltag auswirkendes Geschehen»[8]. Die performative Dimension von Tradition versteht Glaubenspraxis als Lebenspraxis und gibt zu verstehen, dass die *gelehrte* Form nicht ohne die *gelebte* Form des Glaubens gelingen kann. So ist denn auch die wichtigste Kirchenerfahrung von Jugendlichen und jungen Erwachsenen das Erleben einer Gemeinschaft, in der sie sich beheimatet fühlen und ihren Glauben in ein Beziehungsnetz einbetten können.

Die *syntaktische* Dimension von Tradition weist schließlich darauf hin, dass Tradition einen Wahrheitsanspruch erhebt. Nach dem britischen Soziologen *Anthony Giddens* ist Tradition «ein Mittel für den Umgang mit Zeit und Raum, das jede einzelne Tätigkeit oder Erfahrung in das Kontinuum aus Vergangenheit, Gegenwart und Zukunft einbringt»[9]. Vor dem Horizont jugendlicher Glaubensentwicklung ist es wichtig festzuhalten, dass Tradition gerade kein Fundus zeitloser, ewiger Wahrheiten ist, sondern «ein Instrumentarium zur Hervorbringung situationsangemessener Reaktionen»[10]. Im didaktischen Kontext gilt deshalb für die Beschäftigung mit der christlichen Glaubenstradition, dass deren objektive *Wahrheit an sich* zu einer existenziellen *Wahrheit für mich* werden muss, damit Traditionen tatsächlich das in ihr angelegte Aktualisierungspotenzial entfalten können[11].

In der vierten, *anamnetischen* Dimension gewinnen Traditionen ihren bildenden Wert durch Erinnerung. Die Kulturwissenschaften haben der Religionspädagogik neu vor Augen geführt, dass in unserer hektischen Gegenwart die Kategorie der *Erinnerung* neue Bedeutung gewinnt. In diesem Zusammenhang haben *Jan* und *Aleida Assmann* mit ihrer Theorie vom *kulturellen Gedächtnis* den Traditionsbegriff neu ins Blickfeld gerückt[12]. Demnach umfasst das kulturelle Gedächtnis Traditionen, in deren Pflege sich das Selbstbild einer Gesellschaft zeigt. Es entfaltet *Erinnerungsräume*, die über den Gedächtnisfundus des Einzelnen hinausgreifen und in Erinnerungsfiguren Ereignisse der Vergangenheit bündeln[13]. Die Erinnerung an vergangene Ereignisse wird durch kulturelle geformte Tradition (Texte, Riten Denkmäler) und institutionalisierte Kommunikation (Rezitation, Begehung, Betrachtung) wach gehalten. Vor dem Hintergrund der Frage nach der Bedeutung des anamnetischen Lernens für Jugendliche und junge Erwachsene an und mit solchen Formen von Tradition leistet diese Dimension einen wichtigen Bildungsbeitrag. Es lässt das kulturelle Gedächtnis wie einen Generationenvertrag zwischen Jung und Alt fungieren, der Traditionen der Vergangenheit in der Gegenwart sichert[14].

5. Jugend zwischen Tradition und Identität

Nach *Anthony Giddens* behalten Traditionen auch in post-traditionalen Zeiten, in denen heutige Jugendliche und junge Erwachsene aufwachsen, eine wichtige Funktion. Er knüpft diese Einschätzung allerdings an die Bedingung, dass Traditionen auf nichttraditionale Weise bewahrt werden, nämlich durch kritische Auseinandersetzung, immer wieder neue Interpretation, kontroverses Gespräch, kreative Transformation und eine große Portion Rationalität[15]. Wenn ich angesichts dieser Kriterien die jüngsten religionsdidaktischen Bemühungen im Bildungskontext Schweiz betrachte, im Rahmen des «Lehrplans 21» neben dem konfessionellen bzw. ökumenischen einen bekenntnisunabhängigen Religions- und Ethikunterricht für alle einzuführen, dann werden gerade auch im Lernbereich «Ethik – Religionen – Gemeinschaft (ERG)» die von *Giddens* genannten Kriterien erfüllt. Die besondere didaktische Chance besteht darin, dass nicht religiös sozialisierten Schülerinnen und Schülern Chancen des nicht-traditionalen Umgangs mit Tradition angeboten werden, die mitten im Kulturwandel *Erinnerungsräume* für Judentum, Christentum und Islam eröffnen. Wenn Tradition dann als «auf Dauer gestellte kulturelle Konstruktion von Identität»[16] ihren Beitrag zur religiösen Identitätsentwicklung von Jugendlichen leisten kann, hat sie ihr bleibendes Potenzial unter Beweis gestellt[17].

6. Jugendsynode und Jugendtheologie

Zusammen mit anderen Akteuren in der Religionspädagogik und kirchlichen Jugendarbeit habe ich den Eindruck, dass Jugendliche die Vertreter der katholischen Kirche heute oft genug nicht als jugendgemäß und fortschrittlich erleben, sondern, um es mit der Schriftstellerin *Juli Zeh* zu sagen, als «Helden der Bewahrung»[18], die sich den Modernisierungsschüben unserer Gesellschaft entgegenstellen anstatt mit der Zeit zu gehen. Kaum eine Institution wird so sehr mit schon fast zeitenthobener Konstanz assoziiert wie die katholische Kirche. In der Tat stellte sie sich jahrhundertelang immer wieder dem Geist der Zeit entgegen, zu dessen wesentlichen Kennzeichen der Glaube an den Fortschritt gehörte[19]. Nun zeigt unsere theologische und kirchliche Gegenwart etwa am Beispiel der Jugendsynode, dass es auch in der katholischen Kirche die Realität der Reform gibt, weil sie nichts anderes ist als die

Gärung der Moderne. Ich meine, dass die Dokumente rund um die Jugendsynode, vor allem aber das nachsynodale Schreiben «Christus vivit» genau von der respektvollen Wahrnehmung der Jugendlichen und einer Kommunikation auf Augenhöhe geprägt sind, wie sie im religionspädagogischen Diskurs mit den Standards der «Jugendtheologie» eingefordert wird. Es ist wiederum eine höchst erfreuliche Wahrnehmung, dass einige Desiderate der Jugendtheologie in den jüngsten synodalen Dokumenten eingelöst werden und somit aus religionspädagogischer Sicht absolut auf der Höhe der Zeit sind.

Der Begriff «Jugendtheologie» ist ein relativ junges Schlagwort in der Religions- und Gemeindepädagogik, obwohl das Interesse am theologischen Denken Jugendlicher sowie an der jugendgemäßen Vermittlung theologischer Inhalte eine weitaus längere Geschichte hat: Publikationen, in denen jugendliche Äußerungen zu theologischen Fragen und Themen vorgestellt und analysiert werden, sind schon seit Jahrzehnten ein Thema[20]. Als Konzept lässt sich die Jugendtheologie am besten in Anlehnung an die Kindertheologie verstehen, deren Ursprung in die Diskussion um die Bedeutung theologisch relevanter Fragen und Überlegungen von Kindern bis in die 1980er Jahre zurückreicht. Die Religionspädagogik basierte damals mehrheitlich auf der Überzeugung, dass die Kindheit eine Statuspassage auf dem Weg zum religiös mündigen Erwachsenen sei. Religiöse Bildung hätte deshalb die theologisch defizitären kindlichen Vorstellungen so zu begleiten, dass sie zu theologisch vollgültigen Vorstellungen heranreifen[21].

Alternativ zu dieser Vorstellung plädierte der Schweizer Religionspädagoge *Anton A. Bucher* erstmals 1992 in einer Idee[22], ab 2002 im Ansatz der *Kindertheologie*, dafür, Kinder als vollwertige epistemische Subjekte ernst zu nehmen, die ihre eigene Lebenswelt gestalten und im Zusammenhang mit dieser Auseinandersetzung Fragen stellen und Überlegungen äußern, die theologisch relevant und damit religionspädagogisch ernst zu nehmen sind[23]. *Bucher* sprach sich für ein Konzept aus, das Kinder (und Jugendliche) in ihrem eigenständigen und kreativen theologischen Denken und Fragen ernst nimmt. Kinder und Jugendliche sollten in ihrem Suchen und Fragen als prinzipiell gleichberechtigte Dialogpartner angesehen werden und Wertschätzung auf Augenhöhe erfahren. Ihre theologischen Deutungen sollten wahrgenommen und gedeutet, aber ebenso ergänzt, differenziert und flexibilisiert werden[24]. *Bucher*s Pointe lag darin, nicht mehr die für Erwachsene typischen Ausdrucksmittel als Norm heranzuziehen, wenn es um die Einschätzung theologisch relevanter Fragen und Vorstellungen von Kindern geht. Vielmehr zielte sein Plädoyer für eine «erste Naivität» darauf, diese Fragen und Vorstellungen im Kontext alterstypischer Ausdrucksmittel zu betrachten[25]. Sein Votum stieß auf breite Resonanz, vor allem bei Kollegen, die mit der Entwicklungspsychologie *Piaget*s vertraut sind. Heute ist die Kindertheologie fest als religionspädagogisches Paradigma etabliert, wie das seit 2002 erscheinende «Jahrbuch für Kindertheologie» eindrucksvoll unter Beweis stellt.

Angesichts der beschriebenen Dynamik der Kindertheologie war es naheliegend, dass auch der Ruf nach einer Jugendtheologie laut wird. *Friedrich Schweitzer* hat 2005 zum ersten Mal untersucht, inwieweit auch Jugendliche als Theologinnen und Theologen anzuerkennen seien[26]. Ausgehend von der Feststellung, dass Kinder insofern Theologen sind, als sie ihre eigenen Antworten auf Glaubensfragen formulieren, konstatiert er: «Auch Jugendliche denken über Glaubensfragen nach; sie können zu Partnern im theologischen Gespräch werden, und die Frage nach für sie hilfreichen theologischen Einsichten stellt sich auch hier»[27]. Eine Jugendtheologie analog zur Kindertheologie lag also nahe.

7. Ein anspruchsvoller Dreischritt

Jugendtheologie ist anspruchsvoll, denn der Dreischritt von Wahrnehmung, Dialogisierung und Differenzierung setzt einerseits voraus, dass die Lehrperson die erforderlichen fachwissenschaftlichen, fachdidaktischen und reflexiven Kompetenzen mitbringt, um diesen Prozess begleiten zu können. Auf der anderen Seite nimmt die Jugendtheologie auch die Jugendlichen in die Verantwortung, sich mit Elementen der geschichtlichen, gegenwärtigen oder persönlichen Glaubenspraxis reflexiv auseinanderzusetzen. Jugendliche müssen als Gesprächspartner von Erwachsenen grundlegende Fertigkeiten besitzen, die für eine theologische Reflexion bedeutsam sind:

1. *Wahrnehmungs- und Darstellungsfähigkeit* (religiös bedeutsame Phänomene wahrnehmen und beschreiben)
2. *Deutungsfähigkeit* (religiös bedeutsame Sprache und Zeugnisse verstehen und deuten)
3. *Urteilsfähigkeit* (in ethischen Fragen begründet urteilen)
4. *Dialogfähigkeit* (am Dialog mit anderen Religionen und Weltanschauungen argumentierend teilnehmen)
5. *Gestaltungs- und Handlungsfähigkeit* (in religiös bedeutsamen Zusammenhängen handeln und mitgestalten)[28].

Diese religiösen Kompetenzen können explizit an die theologische Denktradition zurückgebunden und im Begriff der *theologischen Kompetenz* zusammengefasst werden[29]. Sie zeigt sich in der Fähigkeit Heranwachsender, «eigene Gedanken und Vorstellungen zu theologischen Fragen nicht nur zu artikulieren, sondern auch gedanklich zu durchdringen und weiterzuentwickeln»[30]. In dieser Beschreibung ist angedeutet, in welchem Sinne Jugendliche als Theologen zu verstehen sind: Ihre Theologie vollzieht sich nicht auf einer streng wissenschaftlichen Ebene, sondern sozusagen auf Laien-Niveau. Diese Abgrenzung gilt es im Blick zu haben, um sowohl eine Degradierung wissenschaftlicher Theologie als auch eine Überforderung der Heranwachsenden zu vermeiden[31].

Obwohl es zahlreiche Gemeinsamkeiten zwischen Kinder- und Jugendtheologie gibt, sind auch grundlegende Differenzen zwischen beiden zu nennen. Zunächst ist das Jugendalter aus entwicklungspsychologischer und soziologischer Sicht von der Kindheitsphase abzugrenzen. Mit der Entwicklung vom Kind zum Jugendlichen stehen den Heranwachsenden neue Denkmöglichkeiten zur Verfügung. So stellt das hypothetische Denken eine Fähigkeit dar, die es Jugendlichen erlaubt, Hypothesen aufzustellen und kognitiv zu bearbeiten. Dies hat auch Auswirkungen auf die soziale Entwicklung, denn die Selbst- und auch die Fremdwahrnehmung der eigenen Person gewinnen an Bedeutung[32]. Diese entwicklungspsychologischen Veränderungen implizieren die Möglichkeit und letztlich auch Notwendigkeit, religiöse Vorstellungen und Glaubensinhalte der Kindheit in Frage zu stellen und neu zu justieren. Jugendtheologie kann zu diesem wichtigen religiösen Bildungsprozess einen zentralen Beitrag leisten, indem sie den Fokus auf die theologischen Fragen und Suchbewegungen Heranwachsender richtet und sie in einen Kontext bettet, der den Jugendlichen hilft, sich neu zu orientieren und die eigene theologische Kompetenz zu erweitern.

8. Theologie von, für und mit Jugendlichen

Worin aber liegt das innovative Potenzial von Jugendtheologie? Die Antwort auf diese Frage verweist auf die prinzipielle Gleichberechtigung im Dialog. Auch wenn diese Forderung aufgrund der Einbettung von Jugendtheologie in öffentliche Bildungseinrichtungen letztlich nicht einzulösen ist, so stellt sie doch eine aus jugendtheologischer Sicht unaufgebbare Zielperspektive dar. Mit dem Verweis auf die implizite Theologie Jugendlicher ist auch die Frage verbunden, wie weit Jugendtheologie letztlich zu fassen ist: Inwiefern ist sie von einer *Jugendreligiosität* oder *-spiritualität* zu unterscheiden? Wenn hier keine Differenzierungen eingetragen werden, droht die Jugendtheologie ihr Profil innerhalb der Religionspädagogik zu verlieren. Somit ist der Theologiebegriff herauszustellen, da er die maßgeblichen Inhalte sowie deren kognitive Verarbeitung im Konzept der Jugendtheologie in den Fokus rückt[33]. Hieraus ergibt sich dann auch eine Abgrenzung zur *Jugendphilosophie*, der es um die Befähigung Heranwachsender geht, grundlegende Fragen zum Woher, Wozu und Wohin des Lebens zu stellen und zu bearbeiten – ohne den «theologischen Zusatz» der Lebensgewissheit. Aufgrund der Entwicklung des Begriffs der

Jugendtheologie aus dem Konzept der Kindertheologie wurde *Friedrich Schweitzer*s Vorschlag breit rezipiert, die Differenzierung einer Theologie *von, für und mit Jugendlichen* aus der Kindertheologie zu übernehmen[34].

Dabei umfasst die *Theologie von Jugendlichen* Gedanken, Sichtweisen und Deutungen, die Jugendliche zu theologischen Fragen und Themen äußern. Dabei fällt auf, dass die von Jugendlichen in unterschiedlicher Weise als attraktiv wahrgenommenen Lebens- und Glaubensorientierungen theologisch durchaus gehaltvoll sind oder wenigstens eine aus theologischer Perspektive wahrnehmbare Affinität zu bestimmten theologischen Überzeugungen aufweisen (*implizite Theologie*)[35]. Dazu zählen Transzendenz- und Gottesvorstellungen ebenso wie das Nachdenken über religiöse Fragen, Frömmigkeitspraxis oder Spiritualität. Die Längsschnittanalysen des Berner Religionspsychologen *Stefan Huber* zum Religionsmonitor 2008 bis 2013 zeigen, dass die religiösen Erfahrungen Jugendlicher in den letzten Jahren nicht abnehmen, sondern zunehmen. Seine empirischen Forschungen widerlegen interessanterweise die säkularisierungstheoretische Grundannahme einer kontinuierlichen Abnahme der Religiosität auf allen Ebenen[36].

Unter der *Theologie für Jugendliche* sind alle Anregungen und Materialien zu verstehen, die Jugendliche motivieren, ihre Theologie zu artikulieren, zu konkretisieren und zu differenzieren. Sie geht von der Erfahrung aus, dass Jugendliche bei aller eigenständigen theologischen Kommunikation nicht alle Erkenntnisse für sich selbst umfassend formulieren und allein aus sich gewinnen können. Der Anspruch einer Theologie für Jugendliche geht folglich über das hinaus, was Jugendliche allein - ohne Impulse von Erwachsenen - entdecken und entsprechend artikulieren können[37].

Die dritte Dimension der *Theologie mit Jugendlichen* hebt auf ihren dialogischen Charakter ab. Sie spiegelt eine gemeinsame Suchbewegung von Jugendlichen und Erwachsenen wider, indem die Theologie von Jugendlichen mit der Theologie für Jugendliche ins Gespräch gebracht wird. Das Bemühen um eine Theologie mit Jugendlichen fordert dazu heraus, möglichst passgenaue, individualisierte Zugänge zu eröffnen und damit zugleich den integrativen und inklusiven Charakter des Glaubens herauszustellen[38].

9. Das Dialog-Prinzip der Jugendtheologie

Das pädagogische Programm der Kinder- und Jugendtheologie ist eine dialogisch angelegte religiöse Bildung. Dabei ist das Dialog-Prinzip in mindestens doppelter Weise stilprägend. Auf der einen Seite werden Kinder und Jugendliche als echte, im Wesentlichen gleichberechtigte Partner im Prozess religiöser Bildung angesehen. Auf der anderen Seite betonen die didaktischen Entwürfe dieser Programme das Gespräch als zentrale Methode der Bildungsprozesse. Beide Facetten werden kontrovers diskutiert.

Eigentlich liegt es im ureigensten Interesse kinder- und jugendtheologischer Ansätze, die Heranwachsenden als gleichberechtigte Partner religiöser Bildung zu betrachten. Sie sind die Experten ihrer Lebenswelten und sie allein sind geeignet, diese Perspektiven angemessen in die Auseinandersetzung über religiöse Themen einzubringen. Im theologischen Gespräch gilt es daher, die Bedeutung der verhandelten Inhalte zusammen mit den Jugendlichen auszuhandeln.

Da die Beziehung zwischen Erwachsenen und Jugendlichen an dieser Stelle als symmetrisch betrachtet wird, werfen Kritiker allerdings ein, dass eine symmetrische Beziehung die Expertise von Erwachsenen – bzw. im Kontext Schule von Lehrpersonen – nicht genügend berücksichtige. Letztere sind in der Regel theologisch und pädagogisch gebildet und haben somit in beiden Bereichen einen Kompetenzvorsprung.

Daher wurde auf der Sinnlinie dieser Kritik vorgeschlagen, im Verhältnis zwischen Jugendlichen und Erwachsenen zwischen einer *Beziehungs-* und einer *Inhaltsebene* zu unterscheiden[39]. Während der Dialog im Sinn der Kinder- und Jugendtheologie auf der Beziehungsebene symmetrisch gedacht werden kann, ist die Inhaltsebene aufgrund der besonderen Expertise des Erwachsenen bzw. der Lehrperson in der Regel asymmetrisch ausgeprägt. In diesem Sinn haben Lehrpersonen im theologischen Gespräch die Aufgabe der Diagnose, der Moderation und der Expertise zu erfüllen. Sie haben die Aussagen von Kindern und Jugendlichen auf ihre theologische Anschlussfähigkeit hin zu deuten (*Diagnose*), die Schülerinnen und Schüler untereinander ins Gespräch zu bringen (*Moderation*) und dieses Gespräch durch sachdienliche Informationen inhaltlich aufzuklären und weiter zu entwickeln (*Expertise*)[40].

Ein weiterer Kritikpunkt betrifft die starke Betonung des *theologischen* Gesprächs in kinder- und jugendtheologischen Entwürfen. Eine Theologie mit Kindern bzw. Jugendlichen wird fast ausschließlich anhand von Gesprächen entwickelt, die sich analytisch um die Bedeutung eines theologisch relevanten Sachverhalts drehen. Die Kritik an diesem Ansatz ist vielfältig. Einerseits werden alternative sprachliche Ausdrucksformen zum Gespräch wie Gebete, Metaphern, biografische Erzählungen usw. eingefordert, um ihre Sprachfähigkeit zu kultivieren[41]. Andere vermissen das Wechselspiel von Partizipation und Deutung: Während jugendtheologische Debatten sich zu sehr auf theologisch relevante Sachverhalte konzentrieren, vernachlässigen sie performative Aspekte der Bildung[42]. Eine weitere Kritik an der Betonung theologischer Gespräche ist, dass sie sich einseitig an Jugendliche aus bildungsaffinen Schichten wenden[43]. Wolle man Jugendliche aus bildungsfernen Milieus erreichen, müsse man auch mit produkt- und handlungsorientierten Methoden arbeiten. Zusammengefasst wird deutlich, dass die Betonung auf analytischen Gesprächen, wie sie in vielen Entwürfen der Kinder- und Jugendtheologie vorherrscht, einen hohen Anspruch darstellt, der sich häufig nicht einlösen lässt und sich aus religionsspezifischen wie aus sozialen Motiven kritischen Fragen stellen muss[44].

10. Jugendtheologie zwischen Relevanz und Hypertrophie

Um den kontrovers diskutierten Begriff der Jugendtheologie weiter zu schärfen, haben *Thomas Schlag* und *Friedrich Schweitzer* vorgeschlagen, fünf Dimensionen von Theologien Jugendlicher zu unterscheiden[45]. Im ersten Fall einer *impliziten* Theologie denken Jugendliche über ihr Leben nach, ohne theologische Codes zu verwenden oder explizite Bezüge zu theologischen Positionen herzustellen. Diese Bezüge werden in Religionsunterricht und Katechese erst durch Erwachsene, meist die verantwortlichen Lehrpersonen, aufgrund ihrer theologischen Expertise hergestellt. Das bedeutet, dass die Äußerungen von Jugendlichen im Falle einer impliziten Theologie von außen den entsprechenden Sachverhalten zugeordnet werden. Die zweite Dimension einer *persönlichen* Theologie liegt dann vor, wenn Jugendliche Schwerpunkte ihres individuellen Glaubens vertreten. Eine persönliche Theologie setzt somit einen Glauben voraus, innerhalb dessen individuelle Akzentsetzungen für die theologische Argumentation wichtig sind. Auf einer dritten Ebene sprechen *Schlag* und *Schweitzer* von einer *expliziten* Theologie, wenn sich Jugendliche ausdrücklich auf einen theologischen Sachverhalt beziehen und mit theologischen Codes argumentieren. In diesem zweiten Fall werden die Bezüge einer Äußerung zu einem theologischen Sachverhalt von den Jugendlichen selbst hergestellt. Im Unterschied zur persönlichen Theologie muss eine explizite Theologie nicht durch den individuellen Glauben des Sprechenden gedeckt sein. Auch nicht-religiöse Jugendliche, die sich in einer Diskussion zu einem theologischen Thema äußern, fallen damit unter die Kategorie der expliziten Theologie. Eine *theologische Deutung mit Hilfe theologischer Dogmatik* liegt im vierten Fall dann vor, wenn sich Jugendliche in ihren Äußerungen nicht nur explizit auf theologische Sachverhalte beziehen, sondern in diesen Äußerungen auch systematisch-theologische Konzepte verwenden. In diesem Fall sind die Äußerungen der Jugendlichen nahe an einer Expertentheologie, denn die verwendet ebenfalls theologisch anerkannte Konzepte. Eine letzte Dimension markiert die theologische Argumentation durch Jugendliche. Hier werden nicht nur einzelne theologische Konzepte verwendet, sondern es wird auch im Sinn dieser Konzepte argumentiert. Auf dieser Ebene haben Jugendliche den Sinn der verwendeten Konzepte verstanden und können sie situativ und stimmig anwenden. Dieser Dimensionierung auf fünf Ebenen liegt ein weiter Theologiebegriff zugrunde, den *Schlag* und *Schweitzer* pädagogisch begründen[46]. Jugendliche würden auf ihrer Suche nach Sinn unterschiedliche Lebensentwürfe prüfen, ohne diese strikt auf ihren religiösen, philosophischen oder säkularen Charakter hin zu unterscheiden. Vor allem die Kategorie der impliziten Theologie trägt dieser Offenheit von Jugendlichen gegenüber einer Vielzahl wählbarer Lebensentwürfe Rechnung.

Bringt man die skizzierte Diskussion auf einen Nenner, scheint es angesichts der meistens suchenden und experimentierenden Religiosität von Jugendlichen sinnvoll, mit einem weiten Begriff von Theologie zu arbeiten. Gerade weil viele Jugendliche Theologie und Kirche kritisch gegenüberstehen, dürfen sie nicht zu schnell durch elaborierte Konzepte vereinnahmt werden. Wer daher im Sinne von *Papst Franziskus* mit Jugendlichen und jungen Erwachsenen einen Dialog auf Augenhöhe betreiben will, muss der ganzen Breite ihrer Weltbilder und allen ihren existenziellen Erfahrungen Platz gewähren, ohne diese zu schnell in theologische Kategorien pressen zu wollen. So sehr nämlich das berechtige Anliegen eigenen Theologisierens zu würdigen ist, darf die Jugendtheologie als Konzept nicht als neues religionspädagogisches Credo überdehnt und aufgebläht werden. Eine hypertrophe Stilisierung ist daher kritisch zu sehen und auf der Basis empirischer Forschungen zu Religionsunterricht, Katechese und Jugendarbeit in ihre Grenzen zu weisen[47].

11. Perspektiven für eine jugendsensible Kirche

Wir kommen noch einmal zurück zum nachsynodalen Schreiben «Christus vivit»: Es ist eindrucksvoll zu sehen, wie sehr das Schreiben von eben jenem Perspektivenwechsel geprägt ist, den die Jugendtheologie empfiehlt bzw. voraussetzt. Er zieht nicht mehr, wie es Jahrhunderte lang in päpstlichen Lehrschreiben üblich war, ausschließlich Schrift und Tradition als Referenzpunkte heran. Vielmehr kommen die Voten von Jugendlichen und jungen Erwachsenen als erkenntnisleitende Perspektiven und Lernfelder zu Wort: «Auch wenn es junge Menschen gibt, die mit einer Kirche unzufrieden sind, die sich in aller Demut ihrer Gaben gewiss ist und redliche und brüderliche Kritik zu üben weiß, so wünschen doch andere junge Menschen eine Kirche, die mehr zuhört und und nicht ständig die Welt verdammt [...] Um in den Augen der jungen Menschen glaubwürdig zu sein, muss sie zuweilen die Demut wieder zurückgewinnen, einfach zuzuhören [...] Eine Kirche in Defensive, die die Demut verliert, das Zuhören aufgibt und die sich nicht infrage stellen lässt, verliert die Jugendlichkeit und verwandelt sich in ein Museum» (CV 41).

Anstatt ein Museum zu werden, sollte die Kirche vielleicht besser ein Labor sein, in dem das Suchen, Experimentieren und Fragen von Jugendlichen und jungen Erwachsenen Platz hat. In einem solchen Labor können Perspektiven für eine jugendsensible Kirche in einer Zeit entstehen, in der die kirchliche Sozialisation von Jugendlichen alles andere als selbstverständlich ist. Als Fazit ist es nicht übertrieben zu sagen, dass *Papst Franziskus* sich im nachsynodalen Schreiben «Christus vivit» als *Jugendtheologe* zeigt. Er nimmt die implizite und explizite Theologie der jugendlichen Berater im synodalen Prozess einer reformbedürftigen Kirche ernst, hört zu und bettet das Gehörte ein in mutige und prophetische Sätze, welche in Zukunft keine «übertrieben ängstliche und starr strukturierte Kirche» (CV 42) sehen wollen, sondern ein Labor, das Jugendlichen und jungen Erwachsenen Räume für Experimente, für Partizipation und für Mitgestaltung eröffnet. Mit der Stärkung synodaler Strukturen hat sich die katholische Kirche unter *Papst Franziskus* auf einen anstrengenden, aber überzeugenden und spannenden neuen Weg gemacht, der gerade bei Jugendlichen seine Strahlkraft nicht verfehlen sollte. Denn die Kirche der Zukunft muss eine jugendsensible Kirche sein.

1 Vgl. die verwendeten Zitate im Bericht zur Vorsynode unter: www.vaticannews.va/de/papst/news/2018-03/papst-franziskus-jugendsynode-ansprache-jugend-berufung.html (Zugriff am 14. 05. 2019).

2 Vgl. *Thomas Schlag / Friedrich Schweitzer*: Brauchen Jugendliche Theologie? Jugendtheologie als Herausforderung und didaktische Perspektive, Neukirchen-Vluyn 2011, 30.

3 Vgl. *Klaus Hurrelmann / Gudrun Quenzel*: Lebensphase Jugend. Eine Einführung in die sozialwissenschaftliche Jugendforschung, Weinheim [13]2016, 210f.

4 Vgl. *Winfried Gebhardt* u. a.: Megaparty Glaubensfest. Weltjugendtag: Erlebnis – Medien – Organisation (Erlebniswelten 12), Wiesbaden 2007, 206.

5 Ebd. 207.

6 Vgl. dazu *Eva-Maria Faber*: Lasst uns vorangehen, in: *Paul M. Zulehner / Tomáš Halík* (Hrsg.): Rückenwind für den Papst. Warum wir Pro Pope Francis sind, Darmstadt 2018, 82.

7 Zur ersten und dritten Dimension vgl. *Rudolf Englert*: Was haben wir an unserer religiösen Tradition?, in: *ders.*: Religionspädagogische Grundfragen. Anstöße zur Urteilsbildung, Stuttgart [2]2008, 99f.

8 *Burkart Porzelt*: Die Religion (in) der Schule. Eine religionspädagogische und theologische Herausforderung, in: RPäB 54 (2005) 17–29, hier 23.

9 *Anthony Giddens*: Konsequenzen der Moderne (stw 1295), Frankfurt a. M. 1996, 53.

10 Vgl. *Englert*: Tradition (Anm. 7) 100.

11 Vgl. *Karl-Ernst Nipkow*: Elementare Wahrheiten – Elementarisierung als Gespräch zwischen Leben und geschichtlichem Prozeß, in: *ders.*: Grundfragen der Religionspädagogik, Bd. 3: Gemeinsam leben und glauben lernen (GTBS 756), Gütersloh 1982, 191.

12 Vgl. *Jan Assmann*: Religion und kulturelles Gedächtnis. Zehn Studien (Beck'sche Reihe 1375), München 2000.

13 Vgl. *Aleida Assmann*: Erinnerungsräume. Formen und Wandlungen des kulturellen Gedächtnisses, München [5]2010.

14 Vgl. *Christian Cebulj*: Vergiss es (nicht)! Zur Dialektik von Erinnern und Vergessen aus religionspädagogischer Sicht, in: Reli. Zeitschrift für Religionsunterricht 42/4 (2013) 6–9.

15 Vgl. *Anthony Giddens*: Tradition, in: *ders.*, Entfesselte Welt. Wie die Globalisierung unser Leben verändert (Edition Suhrkamp 2200), Frankfurt a. M. 2001, 61.

16 Vgl. *Aleida Assmann*: Zeit und Tradition. Kulturelle Strategien der Dauer, Köln 1999, 90.

17 Vgl. *Christian Cebulj*: Tradition, in: *Burkard Porzelt / Alexander Schimmel* (Hrsg.): Strukturbegriffe der Religionspädagogik. Festgabe für Werner Si-

mon zum 65. Geburtstag und anlässlich seiner Pensionierung, Bad Heilbrunn 2015, 194–200.

18 *Juli Zeh*, Unterleuten, München 2016, 19.

19 Vgl. *Karlheinz Ruhstorfer*: Deutungen geschichtlicher Veränderungen (in der Kirche) als organische Entwicklung, in: *Bernd Oberdorfer / Oliver Schuegraf* (Hrsg.): Reform im Katholizismus. Traditionstreue und Veränderung in der römisch-katholischen Theologie und Kirche (ÖR.B 119), Leipzig 2018, 105–126, hier 105.

20 Vgl. *Karl-Ernst Nipkow*: Erwachsenwerden ohne Gott? Gotteserfahrung im Lebenslauf (Kaiser-Traktate N. F. 6), München 1987.

21 Vgl. *Bernhard Grom*: Zurück zum alten Mann mit Bart? Zu Anton A. Buchers Plädoyer für die «Erste Naivität», in: KatBl 114 (1989) 790–793.

22 Vgl. *Anton A. Bucher*: Kinder als Theologen?, in: Zeitschrift für Religionsunterricht und Lebenskunde 20 (1992) 19–22.

23 Vgl. *Anton A. Bucher*: Kindertheologie: Provokation? Romantizismus? Neues Paradigma?, in: *ders.* (Hrsg.): «Mittendrin ist Gott». Kinder denken nach über Gott, Leben und Tod (Jahrbuch für Kindertheologie 1), Stuttgart 2002, 9–27.

24 Vgl. *Annike Reiß / Petra Freudenberger-Lötz*: Didaktik des Theologisierens mit Kindern und Jugendlichen, in: *Bernhard Grümme / Hartmut Lenhard / Manfred L. Pirner* (Hrsg.): Religionsunterricht neu denken. Innovative Ansätze und Perspektiven der Religionsdidaktik. Ein Arbeitsbuch (Religionspädagogik innovativ 1), Stuttgart 2012, 133–145, hier 133.

25 Vgl. *Anton A. Bucher*: «Wenn wir immer tiefer graben ..., kommt vielleicht die Hölle». Plädoyer für die Erste Naivität, in: KatBl 114 (1989) 654–662.

26 Vgl. *Friedrich Schweitzer*: Auch Jugendliche als Theologen? Zur Notwendigkeit, die Kindertheologie zu erweitern, in: ZPT 57/1 (2005) 46–53.

27 Ebd. 47.

28 Vgl. *Schlag / Schweitzer*: Theologie (Anm. 2) 138.

29 Vgl. *Mirjam Zimmermann*: Kindertheologie als theologische Kompetenz von Kindern. Grundlagen, Methodik und Ziel kindertheologischer Forschung am Beispiel der Deutung des Todes Jesu, Neukirchen-Vluyn [2]2012, 131–164.

30 *Reiß / Freudenberger-Lötz*: Didaktik (Anm. 24) 133.

31 Vgl. *Schlag / Schweitzer*: Theologie (Anm. 2) 47.

32 Vgl. *Veit-Jakobus Dieterich*: Theologisieren mit Jugendlichen. Ein Programm, in: *ders.* (Hrsg.): Theologisieren mit Jugendlichen. Ein Programm für Schule und Kirche, Stuttgart 2012, 9–30, hier 33f.

33 Vgl. ebd. 37.

34 Vgl. *Schweitzer*: Auch Jugendliche (Anm. 26).

35 Vgl. dazu *Carsten Gennerich*: Empirische Dogmatik des Jugendalters. Werte und Einstellungen Heranwachsender als Bezugsgrößen für religionsdidaktische Reflexionen (PTHe 108), Stuttgart 2010.

36 Vgl. *Stefan Huber*: Religiöse Erfahrungen nehmen zu! Längsschnittanalysen zur Religiosität junger Erwachsener in den westeuropäischen Daten des Reli-

gionsmonitors 2008 und 2013, in: *Thomas Schlag / Bert Roebben* (Hrsg.): «Jedes Mal in der Kirche kam ich zum Nachdenken». Jugendliche und Kirche (Jahrbuch für Jugendtheologie 4), Stuttgart 2016, 64–77.

37 Vgl. *Schlag / Schweitzer*: Theologie (Anm. 2) 107.

38 Ebd. 82.

39 Vgl. *Henning Schluß*: Ein Vorschlag, Gegenstand und Grenze der Kindertheologie anhand eines systematischen Leitgedankens zu entwickeln, in: ZPT 57/1 (2005) 23–35, hier 24f.

40 Vgl. *Petra Freudenberger-Lötz*: Theologische Gespräche mit Jugendlichen. Erfahrungen – Beispiele – Anleitungen. Ein Werkstattbuch für die Sekundarstufe, München / Stuttgart 2012, 15–17.

41 Vgl. *Mirjam Schambeck*: Wie Kinder glauben und theologisieren. Religionspädagogische Konsequenzen aus den theologischen Konstruktionen von Kindern, in: *Matthias Bahr / Ulrich Kropač / Mirjam Schambeck* (Hrsg.): Subjektwerdung und religiöses Lernen. Für eine Religionspädagogik, die den Menschen ernst nimmt. Georg Hilger zum 65. Geburtstag, München 2005, 18–28, hier 25f.

42 Vgl. *Bernhard Dressler*: Zur Kritik der «Kinder- und Jugendtheologie», in: ZThK 111 (2014) 332–356, hier 340f.

43 Vgl. *Bernhard Grümme*: Mit bildungsfernen Schülern theologisieren. Skizze einer kritisch-marginalitätssensiblen Kindertheologie, in: RPäB 70 (2013) 31–42.

44 Vgl. *Ulrich Riegel / Tobias Faix*: Jugendtheologie. Grundzüge und grundlegende Kontroversen einer relativ jungen religionspädagogischen Programmatik, in: *Tobias Faix / Ulrich Riegel / Tobias Künkler* (Hrsg.): Theologien von Jugendlichen. Empirische Erkundungen zu theologisch relevanten Konstruktionen Jugendlicher (Empirische Theologie 27), Berlin / Münster 2015, 9–34, hier 18.

45 Vgl. *Thomas Schlag / Friedrich Schweitzer*: Jugendtheologie in der Praxis von Schule und Gemeinde: Religionsunterricht, Konfirmandenarbeit und Jugendarbeit, in: *dies.* u. a.: Jugendtheologie: Grundlagen – Beispiele – kritische Diskussion, Neukirchen-Vluyn 2012, 9–34, hier 15–17.

46 Vgl. *Schlag / Schweitzer*: Theologie (Anm. 2) 49.

47 Vgl. dazu die Kritik von *Burkard Porzelt*: Differenz oder Vereinnahmung? Anfragen an eine hypertrophe Jugendtheologie, in: RPäB 70 (2013) 21–30.

BIRGIT JEGGLE-MERZ /
ANN-KATRIN GÄSSLEIN

INTERRELIGIÖSE FEIERN VON JUGENDLICHEN

WEGE DER VERSTÄNDIGUNG UND ZEICHEN WACHSENDER TOLERANZ

1. *«Wiederentdeckung des religiösen Bewusstseins» als Schlüsselmoment auf dem Weg zu einem friedlichen Zusammenleben*

Am 4. Februar 2019 unterzeichnete *Papst Franziskus* in Abu Dhabi gemeinsam mit dem Großscheich der Kairoer al-Azhar-Universität, *Ahmad al-Tayyeb*, eine «Erklärung zur Geschwisterlichkeit unter den Menschen für den Weltfrieden und das Zusammenleben»[1]. Darin erklären die Unterzeichnenden die Kultur des Dialogs als Weg, die Zusammenarbeit als Richtschnur und das gegenseitige Kennenlernen als Methode und Kriterium für ein friedliches Zusammenleben in der Welt. Mit diesem Dokument «fordern wir uns selbst, die Führer der Welt sowie die Verantwortlichen im Bereich der internationalen Politik und der Weltwirtschaft auf, sich mit Nachdruck für die Verbreitung der Kultur der Toleranz, des Zusammenlebens und des Friedens einzusetzen und so schnell wie möglich einzugreifen, um das Vergießen von unschuldigem Blut zu stoppen und Kriegen, Konflikten, Umweltzerstörung und dem moralischen und kulturellen Niedergang, den die Welt heute erlebt, ein Ende zu setzen»[2]. Als ein Schlüsselmoment auf dem Weg zu einem friedlichen Zusammenleben in der Welt bezeichnen sie die «Wiedererweckung des religiösen Bewusstseins» – besonders bei den jungen Menschen. Nur so könne man «individualistischen, egoistischen und konfliktträchtigen Tendenzen, Radikalismus und blindem Extremismus in all seinen Formen und Ausdrucksformen entgegenwirken»[3].

1.1. Religiöse Vielfalt als Herausforderung gegenwärtiger Gesellschaften

Globale Wanderungsprozesse, wie sie in der Gegenwart zu beobachten sind, führen auch zu einer religiösen Pluralisierung in den Gesellschaften. Juden, Musliminnen, Buddhisten, Hindus, Christinnen und Menschen mit weiteren Religionszugehörigkeiten, bis zur Mitte des vergangenen Jahrhunderts tendenziell einem bestimmten Kulturraum zugeordnet, leben und arbeiten heute in den spätmodernen Gesellschaften der Gegenwart zusammen[4]. Das führt neben einem guten Mit- bzw. Nebeneinander auch zu Spannungen in der Gesellschaft und innerhalb der Religionsgemeinschaften häufig zu internen Ausdifferenzierungen. Es gibt nicht *die* Juden, *die* Muslime oder *die* Christen, sondern viele unterschiedliche Erscheinungsformen und Auslegungen, die häufig miteinander im Streit sind. Der französische Politikwissenschaftler *Olivier Roy* warnt vor dem Gefahrenpotential der «Deterritorialisierung und Dekulturalisierung» von Religionen[5]. Für die Länder Europas, die aufgrund ihrer Vergangenheit vor allem christlich geprägt sind, kommen zur bislang nicht bekannten Pluralität des Religiösen Transformationsprozesse hinzu, die gemeinhin mit den Theoremen «Individualisierung» und «Deinstitutionalisierung» gefasst werden[6].

Die jüngst veröffentlichte repräsentative Studie «Zusammenhalt in Vielfalt: Das Vielfaltsbarometer 2019»[7], durchgeführt im Auftrag der Robert-Bosch-Stiftung, bezeichnet Globalisierung und Digitalisierung als die zentralen Herausforderungen gegenwärtiger Gesellschaft. Seit der Jahrtausendwende manifestiere sich die Globalisierung in zunehmenden Migrationsbewegungen. Deutschland sei nach den USA und Saudi-Arabien das Land mit dem größten Anteil an Menschen, die nicht im Land geboren sind, und die mit ihrer Kultur, ihrer Sprache und Religion das Leben im Land beeinflussen. Doch: «Vielfalt heißt dabei nicht unbedingt Harmonie»[8]. Gegenüber Menschen anderer Religionen und Kulturen sei das Klima rauer geworden: «Grenzen werden geschlossen; an der Frage, wie mit Geflüchteten umgegangen werden soll, drohen etablierte Regierungsbündnisse zu zerbrechen, und in immer mehr Ländern wird die freie Ausübung bestimmter religiöser Praktiken begrenzt»[9]. Dennoch sei bei der Mehrheit der Bevölkerung eine Akzeptanz der Vielfalt festzustellen, mit einer Ausnahme: Gegenüber Religion und religiöser Vielfalt überwiegt die Skepsis. Besonders ausgeprägt sind Vorbehalte gegenüber religiöser Vielfalt in den östlichen Bundesländern. Die Autoren schließen: «Die weitgehende Abwesenheit jedweder Religiosität scheint ein wichtiger Grund für die hohe Ablehnung von religiöser Vielfalt v. a. im Osten zu sein»[10].

Dieser Befund bestätigt die Einschätzung der interreligiösen Erklärung von Papst und Großscheich: Religiosität ist ein wichtiger Faktor, wenn man Kulturen miteinander verbinden will und ein friedliches Miteinander in sich wandelnden Gesellschaften fördern möchte[11]. Es wäre ein grober Irrtum anzunehmen, die Initiative der Religionsführer ziele auf eine Vermischung von Religionen. Das Gegenteil ist der Fall: Das Faktum religiöser Vielfalt erfordert von den Mitgliedern einer Gesellschaft Kenntnisse und Verwurzelung in der eigenen religiösen Kultur und zugleich interreligiöse und interkulturelle Kompetenzen. In einer globalisierten Welt ist es sogar für nichtreligiöse Menschen wichtig, «in religiösen Fragestellungen sprachfähig zu sein. Ohne die religiöse Dimension bleiben fremde Kulturen unverständlich»[12].

1.2. Begegnung zwischen den Religionen in Formen gelebten Glaubens

Die Erklärung des Papstes und des ägyptischen Großscheichs benennen als Wege zu einem friedlichen Zusammenleben den Dialog, die Zusammenarbeit und das gegenseitige Kennenlernen. Eine wie auch immer gestaltete gemeinsame religiöse Praxis ist dabei zunächst nicht im Blick. Doch lebt der Dialog zwischen Religionen von Begegnung, Orientierung, Vertrauen und ebenso von religiöser Praxis. «Konkrete Begegnungen brauchen auch Raum für Formen gelebten Glaubens. Über Religion darf nicht nur geredet werden, Religion sollte auch praktizierend wahrgenommen werden. Nur so entdecke ich die Spiritualität des/der anderen, erlebe seine/ihre Glaubenshaltung, spüre, was ihn oder sie im Tiefsten beseelt. Durch Anschauung wird es mir möglich, reflektiert und kompetent mit den mir möglicherweise fremden Formen und Wahrnehmungen umzugehen. Das bedeutet zugleich, dass ich selbst kompetent meine eigene Religion vertreten und Zeugnis darüber geben kann, was mir das Evangelium von Jesus Christus bedeutet»[13].

Das Anliegen der interreligiösen Erklärung aufgreifend soll im Weiteren folgende These im Zentrum dieses Beitrags stehen: Religionsverbindende Feiern[14] können einen wichtigen Beitrag dazu leisten, dass sich junge Menschen nicht nur in den sich als religionsplural zeigenden nachmodernen Gesellschaften zurechtfinden, sondern die jeweils anderen und sich selbst verstehen und akzeptieren lernen. Insofern fördern religionsverbindende Feiern die Ausbildung von Toleranz und dienen der Verständigung.

2. Religion und Religiosität im Jugendalter

2.1. Religion im «Standby-Modus»

Die gesellschaftlichen Transformationsprozesse und ihre sozialen und kulturellen Bedingungen hinterlassen auch Spuren in dem

Lebensabschnitt, der als «Jugendalter»[15] bezeichnet wird. Der demographische Wandel in den hochindustrialisierten Ländern, die sozioökonomischen Veränderungen im Zuge technologischer Entwicklung sowie die gesellschaftlichen Veränderungen, die mit den Stichworten Globalisierung und Individualisierung beschrieben werden, haben auch zu einer Umgestaltung der Jugendphase und der jugendlichen Erfahrungen geführt[16]. Die «Entwicklungsaufgaben der sozialen und subjektiven Verselbständigung [...] unter Bedingungen raschen Wandels zu lösen, eröffnet Jugendlichen zum einen neue Chancen, konfrontiert sie zum anderen aber auch mit neuartigen Risiken»[17]. Eine Auseinandersetzung mit Religion und Religiosität steht bei Jugendlichen nicht weit oben auf der Agenda der Themen, die ihnen bedeutsam sind. Gleichwohl halten sie Religion nicht für unwichtig: «Religion blinkt quasi ‹im Standby-Modus›»[18]. Eine Sehnsucht nach Sinn ist dennoch feststellbar. «Jugendliche sind überaus offen für religiöse Angebote, deren Attraktivität jedoch umso größer ist, je geringer der Grad ihrer institutionellen Einbettung ist»[19]. Religionssoziologische Studien kommen mehrheitlich zu dem Ergebnis, dass Jugendliche ab dem 17./18. Lebensjahr jene Bevölkerungsgruppe darstellen, die am deutlichsten durch Distanz zur institutionalisierten Form von Religion gekennzeichnet ist[20]. Dieser Befund trifft sowohl auf christliche als auch auf muslimische Jugendliche zu[21].

«Jugendliche Religion entwirft sich im Kontrast zur Kirche»[22], kann für den christlich-kirchlichen Kontext ausgesagt werden. Es fällt aber auf, dass junge Menschen an biographischen oder jahreszeitlichen Knotenpunkten religiös motivierte Feiern begrüßen und trotz schwacher kirchlicher Bindung die Bereitschaft zeigen, später eigene Kinder taufen zu lassen oder kirchlich heiraten zu wollen[23]. Dieser Befund deckt sich mit dem gesamtgesellschaftlich zu beobachtenden Bedürfnis nach Ritualisierung des Lebens[24].

2.2. Ausbildung sozialer Kompetenz als Baustein für eine positive Entwicklung im Jugendalter

Das Jugendalter ist eine sensible Phase, in der grundlegende Werte hinterfragt werden, ein eigenes Selbstbild und Wertesystem entsteht und zwischenmenschliche Beziehungen sich in ihrer Qualität verändern[25]. Ausbildung und Förderung von sozialer Kompetenz erweisen sich als zentral für gelingende soziale Interaktionen und für eine positive Entwicklung im Jugendalter. Auch wenn das Verständnis des Konstrukts «soziale Kompetenz» in den sozialwissenschaftlichen Untersuchungen divergiert, so beinhaltet es doch übereinstimmend eine Reihe von Fertigkeiten wie «anderen Personen Wertschätzung und Respekt entgegenzubringen, mit anderen zusammenzuarbeiten und kommunizieren zu können, anderen zuhören zu können, der Situation angemessenes und sozialen Normen entsprechendes Verhalten zu zeigen oder über vielfältige Fertigkeiten zu verfügen und diese einsetzen zu können, um Konflikte angemessen zu lösen»[26]. Die Ausbildung sozialer Kompetenz ist somit eine wichtige Aufgabe des Jugendalters.

In den ersten Lebensjahren sind es vor allem die Eltern und die Familie, die nicht nur als die wichtigsten Bezugspersonen fungieren und Quelle sozialer und emotionaler Unterstützung sind, sondern auch durch ihr Verhalten in der Erziehung und durch die familiär geübten Kommunikationsmuster wesentlich die sozialen Kompetenzen der Kinder beeinflussen. Im Jugendalter übernehmen zunehmend auch Gleichaltrige eine wichtige Rolle für die soziale und emotionale Entwicklung[27]. Beide Bezugsgrößen sind für Jugendliche gefragte Berater: Eltern eher als Ratgeber in schulischen bzw. beruflichen, sowie finanziellen Fragen, Freunde und Cliquenmitglieder eher bei Fragen des Freizeitverhaltens, in Fragen von Freundschaft/Partnerschaft, bei Liebe und Sexualität sowie bei psychischen Problemen[28]. Die Beziehungen in der Peergroup dienen dabei als Trainingsplattform für spätere zwischenmenschliche Beziehungen und sind in dieser Hinsicht zentral für die Ausbildung von sozialer Kompetenz. «Peerbeziehungen helfen bei der Entwicklung sozialer Identitäten, sind eine wichtige Quelle von Selbstwert, helfen beim Üben sozialer Fertigkeiten (z. B. Perspektivenübernahme) und dem Bilden sozialer Strukturen, führen zum Formen gemeinsamer Normen, sie geben Geborgenheit und helfen bei der Bewältigung von Problemen»[29]. Insofern können Begegnungen von Jugendlichen mit anderen Jugendlichen unterschiedlicher kultureller und religiöser Hintergründe positive Auswirkungen für die Ausbildung sozialer Kompetenz im Hinblick auf eine «Kultur des Miteinanders» zeitigen. Unter Kultur werden hier die Werthaltungen und Ideen sowie bestimmte Muster des Denkens, Fühlens und Verhaltens und damit ein komplexes Handlungsskript für soziale Gruppen verstanden, die in einer Gesellschaft fortlaufend tradiert werden, aber nicht statisch feststehen, sondern Schwankungen unterliegen. «So könnte es mit der Zeit zu einer immer auch religiös affizierten Interkulturalität kommen, die jeder Kultur den gleichen Wert zuerkennt, und [...] eine stimulierende Kraft entfaltet, die die je eigenen kulturellen Traditionen belebt und läutert – kulturelle Traditionen, denen immer auch religiöse Elemente eigen sind»[30].

3. Religionsverbindende Feiern im Kontext einer Kultur des Miteinanders

Im Fokus dieses Beitrags steht die These, dass Begegnungen zwischen den Religionen mittels Formen gelebten Glaubens einen essenziellen Beitrag zu einer Kultur des Miteinanders leisten können. Den weiteren Überlegungen liegen deshalb folgende Fragekomplexe zugrunde: Warum sind gemeinsame Feiern, in denen Glaube ausgeübt bzw. gelebt wird, überhaupt wichtig? Wird der interreligiöse Dialog essenziell bereichert, wenn er sich nicht nur auf eine verbale Ebene beschränkt und in einem gemeinsamen Essen und Trinken gelebt wird, sondern wenn Religion praktizierend wahrgenommen werden kann? Was ist das Potential von solchen interreligiösen, multireligiösen oder religionsverbindend bezeichneten Feiern?

3.1. Was bewirkt Gottesdienst? Eine Spurensuche aus christlicher Perspektive

Wenn das Potential religiös praktizierender Feiern eruiert werden soll, dann muss dies von dem Verständnis von Gottesdienst bzw. von religiöser Feier ausgehen, welches die Religionen selbst mitbringen. Es gibt kein verbindliches Verständnis einer religiösen Feier, die von allen Religionen geteilt würde. An dieser Stelle soll mit einer Skizze des christlichen Gottesdienstverständnisses begonnen werden, wohl wissend, dass eine Beschränkung auf den christlichen Standpunkt im Hinblick auf einen Dialog der Religionen nur der Anfang sein kann.

3.1.1. Gottesdienst als Begegnungsgeschehen zwischen Gott und Mensch

Aus christlicher Sicht ist Gottesdienst feiern ein tiefes Begegnungsgeschehen zwischen Gott und Mensch. Die Initiative zu dieser Begegnung geht von Gott aus, denn er ruft die Menschen in seine Gegenwart. Die Kirche Jesu Christi begreift sich deshalb zuerst als Gemeinschaft, die auf diesen Gott hört. Ihr Lob, ihr Dank, ihre Klage sind Antworten auf das Offenbarwerden Gottes in seinem Wort. Aus diesem immer neuen Offenbarwerden Gottes gewinnt sie ihre Identität. Deshalb kommt der Verkündigung der Hl. Schrift im Rahmen der gottesdienstlichen Versammlungen seit Anbeginn der Kirche auch eine zentrale Bedeutung zu. Im Gottesdienst werden jedoch nicht einfach nur Geschichten aus längst vergangener Zeit erzählt, sondern in der «Verlautung» des Wortes Gottes in der Versammlung der Gläubigen tritt Gott je und je neu in die Geschichte ein und wirkt Heil. Die Begegnung zwischen Gott und Mensch im Wort der Schrift ist im gottesdienstlichen Geschehen auf Transformation ausgerichtet, sie intendiert die «Wandlung der Hörenden in das proklamierte Geschehen»[31]. Denn: «Im menschlichen Wort der Verkündigung wird der Hörer mit Gottes eigenem Wort konfrontiert, mit dem Wort, das die Wahrheit über den Menschen aufdeckt und mittels dessen der Heilige Geist die Wirklichkeit des neuen Menschen schafft»[32]. Gottesdienst inszeniert diesen Wandlungsprozess und macht die Übergänge symbolisch begehbar.

Was hier für das Hören des Wortes Gottes als grundlegende Dimension christlichen Gottesdienstfeierns ausgesagt wird, gilt für Gottesdienstfeiern überhaupt: Gottesdienst feiern ist auf Wandlung hin ausgerichtet. Die Feiernden sollen durch die Begegnung mit Gottes Heil und Feier von Gottes Heil verändert werden, indem sie sich immer wieder neu einüben in die Existenz als Getaufte, als Christusähnliche (Röm 6). Das gilt für die Hochform liturgisch-christlichen Feierns, sprich für die Eucharistie, sowie für jede noch so kleine liturgische Feierform. Selbst die einzelnen Elemente gottesdienstlichen Feierns sind auf Wandlung, auf Transformation ausgerichtet. So ist beispielsweise das Singen von Liedern im Gottesdienst nicht einfach Mittel zur Beteiligung der Anwesenden, sondern bereits Vollzug dessen, was sich im Gottesdienst ereignen will. «Der Gesang führt also den Menschen mit seinen Mitmenschen, mit seiner (Um-)Welt im Zeugnis und gesungenen Bekenntnis zusammen [... Er] ist eine erste Frucht der Erlösung, weil das Gebet schon erhört wurde, da alle beten und sich im gemeinsamen Lob gefunden und vereinigt haben»[33].

3.1.2. Liturgie als Erfahrungsraum

Nach christlichem Verständnis ist die Liturgie höchster «Ausdruck und Offenbarung des Mysteriums Christi und des eigentlichen Wesens der wahren Kirche» (SC 2). Die liturgische Versammlung der Getauften stellt in diesem Sinn die *praecipua manifestatio Ecclesiae* (vgl. SC 41) dar. Insofern ist insbesondere die Versammlung zur Feier der Eucharistie Höhepunkt und Quelle christlicher Existenz und gemeindlichen Lebens (SC 10; LG 11)[34]. Gleichwohl gelten alle Formen gottesdienstlichen Feierns als «Berührung des Menschen mit seinem Schöpfer»[35], durch die tiefe Erfahrungen möglich werden, Transformationsprozesse in Gang gesetzt und darin Erkenntniswege eröffnet werden können. Diese Dimensionen sind nicht ausschließlich auf versammelte Christen und Christinnen beschränkt und verlieren nicht ihre Geltung, wenn auch Mitglieder anderer religiöser Gemeinschaften bei einer religiös motivierten Feier anwesend sind.

Die Erfahrungen, die das Begegnungsgeschehen zwischen Gott und Mensch ermöglichen, sind dabei immer schon Ergebnis eines Deutungsprozesses. «Das *Erlebnis* ist ein Grundzug menschlicher Existenz und geschieht alltäglich. *Erfahrung* hingegen ist anspruchsvoller: Sie setzt ein Erlebnis voraus, doch bleibt sie dabei nicht stehen, sondern deutet dieses Erlebnis. Auf eine Kurzformel gebracht, kann Erfahrung als gedeutetes Erlebnis verstanden werden. Bei der Erfahrung geht es also um einen Reflexionsprozess, den die Menschen ihrem Erleben zukommen lassen: Das Erlebnis wird in einen größeren Sinnzusammenhang gestellt. Wer von ‹Erfahrung› spricht, befindet sich bereits in einem Deutungsprozess seines Lebens»[36]. Erleben ist demnach immer schon eine Grundkategorie von Liturgie; dem Anspruch nach möchte Liturgie aber Erfahrungsraum sein[37].

Auch eine Feier von Christen gemeinsam mit Angehörigen anderer Religionen kann in diesem Sinn Erfahrungsraum der Begegnung mit Gott werden.

3.2. «Interreligiöse» oder «multireligiöse» oder «religionsverbindende» Feier?

Feiern mit Inhalten und unter Beteiligung von Angehörigen verschiedener Religionen sind ein Phänomen der jüngeren Vergangenheit und der Gegenwart. Es gibt sie bislang nur regional begrenzt, vor allem im mittel- und westeuropäischen Raum sowie in Nordamerika. Trotz mitunter großer medialer Begleitung und z. T. beträchtlicher Ressourcen, die in die Vorbereitung fließen, sind solche Feiern eine Ausnahmeerscheinung und auf eine spezifische Gruppe von Mitwirkenden begrenzt. In den meisten offiziellen Verlautbarungen und Handreichungen wird nicht von «Feiern» gesprochen, sondern von inter- oder multireligiösen Gebeten. Bei näherer Betrachtung zeigt sich aber, dass Gebete fast immer als Teil einer Feier angesehen werden[38].

In Anknüpfung an die Rede vom «interreligiösen Dialog» wurden Feiern oder gemeinsame Gebete zunächst ausschließlich als «interreligiös» bezeichnet. Dabei spielte keine Rolle, wie diese Feiern oder Gebete konkret aussahen. Allmählich ging man aber dazu über, zwischen «interreligiös» und «multireligiös» zu unterscheiden[39].

«Interreligiös» wird seither verstanden als ein gemeinsam formuliertes oder mitgesprochenes Gebet von Angehörigen verschiedener Religionen, z. B. im Kontext einer religionsverschiedenen Eheschließung, im Spital oder im Rahmen einer privaten Trauerfeier. Als «multireligiös» bezeichnet man hingegen eine Form der Aneinanderreihung von Gebeten, die jeweils aus der eigenen Tradition heraus ausgewählt und gesprochen werden, während die anderen Teilnehmerinnen und Teilnehmer respektvoll zuhören, wahrnehmen und sich gegenseitig Zeugnis geben. Mit dieser Unterscheidung soll der Rahmen für eine theologisch zulässige, respektvolle Teilnahme bei gleichzeitiger aktiver Mitwirkung an gemischt-religiösen Feiern abgesteckt werden, ohne in den Verdacht zu geraten, dass durch solche Feiern die eigene Glaubensüberzeugung verschleiert resp. synkretistischen Tendenzen nachgegeben würde[40]. Dieser Sprachregelung sind die meisten Handreichungen von kirchlicher Seite gefolgt[41]. Die Sichtung von Beispielen aus der Praxis[42] zeigt jedoch, dass die Trennlinie zwischen «separaten Gebeten» und «gemeinsamen Formulierungen» nicht immer fein säuberlich gezogen werden kann.

Die Suche nach einer passenden Begrifflichkeit für Feiern unter Beteiligung von Angehörigen verschiedener Religionsgemeinschaften hält weiterhin an. Von «Gebet» zu sprechen, ist letztlich nur akzeptabel für muslimische, jüdische und christliche Teilnehmerinnen und Teilnehmer; Buddhisten tun sich hier schwer. Gebet setzt zudem eine konkrete Ich-Du-Beziehung zwischen dem Menschen und einem weitgehend personalen Gott voraus, was – folgt man den Ergebnissen der religionssoziologischen Untersuchungen in spätmodernen, westlichen Gesellschaften – nicht unproblematisch ist. Dies trifft auch auf junge Menschen zu: «Gerade in Bezug auf die Koexistenz verschiedener Religionen tendieren die Jugendlichen dazu, diese vor dem Hintergrund eines universalistischen Weltbildes zu verstehen, das heisst, die einzelnen Religionen sind relativer Ausdruck eines ungefähren Ewigen, keine religiöse Tradition kann für sich uneingeschränkte Wahrheit beanspruchen»[43].

Der Terminus «Feier» ist gegenüber «Gebet» der offenere Begriff. Hier lassen sich im Grunde alle Elemente subsumieren, die man bei inter- oder multireligiösen Anlässen vorfinden kann: «Reden, Symbolhandlungen, Schweigen, Gebete, unterschiedliche Formen von meditativen Texten, Musik, pantomimische Szenen, Vortrag von zentralen Texten aus den Religionen, Bekenntnisse, u. a.»[44].

Die Bezeichnung «multireligiös» lässt hingegen an ein eher «zufälliges Nebeneinander, eine Sammlung unterschiedlicher Religionen» denken. Auch die Bezeichnung «interreligiös» ist zwar gut etabliert, aber dennoch nicht ausgereift, da hierunter oft ein «Ineinanderfließen unterschiedlicher religiöser Traditionen» suggeriert wird, das also, was von «Kritikern gerne als Synkretismus bezeichnet» wird. Es bietet sich am ehesten an, von «religionsverbindend» zu sprechen und somit den «zusammenführenden Charakter» der Feiern herauszustellen. Betrachtet man konkrete Beispiele solcher Feiern, dann fällt auf, dass sich «abwechselndes Sprechen, Singen, Beten, Darstellen» weitgehend durchgesetzt hat. Bestimmte Lieder, Tänze, meditative Texte können durchaus von allen Beteiligten mitvollzogen werden. «Auch ist nicht auszuschließen, dass Gläubige der muslimischen, christlichen oder einzelner Hindu-Traditionen Gebete der anderen Religionsgemeinschaften aufgrund einer spontanen Zustimmung nicht nur innerlich mitvollziehen, sondern sie auch mitsprechen bzw. mitsingen»[45].

Wird das verbindende Element solcher Feiern betont, so wird sich dies auch in der konkreten Ausgestaltung der Feiern niederschlagen. Nicht ein Nebeneinander von Elementen der praktischen Religionsausübung und auch kein Ineinanderfließen wird die Feier maßgeblich bestimmen, sondern die Feiern werden ausgerichtet sein auf die Förderung einer «Kultur des Miteinanders».

Räumt man religiös motivierten Feiern das Potential ein, Veränderungsprozesse auslösen und gemeinsames Wachsen ermöglichen zu können, dann kann solchen Feiern auch eine wichtige gesellschaftliche Funktion zugesprochen werden.

4. Konkretionen: Religionsverbindende Feiern im Jugendalter

4.1. Religionsverbindende Feiern im schulischen Kontext

Schule ist in der Gegenwart zu einem Ort kultureller Vielfalt geworden. Insbesondere in den Pflichtschulen begegnen sich Kinder und Jugendliche mit verschiedenen religiösen und kulturellen Hintergründen[46]. Daher stehen viele Schulen vor der Herausforderung, bestimmte Anlässe im Schulalltag gemeinsam mit Teilen oder der ganzen Schulgemeinschaft zu gestalten[47]. Die Schule stellt dabei ein «interkonfessionelles und wohl auch interreligiöses ‹Laboratorium› dar», vor allem auf der «Ebene der alltäglichen Begegnung», zu dem auch die «Begegnung mit Spiritualität, religiösem Brauchtum und Feierkulturen der Religionen» gehört[48]. Die Bandbreite hierfür ist groß und reicht von «Interreligiösem Frühstück», einer «Lichtfeier in der Adventszeit & Agape», einem «meditativen Impuls vor Prüfungen», einer «religiösen Feier/Besinnung nach einer (Terror- oder Natur-)Katastrophe», einem «religiösen Liederabend»[49] zu einer gemeinsamen Jahresabschlussfeier.

Im Zusammenhang solcher gemischt-religiöser Feiern wird zuweilen vor der «Gefahr der Verwirrung [...] durch die für Kinder und Jugendliche schwierige Unterscheidbarkeit von multireligiösen Feiern und katholischen und ökumenischen Gottesdiensten»[50] gewarnt[51]. Diese Gefahr ist tatsächlich gegeben, wenn gemischt-religiöse Feiern an Schulen auffallend ähnlich nach dem Muster ökumenischer Gottesdienste konzipiert sind. Der Deutsche Katecheten-Verein rät, entwicklungspsychologische Schritte abzuwarten, damit Kinder und Jugendliche «diese Form von Gottesdiensten» verstehen und einordnen können. Die Gestalt, die solche Feiern annehmen, ist jedoch überaus entscheidend: Bei Feiern, die über Gebete, Lieder und Schweigen hinaus Elemente anderer Religionen einbeziehen - wie das Singen eines Mantras, einen Tanz oder ein Aarti-Ritual –, dürfte die Verwechslungsgefahr weniger stark ausgeprägt sein. Nicht vernachlässigt werden darf dabei die Pflege der eigenen Gottesdienstkultur[52].

4.2. Religionsverbindende Feiern mit Jugendlichen im Kanton St. Gallen

Ein Beispiel für die Mitwirkung von Jugendlichen in einer gemischt-religiösen Feier bietet das Programm des Bettags in St. Gallen 2019. Unter dem Zeichen für religiösen Frieden und Toleranz findet alle zwei Jahre am dritten Sonntag im September eine «Interreligiöse Feier am Eidgenössischen Dank-, Buss- und Bettag»[53] in der Stadt St. Gallen statt, bei der Menschen aus sieben verschiedenen Religionen zusammen singen, beten und feiern. In den letzten Jahren wurde die Feier maßgeblich von den Repräsentantinnen und Repräsentanten der verschiedenen Religionsgemeinschaften gestaltet.

Es ist ein glücklicher Umstand, dass im Jahr 2019 der Bettag mit einem Anlass der christlichen Landeskirchen zusammenfällt: Am gleichen Ort, dem St. Galler Klosterplatz, findet in der Woche vor dem Bettag ein sogenanntes «Respect Camp» statt, eine mobile Zeltstadt, die Schulklassen und Jugendlichen eine Auseinandersetzung mit anderen Kulturen und dem interkulturellen Zusammenleben ermöglichen möchte. Dies geschieht in einem Parcours mit sechs Stationen zu Themen wie «Frustabbau», «Kommunikation» oder «Zufriedenheit». Ein Zelt ist dem Thema «Interreligiöser Friede» gewidmet und zeigt lebensgroße Portraits von Jugendlichen, die über ihre eigenen Erfahrungen mit Religion erzählen.

Die Chancen, die in der räumlichen und zeitlichen Nähe dieser beiden Veranstaltungen liegen, haben den «Runden Tisch der

Religionen St. Gallen und Umgebung»[54] sowie die «Regionale Fachstelle Integration der Stadt St. Gallen»[55] dazu bewogen, Bettagsfeier und Respect Camp miteinander zu verbinden[56]. Jugendliche und junge Erwachsene sind zunächst im Vorfeld des Respect Camp zu einem Workshop eingeladen, bei dem unter dem Motto «Vorurteile abbauen – einander kennenlernen – Religion sichtbar machen» die eigene Religiosität reflektiert und zum Erfahrungsaustausch mit Angehörigen anderer Religionen angeregt werden soll. Wer möchte, kann sein Portrait für das Zelt «Interreligiöser Frieden» zur Verfügung stellen. So sollen die Jugendlichen zu Botschafterinnen und Botschaftern ihrer eigenen Religion werden. Andere Religionen erhalten so ein «Gesicht», und zwar ein jugendliches.

Die Workshopteilnehmerinnen und -teilnehmer werden auch in die interreligiöse Bettagsfeier integriert. Nicht nur, indem sie wie die Imame, Rabbiner, Pfarrer und Pfarrerinnen der verschiedenen christlichen Denominationen und weiteren offiziellen Vertretungen verschiedener Religionen als Interviewpartner im Vorfeld zur Verfügung stehen, sondern sie erhalten auch einen Platz an den Tischen auf dem Klosterplatz in der Feier selbst. Je nach Möglichkeit gestalten sie die Beiträge der einzelnen Religionen mit. Den feierlichen Abschluss besiegeln die Jugendlichen mit einem gemeinsam formulierten und vorgetragenen Schlusswort.

In diesem Projekt verbindet sich Auseinandersetzung mit Religion – dem eigenen Glauben und dem anderer Jugendlicher – mit einer religionsverbindenden Feier, die den Jugendlichen die Möglichkeit gibt, sowohl an rituellen Elementen der eigenen Religionsgemeinschaft zu partizipieren, sowie Ausdrucksformen anderer Religionsgemeinschaften wahrzunehmen.

5. Ein Fazit

Interreligiöse – religionsverbindende – Feiern stellen (nicht nur) für die religiöse Entwicklung von Jugendlichen in vielerlei Hinsicht Chancen dar: Sie bieten Anlass, sich mit der eigenen religiösen Sozialisation auseinanderzusetzen – zum Beispiel, wenn Jugendliche in religionsverbindenden Feiern auf traditionelle liturgische Formen und Formeln zurückgreifen oder eigene Gebete und Beiträge formulieren. Da nicht wenige Zeitgenossinnen und Zeitgenossen ein distanziertes Verhältnis zu einer institutionell verfassten Religiosität und ihren liturgischen Formen haben, kann eine religionsverbindende Feier aufgrund ihres Ausnahmecharakters und ihrer Gebundenheit an besondere Kontexte und Anlässe sowie ihrer nicht festgelegten Form u. U. einen (neuen) Zugang zu Formen gelebten Glaubens eröffnen. Gerade die Freiheit der Form kann sie für Jugendliche interessant machen. Und nicht zuletzt zeigen religionsverbindende Feiern konsequent und glaubwürdig, dass die angestrebte «Kultur des Miteinanders» vielleicht an der Kirchen- oder Moscheetüre, nicht aber am Zwiegespräch mit Gott aufhört. In religionsverbindenden Feiern zeigt sich die Ablehnung von Abgrenzung und ein Ja zum Miteinander der Kulturen, das aus Sicht heutiger Jugendlicher kein politisches Programm ist, welches extra akzeptiert werden müsste, sondern vielerorts bereits erlebte Realität ist.

Anmerkungen

1 Auszüge aus der Erklärung sind in einer Übersetzung der Katholischen-Nachrichten-Agentur KNA zugänglich über die Homepage der Fachstelle der Deutschen Bischofskonferenz «Cibedo» (Christlich-islamische Begegnungs- und Dokumentationsstelle e. V.) http://cibedo.de/2019/02/06/auszuege-der-erklaerung-von-papst-und-grossimam-al-tayyeb/ (Zugriff am 18. 4. 2019).

2 Zitiert nach https://www.vaticannews.va/de/papst/news/2019-02/papst-franziskus-abu-dhabi-imam-erklaerung-al-azhar-frieden.html (Zugriff am 18. 4. 2019).

3 Zitiert nach https://www.vaticannews.va/de/papst/news/2019-02/papst-franziskus-abu-dhabi-imam-erklaerung-al-azhar-frieden.html (Zugriff am 18. 4. 2019).

4 Vgl. *Winfried Gebhardt*: Religiöse Indifferenz, populäre Religiosität und die Selbstermächtigung des religiösen Subjekts. Die Prozesse kultureller und religiöser Pluralisierung und ihre Auswirkungen auf Gesellschaft und Schule aus soziologischer Sicht, in: *Angela Kaupp* (Hrsg.): Pluralitätssensible Schulpastoral. Chancen und Herausforderungen angesichts religiöser und kultureller Diversität, Mainz 2018, 15–27, hier 24.

5 Vgl. *Olivier Roy*: Heilige Einfalt. Über die politischen Gefahren entwurzelter Religionen, München 2010, bes. 25–30.

6 Vgl. die Standardwerke aus der Soziologie: *Ulrich Beck*: Risikogesellschaft. Auf dem Weg in eine andere Moderne (Edition Suhrkamp 1365 = N. F. 365), Frankfurt a. M. 1986; *Matthias Junge*: Individualisierung (Campus Einführungen), Frankfurt a. M. 2002; *Zygmunt Bauman*: Flüchtige Moderne (Edition Suhrkamp 2447), Frankfurt a. M. 2003; *Manfred Prisching*: Das Selbst, die Maske, der Bluff. Über die Inszenierung der eigenen Person, Wien / Graz / Klagenfurt 2009. – Für die Schweiz haben jüngste Untersuchungen ergeben, dass zwei Drittel der Schweizer Bevölkerung ein distanziertes Verhältnis zu den beiden großen Landeskirchen haben, obgleich die Mehrheit der Befragten die traditionellen christlichen Kirchen als wichtig für die Gesellschaft einschätzen (vgl. *Jörg Stolz*, Religion und Individuum unter dem Vorzeichen religiöser Pluralisierung, in: *Christoph Bochinger* [Hrsg.]: Religionen, Staat und Gesellschaft. Die Schweiz zwischen Säkularisierung und religiöser Vielfalt [Religionsgemeinschaften, Staat und Gesellschaft – Nationales Forschungsprogramm NFP 58], Zürich 2012, bes. 77–107 und 209–241). – Einen Überblick über die jüngsten religionssoziologischen Untersuchungen in der Schweiz und ihre Bedeutung für gottesdienstliches Leben bietet *Gunda Brüske*: Gottesdienst in der Ich-Gesellschaft. Soziologische Standortbestimmung zur katholischen Liturgie, in: HerKorr 71 (2017) Heft 7, 45–48.

7 *Regina Arant / Georgi Dragolov / Björn Gernig / Klaus Boehnke* unter Mitarbeit von *Jonas Anttoni Seppälä*: Zusammenhalt in Vielfalt. Das Vielfaltsbarometer 2019, hrsg. von der Robert-Bosch-Stiftung (online unter https://www.bosch-stiftung.de/de/publikation/zusammenhalt-vielfalt-das-vielfaltsbarometer-2019 [Zugriff am 18. 4. 2019]).

8 *Andreas Goetze*: Interreligiöser Dialog – Begegnungen auf Augenhöhe gestalten. Oder: Wie glauben im Angesicht der anderen, in: *Bianca Dümling / Kerstin Löchelt / Germo Zimmermann* (Hrsg.): Christliche Jugendarbeit in der Migrationsgesellschaft. Begegnungen mit kultureller und religiöser Vielfalt gestalten (Beiträge zur Missionarischen Jugendarbeit [BMJ-Reihe] 3), Neukirchen-Vluyn 2018, 134–145, hier 134.

9 https://www.bosch-stiftung.de/sites/default/files/publications/pdf/2019-03/Vielfaltsbarometer%202019_Studie%20Zusammenhalt%20in%20Vielfalt.pdf (Zugriff am 18. 4. 2019). Trotz aller Mentalitätsunterschiede zwischen Deutschland und der Schweiz darf angenommen werden, dass eine Befragung in der Schweiz zu ähnlichen Ergebnissen käme.

10 Vielfaltsbarometer (Anm. 9). Dieser Befund straft diejenigen Theorien ab, die Religionen und zunehmende Religiosität bei Jugendlichen als Hauptursache für die zunehmende Gewalt und Radikalisierung halten und meinen, man könne eine friedliche Gesellschaft am besten ohne jegliche Religiosität erreichen. Jüngst bemühen nicht wenige Kommentatoren der Attentate in Sri Lanka an Ostern 2019 den Zusammenhang von Religiosität und Gewalt; vgl. z. B. https://www.zeit.de/politik/ausland/2019-04/sri-lanka-sicherheitskraefte-terrorismus-stuermung (Zugriff am 27. 4. 2019).

11 Vgl. z. B. die Einschätzung des Ethnologen *Christoph Antweiler*: «Religiosität findet sich in allen Kulturen. Religionen unterscheiden sich weniger durch spezifische Merkmale als vielmehr durch die Gewichtung von Charakteristika, die aller Religiosität gemeinsam sind. Quer durch die Kulturen scheint der Kern von Religiosität darin zu bestehen, sich in aufwändiger Weise an höhere Wesen zu wenden. Es lassen sich mehrere universale Aspekte von Religiosität finden [...] Diese gefundenen Gemeinsamkeiten schließen Unterschiede nicht aus» (*ders.*: Religiosität verbindet Kulturen. Kulturvergleichende Fragen und Befunde, in: *Ulrich Kropač / Uto Meier / Klaus König* (Hrsg.): Jugend, Religion, Religiosität. Resultate, Probleme und Perspektiven der aktuellen Religiositätsforschung, Regensburg 2012, 199–222).

12 *Goetze*: Interreligiöser Dialog (Anm. 8) 134.

13 Ebd. 140.

14 Hier wird bevorzugt, von «religionsverbindenden Feiern» zu sprechen, obgleich der Terminus «interreligiös» gebräuchlicher ist. Mehr dazu unten unter 3.2. Im Titel wurde «interreligiös» beibehalten, da sich die Rede von «religionsverbindenden Feiern» noch nicht genügend etabliert hat.

15 «Unter Jugendalter wird eine Lebenslaufphase verstanden, die einsetzt mit etwa 11/12 Jahren (Beginn der Ausbildung sekundärer Geschlechtsmerkmale, Einsetzen der Pubertät) und nicht selten erst mit etwa 30 Jahren endet

(Durchschnittsalter für den Beginn wirtschaftlicher Selbständigkeit). Innerhalb des Jugendalters lässt sich differenzieren zwischen der Phase der Adoleszenz (11/12–18 Jahre [Volljährigkeit]) und der Postadoleszenz (18–27 Jahre)» (*Patrik C. Höring*: Jugendlichen begegnen. Arbeitsbuch Jugendarbeit [PTHe 152], Stuttgart 2017, 35).

16 Vgl. *Marlies Buchmann / Annekatrin Steinhoff*: Jugend und sozialer Wandel in fortgeschrittenen Industriegesellschaften der westlichen Welt, in: *Burkhard Gniewosz / Peter F. Titzmann* (Hrsg.): Handbuch Jugend. Psychologische Sichtweisen auf Veränderungen in der Adoleszenz, Stuttgart 2018, 333–352.

17 Ebd. 348.

18 *Andreas Kessler*: Empirische Befunde zu Jugend und Religion – Ein Überblick, in: *Sophia Bietenhard / Dominik Helbling / Kuno Schmid* (Hrsg.): Ethik, Religionen, Gemeinschaft. Ein Studienbuch, Bern 2015, 145–155, hier 146 (mit Verweis auf *Kathrin Brodbeck / Taylor Christl / Christoph Käppler / Christoph Morgenthaler / Aristide Peng / Sabine Zehnder Grob / Eva Zimmermann*: Fazit. Einsichten, Grenzen und praktische Konsequenzen, in: *Christoph Käppler / Christoph Morgenthaler* [Hrsg.]: Werteorientierung, Religiosität, Identität und psychische Gesundung Jugendlicher [PTHe 126], Stuttgart 2013, 211–227, hier 215). Da viele in der Lebensphase «Jugendalter» auf Distanz zu tradierten Formen von Religion gehen, erscheint diese Zeit oft als eine religionslose Phase. Andere Jugendliche setzen sich wiederum intensiv mit Fragen der Religiosität auseinander, sodass hier eine Phase verstärkter Religiosität zu beobachten ist. «Dieser Prozess kann zu einer eigenständigen religiösen Identität, er kann aber auch zur Gleichgültigkeit gegenüber religiösen Fragen oder zu einer eigenen Transformation auf dem Umfeld übernommener Formen führen» (*Höring*: Jugendlichen begegnen [Anm. 15] 49).

19 Ebd. 80.

20 Vgl. *Werner Helsper*: Jugend und Religion, in: *Uwe Sander / Ralf Vollbrecht* (Hrsg.): Jugend im 20. Jahrhundert. Sichtweisen – Orientierungen – Risiken, Neuwied / Berlin 2000, 279–314, hier 283.

21 Vgl. z. B. folgende Studie: https://www.unilu.ch/fileadmin/fakultaeten/ksf/institute/zrf/dok/Forschungsbericht_Hallo_es_geht_um_meine_Religion.pdf, insbesondere 38f (Zugriff am 18. 4. 2019).

22 *Matthias Sellmann*: Jugendliche Religiosität als Sicherungs- und Distinktionsstrategie im sozialen Raum, in: *Kropač / Meier / König* (Hrsg.): Jugend, Religion, Religiosität (Anm. 11) 25–55, hier 34. Deshalb hat es sich in den Untersuchungen als anschlussfähiger erwiesen, statt von «Religion» von «Spiritualität» zu sprechen. Spiritualität steht für «Authentizität, Echtheit, persönliche Integration und Erlebnisbezogenheit», so *Tatjana Schnell*: «Für meine Freunde könnte ich sterben». Implizite Religiosität und die Sehnsucht nach Transzendenz, in: ebd. 87–106, hier 90.

23 Vgl. *Sellmann*: Jugendliche Religiosität (Anm. 22) 35.

24 Vgl. *Birgit Jeggle-Merz*: Krise des Gottesdienstes? Gesellschaftliche Transformationsprozesse und die Notwendigkeit von Neujustierungen im liturgi-

schen Leben, in: *Ursula Schumacher* (Hrsg.): Abbrüche – Umbrüche – Aufbrüche. Gesellschaftlicher Wandel als Herausforderung für Glaube und Kirche, Münster 2019, 213–228; *dies.*: Liturgie und Lebenswelt. Skizzen angesichts neuzeitlicher Strömungen und alter Sehnsüchte, in: *Eva-Maria Faber* (Hrsg.): Lebenswelt und Theologie. Herausforderungen einer zeitsensiblen Lehre und Forschung (Schriftenreihe der Theologischen Hochschule Chur 9), Freiburg i. Ü. 2012, 205–235.

25 Vgl. *Heike Eschenbeck / Rhea-Katharina Knauf*: Entwicklungsaufgaben und ihre Bewältigung, in: *Arnold Lohaus* (Hrsg.): Entwicklungspsychologie des Jugendalters, Berlin 2018, 23–50.

26 *Herbert Scheithauer / Viola Braun / Laura König / Leonard Bruckmann / Stephan Warncke*: Soziale Kompetenzen im Jugendalter, in: *Gniewosz / Titzmann* (Hrsg.): Handbuch Jugend (Anm. 16) 217–236, hier 218.

27 Vgl. *Marc Vierhaus / Eva-Verena Wendt*: Sozialbeziehungen zu Gleichaltrigen, in: *Lohaus* (Hrsg.): Entwicklungspsychologie des Jugendalters (Anm. 25) 139–167.

28 Vgl. *Höring*: Jugendlichen begegnen (Anm. 15) 65–68.

29 *Scheithauer / Braun / König / Bruckmann / Warncke*: Soziale Kompetenzen im Jugendalter (Anm. 26) 220. Nicht immer verläuft die Ausbildung von sozialer Kompetenz im Jugendalter jedoch störungsfrei. Misslingende Peerbeziehungen haben weitreichende Folgen für die psychosoziale und emotionale Entwicklung von Jugendlichen.

30 *Stefan Knobloch*: Interkulturalität – Interreligiosität – Interkonfessionalität. Die theologisch-pastoralen Herausforderungen einer globalisierten Welt annehmen, in: *Johannes Först / Heinz-Günther Schöttler* (Hrsg.): Einführung in die Theologie der Pastoral. Ein Lehrbuch für Studierende, Lehrer und kirchliche Mitarbeiter (Lehr und Studienbücher zur Theologie 7), Berlin / Münster 2012, 265–283, hier 269.

31 *Reinhard Meßner*: Der Wortgottesdienst der Messe als rituell inszenierte Christusanamnese, in: HlD 66 (2012) 171–185, hier 180.

32 *Reinhard Meßner*: Einführung in die Liturgiewissenschaft (UTB 2173), Paderborn / München / Wien / Zürich ²2009, 185.

33 *Thomas Eicker*: «Einsäen der Ewigkeit ins Lebendige». Impulse einer Theologie der Kirchenmusik im Dialog mit Franz Rosenzweig, in: *Albert Gerhards* (Hrsg.): Kirchenmusik im 20. Jahrhundert. Erbe und Auftrag (Ästhetik – Theologie – Liturgik 31), Münster 2005, 153–168, hier 155.

34 Vgl. *Arno Schilson*: Der Gottesdienst als «Höhepunkt und Quelle» des christlichen Lebens. Herkunft und Bedeutung einer programmatischen Aussage des Konzils, in: *Bernd Jochen Hilberath / Dorothea Sattler* (Hrsg.): Vorgeschmack. Ökumenische Bemühungen um die Eucharistie. Festschrift für Theodor Schneider, Mainz 1995, 293–307. Vgl. die weiterführenden Überlegungen von *Josip Gregur*: Culmen et fons. Liturgie als actio der Kirche im Spannungsfeld von Symbol und Metapher (Benediktbeurer Studien 14), München 2006. Er schreibt schon in der Einführung zu seiner Untersu-

chung: «‹Höhepunkt und Quelle› sagt nicht nur über die Liturgie etwas aus, sondern auch über die Kirche, über ihr Selbstverständnis und ihre Aufgabe, über die Aktualität der Heilsgeschichte, die christliche Spiritualität, d. h. über die Theologie, die in allen ihren Teildisziplinen den gefeierten Glauben beachten muss» (ebd. 18).

35 *Albert Hammenstede*: Liturgie als Erlebnis (EcOra 3), Freiburg i. Br. [3/4]1921, 12.

36 *Andreas Odenthal*: Rituelle Erfahrung. Praktisch-theologische Konturen des christlichen Gottesdienstes (PTHe 161), Stuttgart 2019, 16 (Hervorhebungen im Original).

37 Ebd. 17.

38 Vgl. z. B. Leitlinien für das Gebet bei Treffen von Juden, Christen und Muslimen. Eine Handreichung der deutschen Bischöfe, hrsg. vom Sekretariat der Deutschen Bischofskonferenz (Arbeitshilfen 170), Bonn [2]2008 (online unter http://www.liturgie.de/liturgie/index.php?bereich=publikationen&datei=pub/oP/multi/Arbeitshilfe170derDBK [Zugriff am 4. 4. 2019]); Christen und Muslime: Gemeinsam beten? Überlegungen und Texte. Arbeitspapier des KEK / CCEE-Ausschusses «Islam in Europa», hrsg. von der Konferenz Europäischer Kirchen (KEK) und dem Rat der Europäischen Bischofskonferenzen (CCEE), Ausschuss «Islam in Europa», St. Gallen 2003 (online unter https://www.ref-sg.ch/liturgiewerkstatt.html?file=files/content/dokumente-word/Pastorales/Gottesdienst/Rund%20um%20den%20Gottesdienst/christen_und_muslime_gemeinsam_beten.doc [Zugriff am 18. 4. 2019]).

39 Sieht man beispielsweise in die Dokumente des Päpstlichen Rates für den Interreligiösen Dialog (– während Paul VI. den Rat im Jahr 1964 zunächst als Sekretariat für Nicht-Christen errichtet hatte, spezifizierte Johannes Paul II. mit der Apostolischen Konstitution «Pastor Bonus» vom 28. Juni 1988 die Aufgabe des Rates und errichtete ihn als festes Dikasterium der römischen Kurie [vgl. Art. 159–162, in: http://w2.vatican.va/content/john-paul-ii/de/apost_constitutions/documents/hf_jp-ii_apc_19880628_pastor-bonus-index.html (Zugriff am 18. 4. 2019)] –), die bald nach dem Friedensgebet von Assisi 1986 (Vgl. *Gerda Riedl*: Modell Assisi: Christliches Gebet und interreligiöser Dialog in heilsgeschichtlichem Kontext [Theologische Bibliothek Töpelmann 88], Berlin / New York 1998 bzw. 2012]; *Jan-Heiner Tück*: Absage an religiöse Eiferer. Die religionstheologischen Grundlagen für das Gebetstreffen in Assisi, in: *Roman Siebenrock / Jan-Heiner Tück* [Hrsg.]: Selig, die Frieden stiften. Assisi – Zeichen gegen Gewalt, Freiburg i. Br. / Basel / Wien 2012, 13–52) veröffentlicht wurden, dann wird dort ein «interreligiöses Gebet» noch wie folgt charakterisiert: «We see interreligious prayer as a sharing in the ‹groaning of the whole creation›, longing for the fullness of salvation and liberation, parttaking in the ‹groaning of the Spirit›, the Spirit who sustains us in our weakness since we do not know how to pray. Interreligious prayer is an expression of the coming together of all the ‹scattered children

of God›. It is a sharing in the common journey towards the fulfilment of the Kingdom of God. These reflections on the universal phenomenon of prayer and the particular understanding of the prayer of Christ, provide the possibility for Christians to join with others in prayer with confidence and hope. Prayer together is an invitation of friendship, to share the reality of a loving God who is our Creator, Redeemer and Sustainer. It is an invitation to enter into the mystery of God which is beyond human intellectual grasp and understanding. It is a sign of the unity of humanity» (Theological Reflections on Interreligious Prayer, in: *Conseil œcuménique des Églises*: Interreligious Prayer. A Joint Study by the Office on Inter-Religious Relations of the World Council of Churches and the Pontifical Council for Interreligious Dialogue, Città del Vaticano, in: Pontificium Consilium pro Dialogo inter Religiones, Interreligious Prayer, Pro Dialogo & Current Dialogue, Bulletin 98/2 (1998), 137–246, hier 240). Multireligiöse Gebete werden folgendermaßen charakterisiert: «By this is meant a service or occasion in which prayers of different faith communities are juxtaposed or presented in serial fashion. While representatives of one faith community are expressing their prayer, the other participants listen in reverent silence. Such occasions may arise spontaneously or they can be prepared in basis» (ebd. 242).

40 Vgl. *Jochen Arnold*: Multireligiöse und interreligiöse Feiern. Eine phänomenologische und theologische Betrachtung, in: Loccumer Pelikan. Religionspädagogisches Magazin für Schule und Gemeinde, Rehburg-Loccum 2/2006, 53–60 (online unter http://www.rpi-loccum.de/material/interreligioeses-lernen/arnold).

41 Ein Beispiel: Während die «Leitlinien für das Gebet bei Treffen von Juden, Christen und Muslimen» (Anm. 38) in der ersten Auflage von 2003 noch im Titel von «interreligiösen Feiern» sprachen, so spricht der aktualisierte Titel von 2008 vorsichtig von «Leitlinien für das Gebet».

42 Zu den Beispielen vgl. *Maria Holzapfel-Knoll / Stephan Leimgruber*: Gebete von Juden, Christen und Muslimen. Modelle für religiöse Feiern in der Schule, hrsg. vom Deutschen Katecheten-Verein e. V., München 2009, 30f.

43 *Kessler*: Empirische Befunde zu Jugend und Religion (Anm. 18) 146 (unter Verweis auf *Hans-Georg Ziebertz / Ulrich Riegel*: Letzte Sicherheiten. Eine empirische Untersuchung zu Weltbildern Jugendlicher [Religionspädagogik in pluraler Gesellschaft 11], Gütersloh u. a. 2008, 162–166).

44 *Matthias Hohla*: Kriterien für religionsverbindendes Beten bzw. Feiern anhand ausgewählter Praxisbeispiele, in: HlD 70 (2016) 50–57, hier 51.

45 Alle Zitate des Abschnittes bei *Hohla*: Kriterien für religionsverbindendes Beten (Anm. 44) 51.

46 Vgl. z. B. *Thomas Schlag / Jasmine Suhner*: Interreligiöses Lernen im öffentlichen Bildungskontext Schule. Eine theologisch-religionspädagogische Annäherung (Theologische Studien 13), Zürich 2018; *Angela Kaupp* (Hrsg.): Pluralitätssensible Schulpastoral (Anm. 4); *Mirjam Schambeck*: Migration und interreligiöses Lernen im Religionsunterricht – Die Schule als Labor und

Lernfeld für ein neues gesellschaftliches Miteinander, in: Theo-Web 16 (2017) Heft 2, 121–138.

47 Deshalb sind offizielle Handreichungen zur Gestaltung multireligiöser Feiern in Schulen in großer Vielzahl zu finden. Vgl. z. B. *Diözese St. Pölten* (Hrsg.): Richtlinie für religiöse Feiern unter Beteiligung mehrerer Religionsgemeinschaften, St. Pölten 2016 (online zugänglich unter http://schulamt.dsp.at/sites/www.dsp.at/files/u235/modelle_religioeser_feiern_neufassung.pdf [Zugriff am 18. 4. 2019]); *Diözese Rottenburg-Stuttgart / Evangelische Landeskirche in Württemberg / Erzdiözese Freiburg / Evangelische Landeskirche in Baden* (Hrsg.): Religiöse Feiern im multireligiösen Kontext der Schule. Eine Handreichung für die Fachkonferenzen Evangelische und Katholische Religionslehre und Schulleitungen aller Schularten, Stuttgart 2016 (online zugänglich unter https://www.drs.de/fileadmin/drs/documents/service/presse/2018/20180906_religioese_feiern_im_multireligioesen_kontext_schule.pdf [Zugriff am 18. 4. 2019]); *Erzbistum Paderborn / Erzbischöfliches Generalvikariat, Hauptabteilung Schule und Erziehung* (Hrsg.): Gemeinsam feiern. Voneinander lernen. Leitfaden für multireligiöse Feiern in der Schule, Paderborn 2012 (online zugänglich unter https://www. schuleunderziehung de/medien/15708/original/871/Multireligi%F6seFeiern_Arbeitshilfe_Internet.pdf [Zugriff am 18. April 2019]).

48 *Johann Hausreither / Sule Dursun / Sr. Johanna Kobale*: Möglichkeiten und Grenzen in der Schule II, in: HlD 70 (2016) 60–67, hier 61.

49 Zahlreiche weitere Beispiele ebd. 65.

50 Richtlinie des Erzbischofs zu multireligiösen Feiern in Schulen (mit einer Stellungnahme des Erzbistums zur Richtlinie vom 6. Dezember 2006), online zugänglich unter https://www.erzbistum-koeln.de/export/sites/ebkportal/kultur_und_bildung/erwachsenen_und_familienbildung/.content/documentcenter/_downloads/pa061206.pdf (Zugriff am 1. 5. 2019).

51 *Holzapfel-Knoll / Leimgruber*: Gebete von Juden, Christen und Muslimen (Anm. 42) 19.

52 Vgl. zum Themenfeld weiterhin *Jochen Arnold*: Dialog und Feier im multireligiösen Kontext – Eine theologisch-liturgische Hermeneutik, in: *ders. / Friedhelm Kraft / Silke Leonhard / Peter Noß-Kolbe* (Hrsg.): Gottesdienste und religiöse Feiern in der Schule (Gemeinsam Gottesdienst gestalten 27), Hannover 2015, 125–142; *Karlo Meyer*: Feste und Gottesdienste mit verschiedenen Religionen – Religionspädagogische Klärungen, in: ebd. 91–109; *Christine Mann / Walter Ender*: Schulische Feiern und Gebete unter Beteiligung mehrerer Religionen, in: HlD 67 (2013) 184–191; *Boris Kalbheim*: Begegnungen mit dem Anderen in gestalteter Zeit. Interreligiöse Dimension von Festen und Feiern in der Schule, in: CPB 124 (2011) 183–187.

53 Der Eidgenössische Dank-, Buss- und Bettag, kurz Bettag genannt, ist ein in der Schweiz staatlich angeordneter überkonfessioneller Feiertag, der von allen christlichen Kirchen gefeiert wird. Vgl. dazu *Rita Famos*: Ein Gebet voraus. Eine Initiative der Arbeitsgemeinschaft Christlicher Kirchen der

Schweiz zur Stärkung des Bettags, in: *Eva-Maria Faber / Daniel Kosch* (Hrsg.), Dem Bettag eine Zukunft bereiten. Geschichte, Aktualität und Potenzial eines Feiertags, Zürich 2017, 273–278; vgl. zur Praxis in St. Gallen *Matthias Wenk*: «Ich höre Dein Gebet». Die interreligiöse Feier zum Eidgenössischen Dank-, Buss- und Bettag im Kanton St. Gallen, in: ebd. 309–322.

54 Näheres dazu unter: https://www.rtdr-sg.ch/ oder https://www.bettagstgallen.ch/ (Zugriff am 18. 4. 2019).

55 Näheres dazu unter: https://www.sg.ch/gesundheit-soziales/soziales/integration.html (Zugriff am 18. 4. 2019).

56 Siehe unter https://www.bettagstgallen.ch/religions-for-peace/ (Zugriff am 18. 4. 2019).

MICHAEL FIEGER /
SR. M. MANUELA GÄCHTER OP

«ER LEGTE SEINE WORTE IN MEINEN MUND»

Die Berufungserzählungen von Jeremia und Jesaja

1. Einleitung

Im Anschluss an die Bischofsynode über die Jugend hat die Arbeitsstelle für Jugendseelsorge der Deutschen Bischofskonferenz die App «Vocaris» entwickelt, die den Jugendlichen helfen soll, ihre Berufung zu entdecken. Dabei steht ein offenes Verständnis von Berufung im Blick. Schon im Wort «Berufung» stecken die drei Worte «Ruf», «Beruf» und «Berufung». Somit ist das Ziel der App, den Jugendlichen zu helfen, den Ruf Gottes für ihr Leben zu hören und den Beruf zu finden, der ihren Talenten entspricht. Diese Frage stellt sich vor allem in reicheren Gesellschaften und ist somit ein Luxus. Ein akademischer Flüchtling wird kaum seiner ursprünglichen «Berufung» nachgehen können. Nichtsdestotrotz ist die Frage nach der eigenen Berufung (nicht nur) für junge Menschen von enormer Bedeutung, um die eigene Identität zu finden und zu festigen. Auch im Alten Testament begegnen wir jungen (und weniger jungen) Menschen, die von Gott angerufen werden – und vielleicht gar nicht angerufen werden wollen.

Ziel dieses Beitrages ist die Herausarbeitung einiger Kriterien für die Berufungssuche junger Menschen, ausgehend von den Berufungsberichten zweier bedeutsamer alttestamentlicher Propheten. Diese Kriterien sollen der Berufungspastoral für die Begleitung der Jugendlichen auf ihrer Berufungssuche dienen. Sie verstehen sich jedoch nicht abschließend und sollen auch kein Rezeptbuch sein, das Begleiter junger berufungssuchender Menschen zücken können und diesen in ihrer Suche überstülpen sollen. In der Begleitung geht es darum, mit den jungen Menschen den Weg zu gehen, ihnen zuzuhören und was in ihnen steckt zum Vorschein zu bringen (vgl. CV 71). Das 6. Kapitel dieses Beitrags möchte dazu Anregungen für die Begleitung von Menschen auf dem Weg ihrer Berufungssuche geben.

Zu beachten ist, dass die biblischen Texte dieses Beitrags klar Prophetenberufungen schildern, die Folgerungen jedoch allgemeiner gehalten werden sollen. Anhand der prophetischen Berufungserzählungen arbeitet der Beitrag allgemeine Elemente von Berufungsbiographien heraus. Als Berufungsbiographien bezeichnen Autor und Autorin dieses Beitrags nicht nur Berufungswege junger Menschen, die in einen Orden eintreten oder Priester werden. Vielmehr ist damit der Ruf Gottes gemeint, der an jeden Menschen ergeht, diese Welt auf seine eigene Weise positiv zu gestalten. Es geht um die Frage, die sich jeder Mensch zu stellen hat: «Wozu bin ich auf dieser Erde?» (vgl. CV 248; 266)

In diesem Beitrag steht außerdem die Berufung *junger* Menschen im Zentrum. Das Jugendalter ist ein Alter, in dem Lebensentscheidungen anstehen (vgl. CV 140). Viele Elemente einer Berufung treffen ebenso für ältere Menschen zu, jedoch beschäftigen sich junge Menschen intensiver mit Fragen nach dem tieferen Sinn ihres Lebens, wobei ältere Menschen nach der Berufung in ihrer Berufung, d. h. nach der konkreten Ausfaltung ihrer Berufung fragen.

Als erstes stellt sich die Frage, ob die Berufungserzählungen im Alten Testament nach einem bestimmten Muster verlaufen. In der Forschung wurden bislang verschiedene Modelle von sogenannten «Berufungsformularen» entwickelt. Diese werden in einem kritischen Überblick vorgestellt. Der Schwerpunkt liegt in der Ausarbeitung der typischen Elemente der Berufungserzählungen sowohl des Jeremia als auch des Jesaja. In einem weiteren Schritt werden die beiden Berufungserzählungen miteinander verglichen und daraus ein Fazit für die Berufungspastoral gezogen.

2. Ein Formular für prophetische Berufungserzählungen?

Vor dem 20. Jahrhundert stellte sich die Frage nach einem Berufungsschema der Propheten nicht. Vielmehr stand das Erlebnis der Propheten in einer psychologisierenden Herangehensweise im Vordergrund[1]. *Hans Schmidt* stellte als erster fest, dass die Berufungserzählungen der großen Propheten Jesaja, Jeremia und Ezechiel in ihrer Form Übereinstimmungen aufweisen[2]. Ein Berufungsschema stellte erstmals *Ernst Kutsch* auf, und er erkannte in der Berufungserzählung Gideons folgendes vorprophetische Berufungsschema, das in der Folge auch auf die prophetischen Berufungserzählungen und letztlich sogar auf die lukanische Kindheitserzählung (Lk 1,13–20. 28–37) angewandt wurde[3]:

a. Mitteilung des Auftrags durch Jahwe
b. Einwand des Berufenen
c. Abweisung des Einwandes durch die Zusage Jahwes: «Ich werde ja mit dir sein»
d. Ein Zeichen als Bestätigung dafür, dass Jahwe den Auftrag gegeben hat.

Im Kapitel zur Form- und Traditionsgeschichte der prophetischen Berufungserzählungen seines Ezechielkommentars[4] differenziert *Walther Zimmerli* das Modell von *Kutsch* weiter aus. Er geht nicht von einem, sondern von zwei verschiedenen Berufungsschemata aus, die er an den Berufungserzählungen von Jeremia und Jesaja festmacht. Bei der Berufung des Jeremia stellt er ein Modell fest, in dem alle geschilderten Ereignisse unter dem Wort JHWHs stehen. Das sogenannte «wortgeprägte» Modell hat folgende Elemente[5]:

a. Einleitungswort
b. Erneuerungswort
c. Einwand des Berufenen (ich bin zu jung)
d. Zurückweisung des Einwandes
e. Beistandserklärung
f. Zeichenhandlung
g. Sendung.

In der Berufungserzählung des Jesaja, die vermutlich diejenige des Jeremia voraussetzt, finden sich gleiche Elemente wie bei Jeremia, jedoch lässt sie sich nicht in das oben genannte Schema zwängen. Vielmehr steht bei Jesaja eine visionär geschaute Thronszene im Vordergrund[6]. Die Elemente dieses «visionär-apokalyptischen» Modells sind[7]:

a. Ausführliche Visionsschilderung
b. Schreckensruf Jesajas
c. Reinigungsritus
d. Beratung JHWHs
e. Freiwillige Bereitschaftserklärung
f. Sendung mit Sendungsauftrag.

Auf *Zimmerli* folgend gab es verschiedene Bestrebungen, die zwei Modelle auf einen Nenner zu bringen[8]. Was stimmt nun? Gibt es ein oder zwei Berufungsschemata? Schauen wir uns die Berufungserzählungen von Jeremia und Jesaja nun genauer an.

3. Elemente der Berufungserzählung des Jeremia

3.1. Biblischer Text: Jer 1,3–10[9]

3Es geschah in den Tagen Jojakims, Sohn des Joschijahu, König von Juda, bis elf Jahre vollendet waren für Zidkija, Sohn des Joschijahu, König von Juda, bis zur Exilierung Jerusalems im fünften Monat.

4Und es geschah ein Wort JWHWs an mich, zu sagen:
5Bevor ich dich bildete im Mutterleib, hatte ich dich erkannt und bevor du herausgekommen bist aus dem Mutterschoß, hatte ich dich geheiligt, als Propheten, für Nationen hatte ich dich gegeben.
6Und ich sagte: «Ach, Adonai JHWH, siehe, ich weiß nicht zu sprechen, denn jung [bin] ich».
7Und es sagte JHWH zu mir: «Sag nicht: Jung [bin] ich, denn zu allen, zu denen ich dich sende, gehst du und alles, was ich dir befehle, sagst du».
8Fürchte dich nicht vor ihrem Angesicht, denn ich [bin] mit dir, dich zu befreien, Spruch JHWHs.
9Und es sandte JHWH seine Hand und er ließ berühren meinen Mund. Und es sagte JHWH zu mir: «Siehe, ich gebe meine Worte in deinen Mund.
10Schau, ich habe dich bestellt an diesem Tag über die Völker und über die Königreiche, um zu entwurzeln und um niederzureißen und um zu verderben und um zu zerstören, um aufzubauen und um zu bepflanzen».

3.2. Exegetische Erläuterungen

Bei der Berufungserzählung des Jeremia stellt sich als erstes die Frage, wo sie beginnt und wo sie endet. Für die meisten Ausleger(innen)[10] steht fest, dass die Berufungserzählung des Jeremia mit Jer 1,4 beginnt und Jer 1,1–3 eine Vorrede[11] zum ganzen Jeremiabuch ist. Der Hauptgrund liegt darin, dass die Autor(inn)en das hebräische Verb *wayᵊhiʸ* mit «und es erging» übersetzen und somit an das hebräische *hɔyɔʰ* (erging) in V. 2 anknüpfen. Sie interpretieren V. 3 als genauere Bestimmung von V. 2[12]. *Georg Fischer* bezieht sich außerdem auf die Biblia Hebraica Stuttgartensia (BHS), die nach V. 3 ein deutliches Gliederungszeichen (Setuma) setzt[13]. In der wichtigsten vollständigen Handschrift der hebräischen Bibel, dem Codex Leningradensis, ist dieses jedoch nicht vorhanden. Ebenfalls hat *Siegfried Herrmann* in seinem Kommentar festgestellt, dass die ersten drei Verse des Jeremiabuches stilistisch nicht einheitlich sind[14] und das «es erging» nur lose an V. 2 anschließt[15]. *Herrmann* interpretiert diese Beobachtungen dahin, dass er V. 3 als spätere Hinzufügung betrachtet[16]. Das hebräische Verb *way*^{e}*hi*^{y} kann aber auch mit «es geschah» übersetzt werden, und dann wäre V. 3 als neuer Einsatz nach dem Titel zu sehen, der nach dem «Was geschah denn?» fragt. Andererseits beginnt V. 4 mit der feststehenden Gliederungsformel «Und es geschah ein Wort JHWHs an mich, zu sagen ...», die sich im Buch des Propheten Jeremia ganze 21 Mal wiederholt. V. 4 ist somit die Einführung für die eigentliche Berufungserzählung des Propheten. Der vermutlich später hinzugefügte V. 3 gehört dennoch eng zum Kern dieser Berufungserzählung, da er nicht wirklich an V. 2 anschließt.

Auch das Ende der Berufungserzählung ist inhaltlich nicht deutlich auszumachen. Mit Jer 1,11 ändert sich der Stil des Textes dahingehend, dass das Intendierte mit Bildern ausgedrückt wird, die im direkten Anschluss gedeutet werden[17]. Außerdem richtet der Text den Blick bis Jer 1,10 auf den Propheten selbst, ab Jer 1,11 hingegen steht das Schauen des Propheten im Vordergrund[18]. Formal findet sich in V. 11a wiederum die oben genannte Gliederungsformel «Und es geschah ein Wort JHWHs an mich, zu sagen ...» Aus diesen Überlegungen betrachten Autorin und Autor dieses Beitrages die Verse 5–10 mit der Einleitung der Verse 3–4 als die persönliche Berufungserzählung des jungen Propheten Jeremia.

Gemäß der oben vorgenommenen Abgrenzung der Berufungserzählung des Jeremia wird die Berufung als erstes in Raum und Zeit gestellt (historisierendes Element). Um welche Zeit handelt es sich? Die Erzählung spielt am Vorabend des babylonischen Exils, welche eine äußerst kritische Zeit darstellt. Jer 1,3 beschreibt diese Exilserfahrung sogar in äußerst schwarzen Farben. Das gleiche Wort für Exil, *g*^{e}*lo*^{w}*t*, erscheint ebenfalls in Jer 40,1. Dort jedoch wird klar, dass von einer einzelnen Person, welche exiliert wird, die Rede ist, wohingegen in Jer 1,3 ganz Jerusalem gemeint sein muss, das weggeführt wird. In dieser dramatischen Situation wird Jeremia berufen.

V. 5 besteht aus drei parallel aufgebauten Teilversen. Es fallen fünf zentrale Verben auf, die für das Berufungsverständnis des Jeremia von Bedeutung sind: Jeremia wird gebildet, er wird erkannt, er wird hervorgebracht, er wird geheiligt und er wird gegeben. Vier dieser fünf Verben stehen in der ersten Person Singular mit einem Personalsuffix der zweiten Person Singular. Dies bringt die Ich-du-Beziehung (Gott – Prophet) zum Ausdruck und verbindet diese beiden eng miteinander. Die Berufung des Jeremia ist eindeutig eine einseitige Beziehung mit der Richtung von Gott zu Jeremia. Die Fülle von Verben mit Gott als Subjekt in einem einzigen Vers möchte außerdem zu verstehen geben, dass Gott die Initiative ergreift. Es ist also nicht Jeremia, der sich entscheidet, ein Prophet zu werden, sondern allein Gott trägt die Verantwortung, wobei Jeremia offen ist, das Wort Gottes zu empfangen (vgl. V. 4).

Ein zentrales Verb für das Verständnis des Textes ist *qdš*. Die Grundbedeutung dieses Verbs ist «heilig sein od. werden (d. h. v. Profanen abgesondert, tabu, unantastbar)»[19]. Ein weiterer Aspekt des Verbs kann auch die Bedeutung «weihen» implizieren (Prophetenweihe). Was gemeint war, kann letztlich nicht entschieden werden. Sicher ist, dass die Bedeutung von «weihen» auch in «ausgesondert sein» enthalten ist[20]. Jeremia wird schon bevor er im Mutterschoß gebildet wurde, also präexistent, von Gott ausgesondert und zum Propheten berufen. Im Alten Testament werden immer wieder Menschen ausgesondert und geheiligt, aber dass es so früh, noch vor der Geburt, geschieht, ist etwas Einzigartiges[21]. Für was aber wird Jeremia ausgesondert? Die Antwort auf diese Frage entnimmt man dem dritten Teilvers von V. 5: Gott gibt den Jeremia zum Propheten für die Fremdvölker. Interessanterweise kommt der Ausdruck «Prophet für die Fremdvölker» nur hier an dieser Stelle vor und wird ausschließlich für Jeremia verwendet. Wer aber sind die «Fremdvölker»? Wenn es um das Volk Israel geht, wird im Alten Testament normalerweise der hebräische Begriff *ʿam* verwendet. Der hebräische Begriff *go*^w^*y*, wie er hier steht, verweist hingegen eher auf das Ausland. Es könnten damit in der Diaspora lebende Juden oder sogar die Völker der Nichtjuden gemeint sein. Betrachtet man das ganze Buch des Propheten Jeremia, fällt dessen universale Bedeutung auf. Daher ist anzunehmen, dass mit *goʷy* nichtjüdische Völker gemeint sind[22]. Jeremia wird also nicht nur als Prophet für das auserwählte Volk Israel berufen, sondern für alle Menschen. Damit verbindet sich ein Gottesbild, das eindeutig universale Züge aufweist.

Auf diese großartige Berufung durch Gott erhebt Jeremia Einwand (V. 6). Dieser ist sehr emotional dargestellt, indem er mit einem ʾ*ᵃhɔh*, zu Deutsch «Ach», beginnt. Sein Argument ist, dass er zu jung für die Aufgabe des Propheten sei. Für «jung» steht im Hebräischen das Substantiv *naʿar*. Damit kann ein junger Mann, Junge oder auch ein kleines Kind gemeint sein[23]. Somit knüpft Jeremia die Berufung an eine gewisse Reife, Lebenserfahrung und Autorität. Nach menschlichem Ermessen und Erfahrung weiß Jeremia, dass er in seinem Status nicht einmal von seiner jüdischen Gemeinde, geschweige denn von den Fremdvölkern gehört werden wird. Gott lässt keine Widerrede zu; was er sagt, das gilt (V. 7). Er lässt Jeremia jedoch nicht allein, sondern sichert ihm seine Unterstützung zu (V. 8)[24] – und dies mit Nachdruck; im hebräischen Text steht an dieser Stelle sogar eine Befehlsform. In V. 9 konkretisiert Gott seine Zusicherung[25]. Er befreit Jeremia aus seiner mangelnden Autorität, indem er seine Worte in dessen Mund legt. Dies ist so ein wichtiger Akt, dass er mit einer Zeichenhandlung einhergeht. Gott ergänzt, was Jeremia zum Erfolg in seiner Berufung als Prophet fehlt.

Der Auftrag in V. 10 ist wieder auf Universalität angelegt[26]. Jeremia wird über Fremdvölker und Königreiche bestellt. Der Geschichtsschreibung hält diese Aussage nicht stand, aber durch das Stilmittel der Übertreibung wird die Bedeutung des Auftrags unterstrichen. Der Inhalt des Auftrags schließt nicht direkt an das vorhergehende Thema an. Während in V. 8 Beistand versprochen wird und in V. 9 von Worten die Rede ist, die Jeremia in den Mund gelegt bekommt, stehen in V. 10 plötzlich vornehmlich brutale Handlungen im Vordergrund. In sechs Infinitivkonstruktionen werden Unheil und Heil thematisiert, wobei die vier ersten Infinitivkonstruktionen (entwurzeln, niederreißen, verderben und zerstören) das Unheil betonen und die letzten zwei (aufbauen und bepflanzen) einen kleinen Hoffnungsschimmer auf Heil bieten[27].

Zusammenfassend ergibt sich für die Berufungserzählung des Jeremia folgendes Formular:

Nach *Fieger / Gächter* (vgl. Kap. 3)	Nach *Zimmerli* (vgl. Kap. 2)
1. Historisierendes Element (V. 3)	
2. Gliederungsformel (V. 4)	
3. Präexistente Berufung (V. 5)	a. Einleitungswort
	b. Erneuerungswort
4. Einwand des Jeremia (V. 6)	c. Einwand des Berufenen (ich bin zu jung)
5. Befehl und Zuspruch Gottes (V. 7–8)	d. Zurückweisung des Einwands
	e. Beistandserklärung
6. Zeichenhandlung und Konkretion (V. 9)	f. Zeichenhandlung
7. Auftrag (V. 10)	g. Sendung

Die erarbeitete Zusammenstellung der Berufungserzählung des Jeremia stimmt mit dem «wortgeprägten» Berufungsmodell nach *Zimmerli* in groben Zügen überein. *Zimmerli* stellt das Wort ins Zentrum, Autorin und Autor des vorliegenden Beitrages interessiert mehr der Berufungsprozess selbst. Daher ergeben sich andere Schwerpunkte. So wird bei der vorliegenden Darstellung die Rede Gottes im Begriff der «präexistenten Berufung» zusammengefasst; *Zimmerli* hingegen unterscheidet verschiedene Aspekte des Wortes Gottes. Ebenso verhält es sich beim Befehl und Zuspruch Gottes.

4. Elemente der Berufungserzählung des Jesaja

4.1. Biblischer Text: Jes 6,1–13[28]

1Im Todesjahr des Königs Usiah sah ich Adonai sitzend auf einem
hohen und erhabenen Thron und seine Säume [waren] füllend
den Tempel.
2Seraphim [waren] stehend oberhalb von ihm, je sechs Flügel und
sechs Flügel für einen. Mit zweien bedeckte er sein Gesicht und
mit zweien bedeckte er seine Füße und mit zweien flog er.
3Und es wird rufen dieser zu diesem und er wird sagen: «Heilig,
heilig, heilig, JHWH Zebaoth, voll [ist] die ganze Erde [von]
seiner Schwere».
4Und es bebten die Türpfosten der Schwellen von der Stimme
seines Rufens und das Haus wurde erfüllt [mit] Rauch.
5Und ich sagte: «Oh mir, denn ich bin verloren, denn ein Mann
unreiner Lippen [bin] ich und inmitten eines Volkes unreiner
Lippen [bin] ich sitzend, denn den König JHWH Zebaoth sahen
meine Augen».
6Und es flog zu mir einer von den Seraphim und in seiner Hand
[hatte er] eine glühende Kohle. Mit der Zange hat er sie vom
Altar genommen.
7Und er ließ berühren meinen Mund und er sagte: «Siehe, dieses
hat berührt deine Lippen, und es ist gewichen dein Vergehen und
deine Sünde wurde bedeckt».
8Und ich hörte die Stimme Adonais sagend: «Wen sende ich und
wer geht für mich?», und ich sagte: «Siehe ich, sende mich!»
9Und er sprach: «Geh, und du wirst sagen zu diesem Volk: ‹Hört
hören und ihr versteht nicht und seht sehen und ihr wisst nicht›.
10Verfette das Herz dieses Volkes und seine Ohren mache schwer
und seine Augen verklebe, damit es nicht sieht mit seinen Augen
und mit seinen Ohren hört und sein Herz nicht versteht und es
umkehren wird und heil wird für ihn».
11Und ich sagte: «Bis wann, Adonai?» Und er sagte: «Bis dass
wenn die Städte öde daliegen von nichts bewohnt und die Häuser
von niemand und das Land verwüstet ist, eine Öde.

[12]Und es wird entfernen JHWH den Menschen und es wird groß sein die Verlassenheit in der Mitte des Landes.
[13]Und [ist] noch in ihm ein Zehntel und er wird zurückkehren und er wird sein zu verbrennen wie eine Terebinthe oder wie eine Eiche, die beim Fällen ein Stumpf [bleibt], in ihnen ein heiliger Same, sein Stumpf».

4.2. Exegetische Erläuterungen

Jes 6,1–9,6 ist die sogenannte jesajanische Denkschrift, die mit der Berufungserzählung – oder besser ausgedrückt der Beauftragung[29] – des Propheten Jesaja (Jes 6,1–13) beginnt. Über die Abgrenzung dieses Textes ist keine Diskussion nötig, da formal und inhaltlich sowohl Jes 6,1 als auch Jes 7,1 einen Neubeginn darstellen.

Die Verse 1–4 sind eine Art Vorbemerkung. In V. 1a setzt der Autor den Text in einen historischen Kontext. Dieser stellt wie bei Jeremia eine Krisenzeit dar. Judäa wird von mehreren Seiten bedrängt. Anschließend wird in den Versen 1b–4 in einer Vision der «Schauplatz bereitet». Jesaja befindet sich in einem Haus mit vielen seltsamen Wesen, gefüllt mit Rauch. Von der Beschreibung her könnte es sich um den Jerusalemer Tempel handeln, wobei nicht direkt auf diesen verwiesen wird. Von der Vision angesprochen, meldet sich Jesaja mit einem sehr emotionalen Einwand zu Wort (V. 5). Jesajas Problem ist, dass er Gott geschaut hat. Obwohl er in einer solchen Situation hätte sterben müssen (vgl. Ex 33,20), bleibt er am Leben. Außerdem wird Jesaja bewusst, dass er unreine Lippen hat und inmitten eines Volkes mit unreinen Lippen lebt. Nicht geklärt wird, was die Unreinheit beinhaltet. Ist es eine ethische oder eine materielle Unreinheit? Klar wird nur, dass nicht die ganze Person oder das ganze Volk unrein ist, sondern nur die Lippen, ein Teil des Körpers, genauer gesagt das Sprechorgan. Sprache bedeutet Kommunikation. Wenn nun die Lippen unrein sind, weist das auf eine gestörte Kommunikation hin[30]. Dann kann Jesaja auch nicht verkündigen, was für seine Beauftragung als Prophet eine wichtige Eigenschaft wäre. Er selber kann an dieser Situation nichts ändern, jedoch wird in einem Zeichen an ihm gehandelt. Mit glühenden Kohlen werden seine Lippen gereinigt. Das bewirkt, dass er fähig wird zu sprechen und zu verkündigen.

In V. 8 hört Jesaja das erste Mal Gott reden. Dieser stellt die wohl eher rhetorische Frage in den Raum, wen er für einen außergewöhnlichen Auftrag senden darf. Jesaja vernimmt die Anfrage und reagiert darauf, indem er sich freiwillig meldet. Ob sich noch jemand anderes in diesem raucherfüllten Haus befand, weiß man nicht. Jedenfalls wird niemand anderes erwähnt, außer den Seraphen, die zur göttlichen Sphäre gehören. Gemessen an der Realität geht hier alles sehr schnell und wirkt surrealistisch. Meistens ist es nötig, dass auf einen Anruf Gottes erst eine längere Phase des inneren Wachstums und der Läuterung folgt, bevor der oder die Angerufene eine zustimmende Antwort geben kann.

Auf die Bereitschaftserklärung Jesajas folgt in den Versen 9–10 unmittelbar der Auftrag Gottes. Er soll verkündigen und gleichzeitig dafür sorgen, dass das Verkündigte nicht aufgenommen wird. Im Prinzip soll er die Kommunikation zwischen Volk und Gott verhindern. Das entspricht der Umkehrung dessen, was man als Auftrag eines Propheten erwarten würde[31]. An dieser Stelle stellt sich die problematische Frage nach der sogenannten «Verstockung», d. h. warum Gott will, dass das Volk zu keiner Einsicht gelangt. Auf diese schwierige Frage gibt es verschiedene Ansätze von Antworten[32]. Da sie für das Thema dieses Beitrages keine wesentliche Erkenntnis liefert, wird darauf nicht weiter eingegangen.

Eingeleitet durch eine Frage des Propheten enthält der Auftrag in den Versen 11–13 eine Konkretisierung. Die Störung der Kommunikation zwischen Volk und Gott wird in der totalen Zerstörung des Landes enden. Die Geschichte Gottes mit seinem Volk geht jedoch weiter in V. 13. Nach dem Unheil folgt das Heil. Wie nach einem Waldbrand, bei dem aus den in den Boden gefallenen Samen neues Leben sprießt, so entsteht aus dem kleinen heiligen Teil des Volkes, der übrig bleibt, etwas Neues.

Folgendem Formular folgt die Berufungserzählung des Jesaja:

Nach *Fieger / Gächter* (vgl. Kap. 4)	Nach *Zimmerli* (vgl. Kap. 2)
1. Historisierendes Element (V. 1a)	
2. Bereitung des Schauplatzes, Vision (V. 1b–4)	a. Ausführliche Visionsschilderung
3. Einwand des Jesaja (V. 5)	b. Schreckensruf Jesajas
4. Zeichenhandlung und Reinigung (V. 6–7)	c. Reinigungsritus
5. Anfrage Gottes, Audition (V. 8a)	d. Beratung JHWHs
6. Bereitschaftserklärung des Propheten (V. 8b)	e. Freiwillige Bereitschaftserklärung
7. Ausführlicher Auftrag (V. 9–13)	f. Sendung mit Sendungsauftrag

Bei Jesaja stimmt das hier erarbeitete Formular bis auf die Verwendung von unterschiedlichen Ausdrücken mit dem «visionär-apokalyptischen» Berufungsmodell von *Zimmerli* überein. Es fällt auf, dass *Zimmerli* weder bei Jeremia noch bei Jesaja das historisierende Element speziell erwähnt. Grund dafür wird sein, dass es ihn für seine Arbeit nicht interessiert hat – schließlich schrieb er keinen Beitrag über Berufungen, sondern eine Einleitung zu seinem Ezechielkommentar.

5. Gegenüberstellung der beiden Berufungserzählungen

Vergleicht man die beiden Berufungserzählungen von Jeremia und Jesaja ergibt sich folgende Gegenüberstellung:

Jeremia	Jesaja
1. Historisierendes Element (V. 3)	1. Historisierendes Element (V. 1a)
2. Gliederungsformel (V. 4)	2. Bereitung des Schauplatzes, Vision (V. 1b–4)
3. Präexistente Berufung (V. 5)	3. Einwand des Jesaja (V. 5)
4. Einwand des Jeremia (V. 6)	4. Zeichenhandlung und Reinigung (V. 6–7)
5. Befehl und Zuspruch Gottes (V. 7–8)	5. Anfrage Gottes, Audition (V. 8a)
6. Zeichenhandlung und Konkretion (V. 9)	6. Bereitschaftserklärung des Propheten (V. 8b)
7. Auftrag (V. 10)	7. Ausführlicher Auftrag (V. 9–13)

5.1. Gemeinsamkeiten

5.1.1. Historisierendes Element

Sowohl Jeremia als auch Jesaja stellen ihre Berufungserzählung in einen konkreten historischen Kontext. Beide führen Könige auf, die in einer bestimmten Zeit gelebt haben. Die Historisierung stellt in den Texten ein stilistisches Mittel dar, jedoch gehört sie essentiell zu jeder Berufung dazu. Eine Berufung kann nicht im luftleeren Raum stehen. Gott beruft Menschen in eine bestimmte Aufgabe in einer konkreten Situation.

5.1.2. Heiligkeit

Beide Propheten geraten in den Machtbereich des Heiligen. Jeremia wird bereits vor seiner Zeugung ausgesondert oder geheiligt, Jesaja gerät in einen heiligen Raum und sieht Gott. Während zwar die Berufungserzählung Jesajas dessen Berührung mit dem Heiligen sehr emotional und bildhaft ausschmückt, die «Heiligung» Jeremias hingegen in einem einzigen Wort beschrieben wird, kommt trotzdem zum Ausdruck, dass beide Propheten auf irgendeine Weise von Gott auserwählt und ausgesondert werden. Heißt das, dass Berufung nur geweihtes Leben betrifft? In der Einleitung zu diesem Beitrag wurde ein offenerer Berufungsbegriff angesetzt. Dies hat seine Berechtigung, weil nach christlichem Verständnis jeder Mensch durch die Taufe in gewisser Weise ausgesondert ist (vgl. CV 267).

5.1.3. Einwand

Entscheidend für die Berufungserzählung beider Propheten ist, dass diese sich gegen das, was von Gott an sie herangetragen wird, wehren. Auf die Ankündigung Gottes, Jeremia zum Propheten für die Fremdvölker gemacht zu haben, antwortet Jeremia mit dem Einwand, noch zu jung dafür zu sein. Dabei stellt sich die Frage, ob jemand für eine Berufung zu jung sein kann. Schaut man auf die Reaktion Gottes auf Jeremias Einwand, scheint es kein «zu jung» zu geben[33]. Für Gott ist ein jugendliches Alter kein Hinderungsgrund für eine Berufung.

Jesaja hat sogar schon vor der Anfrage Gottes einen Einwand, nachdem er ihn gesehen hat und so in seine Sphäre hineingenommen wurde. Der Einwand stammt aus der Angst, sterben zu müssen, weil er Gott gesehen hat, obwohl durch die Ungleichheit zwischen Gott und Mensch die Kommunikation gestört ist. Bei jungen Menschen, die auf der Suche nach ihrer Berufung auf keinen grünen Zweig kommen, scheint die Kommunikation zwischen ihnen und Gott auch gestört zu sein. In diesen Fällen liegt es jedoch meist daran, dass neben der Ungleichheit noch andere Hindernisse aus der Lebensgeschichte oder dem Umfeld im Wege stehen, die zuerst geklärt und ausgeräumt werden müssen. Wie das Problem der Ungleichheit zwischen Gott und Mensch geklärt werden kann, darf man wie Jesaja Gott überlassen, die Bearbeitung der anderen Hindernisse muss der junge Mensch selbst in die Hand nehmen. Jedoch auch hier kann er auf Gottes Hilfe vertrauen.

Genauer gesagt ist für die Reaktion beider Propheten das Wort «Einwand» zu schwach. Bei beiden wird dieser «Einwand» mit einem Ausruf verbunden, der auf sehr starke Emotionen hinweist. Es ist mehr als verständlich, dass bei jemandem, der in eine solche Begegnung mit dem «Heiligen» gerät, die Emotionen durchgehen. So kommt es bei jungen Menschen häufig vor, dass sich zuerst, wenn sie den Ruf Gottes vernehmen, Widerstand einstellt.

5.1.4. Zeichenhandlung

Auf den Einwand antwortet Gott bei beiden Propheten mit einer Zeichenhandlung. Ein wesentliches Element der Zeichenhandlung bei beiden Propheten ist die Berührung des Mundes bzw. der Lippen. Im Gegensatz zu Jeremia wird die Zeichenhandlung bei Jesaja stark dramatisiert, indem der Seraph mit einem Stück Kohle seinen Mund berührt, eine wohl schmerzhafte Prozedur. Bei

Jeremia deutet Gott die Zeichenhandlung noch aus durch die Worte: «Siehe, ich gebe meine Worte in deinen Mund». Solch explizite Zeichenhandlungen von der Seite Gottes kommen wohl in heutigen Berufungen selten vor. Sie sind auch bei Jeremia und Jesaja eher als ein literarisches Mittel zu verstehen, etwas Unaussprechliches in Bildern darzustellen. Ein Zeichen Gottes muss aber nicht fehlen, sondern kann subtiler erfolgen. Vielleicht ist es auch nur ein Wissen, dass in der je eigenen Berufung Gott mit der berufenen Person ist.

Interessanterweise wird die Zeichenhandlung bei beiden Propheten am Mund vollzogen. Es geht um die Verkündigung, was bei einer Prophetenberufung auch kein Wunder ist. Allgemein auf Berufungen bezogen kann man daraus folgern, dass ein Zeichen immer mit dem Inhalt der Berufung zu tun hat.

Bei beiden Berufungserzählungen kommt durch die Zeichenhandlung zum Ausdruck, dass Gott ergänzt, was den Propheten noch fehlt: Bei Jeremia ist es die Reife, bei Jesaja die Reinheit. Von den jungen Menschen auf Berufungssuche ist wohl keiner perfekt, aber das ist für Gott kein Grund, diesen Menschen nicht zu berufen. Er kann ergänzen, was diesem zu seinem Auftrag noch fehlt.

5.1.5. Direkte Anrede

Auffallend ist, dass bei den Berufungserzählungen beider Propheten Gott diese in einer direkten Rede anspricht. In der heutigen Wirklichkeit geschieht es äußerst selten, dass jemand die direkte Stimme Gottes vernimmt – und sollte dies der Fall sein, ist das genau zu prüfen. Gott spricht auf subtilere Weise, aber er spricht Menschen an. Um die Stimme Gottes im Alltag zu vernehmen, braucht es jedoch eine große Achtsamkeit. Nur zu schnell kann ein junger Mensch sie überhören[34].

5.1.6. Auftrag

Beide Berufungserzählungen enden mit einem klaren Auftrag, der bei beiden eine Ähnlichkeit aufweist: Es geht um Unheil und

Heil. Sowohl Jeremia als auch Jesaja stehen in einer Krisenzeit. Solche Krisen sind zu deuten und die biblischen Schriftsteller deuten sie als Folge der Sünde, des Abfalls von Gott. In diese Situation hinein werden beide Propheten beauftragt, Unheil zu verkünden, jedoch mit einer Zukunftsperspektive auf Heil. Heute kennen wir andere Erklärungsmodelle für Krisenzeiten und eine Berufung wird auch nicht auf die Verkündigung von Unheil ausgelegt sein – geht es in den biblischen Texten ja auch um spezifische Prophetenberufungen, im Gesamt des Beitrags stehen jedoch Berufungen im Allgemeinen im Fokus. Eine Verbindung zu den vorliegenden Berufungserzählungen könnte sein, dass jede Berufung in eine konkrete Situation der Gesellschaft gestellt ist und auf eine je eigene Art und Weise eine Antwort oder Anregung auf deren Herausforderungen gibt. Gott beruft Menschen für einen bestimmten Dienst und die Berufungserzählung des Jeremia betont sogar, dass es bei diesem Dienst nicht einmal nur um das eigene Volk geht, sondern es ein Dienst für alle ist.

5.2. Unterschiede und Eigenheiten

5.2.1. Bereitung des Schauplatzes

Nur bei Jesaja wird ausführlich beschrieben, wo er sich befindet, nämlich in einem Haus, das mit Rauch gefüllt ist, vermutlich dem Jerusalemer Tempel. Auf eine Vision folgt eine Audition. Die gesamte Beschreibung regt die Phantasie des Lesers oder der Leserin mit allen Sinnen an. Bei Jeremia erfahren Leserin und Leser nichts über den Ort des Geschehens. Die Berufungserzählung erscheint keineswegs sinnenhaft. Für junge Menschen ist eine emotionale Stimmung in religiösen Vollzügen außerordentlich wichtig. Davon zeugen Anlässe wie Weltjugendtage, Adorayabende, Taizégebete und Pontifikalämter. Daher können sie sich vom Typ der Berufungserzählung des Jesaja eher angesprochen fühlen. Jedoch kann Berufung auch auf eine trockene Art wie bei derjenigen des Jeremia geschehen. Berufung ist nicht planbar.

5.2.2. Präexistente Berufung

Jeremia scheint bezüglich seiner Berufung nichts zu sagen zu haben. Gott beruft ihn bereits vor seiner Zeugung und bestimmt über ihn. Ganz anders verhält es sich bei Jesaja. Er scheint seinen Auftrag selbständig zu wählen, nachdem Gott jemanden sucht, der für ihn geht. Jedoch wird er vorher von Gott befähigt, dieses Ja überhaupt zu sprechen. Außerdem stellt sich die Frage, ob es im Raum, in dem sich Jesaja befand, noch andere Menschen gegeben hatte, die sich ebenfalls zur Verfügung hätten stellen können. Das bleibt im Text offen. Bei beiden Berufungserzählungen geht die Initiative zwar von Gott aus, bei Jeremia erscheint Gott aber sehr autoritär. Er lässt keine Freiheit zu. Es gibt keine Widerrede. Jesaja scheint freier zu sein. Gott bevormundet ihn nicht. Er lässt Jesaja selbst die Wahl treffen, auch wenn er sie vielleicht schon für ihn getroffen hat und alles tut, dass dieser letztlich der Anfrage zusagen wird. Das ist die Pädagogik Gottes. Der Ton macht die Musik. Bei Berufungen wird man wohl eher das «Modell Jesaja» antreffen. Gerade bei jungen Menschen findet man hingegen öfters die Vorstellung oder den Wunsch, Gott möge doch seinen Willen klar kundtun, am besten schriftlich.

6. Verschiedene Aspekte eines Berufungsweges

Nachdem im vorliegenden Beitrag Vorschläge für Berufungsformulare analysiert und die Berufungserzählungen von Jeremia und Jesaja exegetisch untersucht und miteinander verglichen wurden, stellt sich nun die Frage nach den Folgerungen für die Berufungspastoral bei jungen Menschen. Diese werden im folgenden erläutert.

Berufung steht immer in einem historischen Kontext. Es geht um ein konkretes Leben, das in einer konkreten Zeit mit all ihren Freuden und Problemen steht. Somit geht es bei einer Berufung auch um einen Dienst an den Menschen und an der Gesellschaft. Dieser Dienst gestaltet sich je nach Berufung verschieden und steht nicht gegen die Selbstverwirklichung eines berufenen Menschen, ist für diesen keine Last. Jedoch erschöpft sich die Berufung auch nicht in einer Nabelschau, sondern führt einen Menschen von sich weg auf den Anderen hin. Letztlich geht es bei der Berufung nicht darum, zu fragen, wer ich bin, sondern wozu ich bin (vgl. CV 286).

Berufung betrifft dabei nicht nur geweihtes Leben. Jeder Christ ist durch die Taufe geheiligt und ausgesondert worden. Diese Aussonderung entfaltet sich dann in den verschiedenen Berufungen wie Ehe, Weihe oder Ordensprofess und noch konkreter in einer bestimmten Aufgabe innerhalb dieser Berufung[35].

Weiter ist die Berufung eine direkte Anrede Gottes. Die Initiative ergreift Gott und nicht der Mensch (vgl. CV 256). Meist kommuniziert Gott aber durch kleine Zeichen, wobei diese Zeichen von berufenen Menschen als solche erkannt und gedeutet werden müssen. Gerade bei jungen Menschen spielen in diesem Zusammenhang auch Gefühle eine wichtige Rolle, wobei sich hier das Problem stellt, dass Gefühle allein noch kein Zeichen von Berufung sind. Berufung zeigt sich durch verschiedene Elemente. *Josef Maureder SJ* spricht z. B. vom «dreifachen Klang der Stimme Gottes». Ein erster Klang der Stimme Gottes ist die persönliche Natur. Was sind die Fähigkeiten eines Menschen, was liegt ihm besonders gut? Ebenso wichtig ist aber auch seine Sehnsucht und wohin ihn sein Herz zieht. Neben den zwei Aspekten der Stimme Gottes, die eher im Menschen zu verorten sind, steht der dritte ihm selbst gegenüber. Was wird von außen an ihn herangetragen? Vielleicht versteht ein Mensch mehr über seine Berufung durch ein äußeres Ereignis, das ihn bewegt. Oder es kann sogar so weit kommen, dass äußere Umstände ihn daran hindern, eine Idee weiterzuverfolgen. Eine wirkliche Berufung zeigt sich, wenn alle drei Bereiche miteinander in Einklang stehen[36].

Nur Jeremia bringt den Einwand, dass er für die Berufung, die Gott an ihn heranträgt, zu jung sei. Wir wissen nicht, wie jung Jeremia zu dieser Zeit wirklich war, jedenfalls fühlt er sich noch zu unreif für seine Berufung zum Propheten. Bei Jesaja bleibt das

Alter offen. Gott lässt das Argument Jeremias nicht gelten. Wenn Gott beruft, kann es kein «zu jung» geben. Manche Menschen spüren schon sehr früh ihre Berufung und bewahren sie in ihrem Herzen bis die Zeit reif ist, auch eine konkrete Antwort darauf zu geben.

Ein Berufungsweg ist kein geradliniger Weg. Sogar in der Person selbst regt sich meist auf einen Anruf Gottes als erstes Widerstand. Eine wirkliche Berufung wächst langsam und wird immer deutlicher. Bisweilen kommt es auch vor, dass das Vorwärtsgehen auf diesem Weg ins Stocken gerät. Prägungen aus der eigenen Lebensgeschichte, das Umfeld, in dem sich der suchende Mensch befindet, oder andere Dinge können sich als Hindernisse in den Berufungsweg stellen. Diese gilt es auszuräumen und zu bearbeiten. Oder es kann geschehen, dass eine Berufung sich in eine Richtung entwickelt, wie sie sich ein junger Mensch nie hätte vorstellen können. Dabei ist zu beachten, dass Gott mit einem Menschen zwar ganz eigene Wege gehen kann, der Mensch jedoch die Offenheit mitbringen muss, diese Wege mitzugehen. Das zeigt sich darin, dass er wie Jesaja eine Wahl für diesen Weg trifft. Sowohl bei der Berufungserzählung des Jeremia als auch bei derjeinigen des Jesaja kommt zum Ausdruck, dass Gott den Menschen auf seinem Weg begleitet. Dabei handelt es sich nicht nur um ein abstraktes Wissen um das Mitgehen Gottes, sondern um konkrete Zeichen und Zusagen.

Jeremias Berufungserzählung evoziert ein Bild von Gott, der noch vor der Zeugung eines Menschen einen ganz klaren Plan über dessen Aufgabe und Leben hat. Der Mensch hätte dann nur noch diesen Plan zu entdecken und zu erfüllen, Pech für all diejenigen, denen das nicht gelingt. So geht Gott jedoch nicht mit der Freiheit der Menschen um. Vielmehr geht Gott mit dem Menschen seinen Weg, lässt ihn seine Entscheidungen fällen und begleitet ihn[37]. Es geht um eine «Einladung zur Teilnahme an einer Liebesgeschichte, die sich mit unseren Geschichten verknüpft» (CV 252). Präexistente Berufung heißt dann, dass Gott den Menschen schon geliebt hat, bevor dieser überhaupt gezeugt wurde, und ihn so ausersehen hat, seinen ganz eigenen Auftrag in dieser

Welt zu erfüllen. Dieser Auftrag aber steht noch nicht im Detail fest.

Eine Berufung steht nie in einem luftleeren Raum. Sie ist eine konkrete Ausfaltung der Aufgabe eines Menschen in dieser Welt. So hat die spezielle Berufung eines Menschen mit seiner persönlichen Lebensgeschichte, aber auch mit den Umständen, in die er oder sie hineingestellt ist, den Fragen des Umfeldes und den Nöten der Mitmenschen zu tun (vgl. CV 258; 285). Ein Auftrag kann auch sein, den Glauben an Jesus Christus in der Welt zu bezeugen und zu verkünden. Dies kann genauso unangenehm sein wie der Auftrag, den Jeremia und Jesaja empfingen (vgl. CV 177f).

Wie *Zimmerli*[38] bereits herausgearbeitet hat, sind die Berufungserzählungen des Alten Testaments nicht in einem einzigen Formular unterzubringen. Schon die Berufungen Jeremias und Jesajas erfordern zwei Formulartypen («wortgeprägtes» und «visionär-apokalyptisches» Modell). Im Prinzip ist jede Berufung einmalig, und um dem jeweiligen Berufungsweg gerecht zu werden, müsste man für jeden Einzelnen ein eigenes «Formular» erstellen. Dennoch lassen sich Gemeinsamkeiten feststellen, die Teil einer jeden Berufung sind und die auch jungen Menschen eine Hilfestellung geben können, ihren Berufungsweg zu entdecken.

Anmerkungen

1 Vgl. *Rudolf Kilian*: Die prophetischen Berufungsberichte, in: *ders.*: Studien zu alttestamentlichen Texten und Situationen, hrsg. von *Wolfgang Werner / Jürgen Werlitz* (SBAB 28), Stuttgart 1999, 53–76, hier 53f.

2 Vgl. ebd. 55f.

3 Eine übersichtliche Zusammenfassung zum vorprophetischen Berufungsschema von *Kutsch* bietet *Kilian*: Berufungsberichte (Anm. 1) 56.

4 *Walther Zimmerli*: Ezechiel, 1. Teilband: Ezechiel 1–24 (BK 13,1), Neukirchen-Vluyn [2]1979.

5 Ebd. 16f. Die Auflistung stammt aus *Kilian*: Berufungsberichte (Anm. 1) 57.

6 Vgl. *Zimmerli*: Ezechiel 1 (Anm. 4) 20.

7 *Kilian*: Berufungsberichte (Anm. 1) 61.

8 Vgl. ebd. 63–72.

9 Übersetzung von *Sr. M. Manuela Gächter* und *Michael Fieger*.

10 Vgl. z. B. *Zimmerli*: Ezechiel 1 (Anm. 4) 16; *John A. Thompson*: The Book of Jeremiah (NICOT), Grand Rapids, Mich. 1980, 139–143; *Josef G. Plöger*: Zum Propheten berufen. Jer 1,4–10 in Auslegung und Verkündigung, in: Dynamik im Wort. Lehre von der Bibel, Leben aus der Bibel. FS aus Anlass des 50jährigen Bestehens des Katholischen Bibelwerks in Deutschland (1933–1983), hrsg. vom Katholischen Bibelwerk e. V., Stuttgart 1983, 103–118, hier 103f; *Siegfried Herrmann*: Jeremia, Teil 1 (BK 12,1), Neukirchen-Vluyn 1986, 4–8. 23; *William McKane*: A Critical and Exegetical Commentary of Jeremiah 1: Introduction and Commentary on Jeremiah 1–25 (ICC [24,1]), Edinburgh 1986, 1–6; *Robert P. Carroll*: Jeremiah. A Commentary (OTL), London 1986, 89–93; *Gunther Wanke*: Jeremias Berufung (Jer 1,4–10). Exegetisch-theologische Überlegungen zum Verhältnis von individueller Äußerung und geprägtem Gut anhand eines Einzeltextes, in: *Jutta Hausmann / Hans-Jürgen Zobel* (Hrsg.): Alttestamentlicher Glaube und Biblische Theologie. FS für Horst Dietrich Preuss zum 65. Geburtstag, Stuttgart / Berlin / Köln 1992, 132–144, hier 134f; *Werner H. Schmidt*: Jeremias Berufung. Aspekte der Erzählung Jer 1,4–9 und offene Fragen der Auslegung, in: *ders.*: Vielfalt und Einheit alttestamentlichen Glaubens, Band 2: Psalmen und Weisheit, Theologische Anthropologie und Jeremia, Theologie des Alten Testaments, hrsg. von *Axel Graupner / Holger Delkurt / Alexander B. Ernst*, Neukirchen-Vluyn 1995, 112–127, hier 112f; *Gunther Wanke*: Jeremia, Teilband 1: Jeremia 1,1–25,14 (ZBK.AT 20,1), Zürich 1995, 27; *Jack R. Lundbom*: Jeremiah 1–20. A New Translation with Introduction and Commentary (AncB 21A), New York 1999, 221–226; *Georg Fischer*: Jeremia 1–25 (HThKAT), Freiburg i. Br. / Basel / Wien 2005, 127. 133; *Leslie C. Allen*: Jeremiah. A Commentary, Louisville, Ky 2008, 21–23.

11 «Überschrift» (*Herrmann*, *Wanke*), «Incipit» (*Fischer*), «Prologue» (*Carroll*), «Superscription» (*Allen*, *Lundbom*, *McKane*, *Thompson*).

12 Vgl. *Herrmann*: Jeremia (Anm. 10) 23; *Fischer*: Jeremia (Anm. 10) 127.

13 *Fischer*: Jeremia (Anm. 10) 132.

14 Vgl. *Herrmann*: Jeremia (Anm. 10) 5f: «Aber andererseits muss zugegeben werden, dass diese längste Überschrift über einem Prophetenbuch des Alten Testaments, wie sie Jer 1,1–3 bietet, stilistisch und sachlich so eigenartig

komponiert ist, Formelhaftes und Singuläres so dicht beieinanderstehen, dass nicht nur verschiedene Hände, sondern auch verschiedene Interessen daran beteiligt zu denken sind». Die in englischer Sprache verfassten Kommentare übernehmen diese Gliederung ohne weitere Begründung.

15 Vgl. ebd. 23.

16 Vgl. ebd. 4.

17 Vgl. ebd. 43.

18 Vgl. ebd.; *Fischer*: Jeremia (Anm. 10) 137f.

19 *Wilhelm Gesenius / Rudolf Meyer / Herbert Donner*: Hebräisches und Aramäisches Handwörterbuch über das Alte Testament, Berlin [18]2013, 1151.

20 Vgl. *Herrmann*: Jeremia (Anm. 10) 58.

21 Vgl. *Fischer*: Jeremia (Anm. 10) 134.

22 Vgl. *Herrmann*: Jeremia (Anm. 10) 58–61 (hier findet sich auch eine ausführliche Diskussion zum Verständnis des Lexems *goʷy*); *Fischer*: Jeremia (Anm. 10) 134.

23 Vgl. *Gesenius*: Handwörterbuch (Anm. 19) 827f.

24 Vgl. auch *Herrmann*: Jeremia (Anm. 10) 61f; *Fischer*: Jeremia (Anm. 10) 135.

25 Vgl. *Herrmann*: Jeremia (Anm. 10) 66f.

26 Vgl. ebd. 68.

27 Vgl. *Fischer*: Jeremia (Anm. 10) 137.

28 Übersetzung von *Sr. M. Manuela Gächter* und *Michael Fieger*.

29 Da es sich, wie sich im Folgenden herausstellen wird, bei Jesaja nicht wirklich um eine Berufungserzählung handelt, sondern um einen Auftrag, bevorzugen Autorin und Autor dieses Beitrags hier den Begriff «Beauftragung».

30 Vgl. *Franz D. Hubmann*: Der Bote des Heiligen Gottes. Jesaja 6,1–13 im Kontext von Berufung, in: ThPQ 135 (1987) 328–339, hier 334.

31 Vgl. ebd. 335.

32 Vgl. z. B. ebd. 335f oder *Willem A. M. Beuken*: Jesaja 1–12, unter Mitwirkung von *Ulrich Berges* (HThKAT), Freiburg i. Br. / Basel / Wien 2003, 146f.

33 Jedoch erfahren junge Menschen immer wieder, dass sie als «zu jung» gelten, um eine Aufgabe in der Kirche zu übernehmen (vgl. VS, Kapitel 7, zweitletzter Abschnitt).

34 Vgl. *Josef Maureder SJ*: Wir kommen, wohin wir schauen. Berufung leben heute, Innsbruck / Wien [4]2007, 20.

35 Das nachsynodale Schreiben «Christus vivit» nennt die Berufung zur Ehe sogar vor der Berufung zu einer besonderen Weihe; vgl. ebd. 259–282.

36 Vgl. *Maureder*: Wir kommen (Anm. 33) 34. 45–47.

37 Vgl. ebd. 18f. 30. 57f.

38 Vgl. *Zimmerli*: Ezechiel 1 (Anm. 4) 20.

HILDEGARD SCHERER

SCHÖN IST DIE JUGEND?

JUNGSEIN IN NEUTESTAMENTLICHER SICHT

«Unbemerkt verrinnt und vergeht die flüchtige Zeit ...»: Der römische Dichter *Ovid*[1] formuliert eine bis heute gültige Lebenserfahrung: Das Leben zeigt sich als ein Prozess, der die Zeit hinter sich lässt. Diesen Strom des Lebens zu deuten und zu zäsurieren hat auch die Antike versucht, indem sie die – doch nicht ganz unmerklichen – physischen und psychischen Entwicklungen des Lebenslaufs auswertete. Dabei kommt auch das «junge» Lebensalter in den Blick, in dem die Kindheit zurückliegt, die «erwachsene» Zeit jedoch erst beginnt.

Die Schriften des Neuen Testaments, die in der griechisch-römisch und biblisch-jüdisch grundierten Umgebung entstehen, zeigen kaum Interesse an einer Zäsurierung des Lebenslaufs oder einer «Jugendphase» im Speziellen. Spekulationen über Siebener- oder Zehnerzyklen des Lebensalters[2], längere Charakterisierungen oder gar Rites de passage[3] sucht man darin vergeblich. Die wenigen, teils beiläufigen Informationen lassen jedoch vorsichtige Rückschlüsse zu, insbesondere auf die Bewertungen einer «jungen» Lebensphase, die im Folgenden modellhaft erarbeitet werden. Dies erlaubt am Schluss einen Ausblick auf die Beschreibung der Jugendphase im Apostolischen Schreiben «Christus vivit» (CV) von *Papst Franziskus* im Nachgang der römischen Jugendsynode 2018.

1. Die Lebensphase «Jugend» und ihre Bewertung: Modelle

Wer sich auf die Suche nach der Lebensphase «Jugend» in der griechisch-römischen und biblisch-jüdischen Antike begibt, scheint im Nebel zu stochern. Feste Terminologien fehlen – es ist sogar umstritten, ob man damit nicht eine moderne Vorstellung in die Antike trägt[4]. Im Folgenden halte ich mich an die Definition von *Emiel Eyben*, die er seinen detaillierten Darstellungen im RAC zugrunde legt: «Unter J[ugend]. versteht man heute wie in der Antike die Altersstufe zwischen dem physischen Erwachsensein, d. h. dem Eintreten der Pubertät, u[nd]. dem ‹wirklichen›, d. h. gesellschaftlichen u[nd]. psychischen, Erwachsensein»[5]. *Eyben* gibt als kulturell nachvollziehbaren Zeitraum das 15.–30. Lebensjahr an, räumt jedoch ein, die Phase sei «sozial bedingt»[6].

Umfang wie Bewertung einer Lebensphase «Jugend» sind in der Umwelt des NT also kulturell und kontextuell geprägt. Die folgenden knappen Beispiele sollen entsprechende Differenzen veranschaulichen[7]; anschließend sind die neutestamentlichen Hinweise auf eine «Jugendphase» im Bewusstsein dieser Prägungen zu sondieren.

1.1. «Jugend» als Lebensphase – eine orientierende Skizze

Wenn die Lebensphase «Jugend» zu bestimmen ist, so stellt sich die Frage, was sie von der Kindheit und dem – schwerer zu bestimmenden – folgenden Altersabschnitt abgrenzt. Dabei sind körperliche Phänomene, Rites de passage und rechtliche Bestimmungen ausschlaggebend. Zudem sind altersspezifische Tätigkeiten in den Blick zu nehmen.

Die griechisch-römische Kultur kennt Rites de passage, welche die Grenze zur Kindheit ungefähr mit dem physischen Beginn der Pubertät[8] ziehen. Bei männlichen Bürgern im römischen Bereich – so die soziale Einschränkung – ist dies z. B. das Anlegen der weißen *toga virilis*, mit dem erste öffentliche Pflichten und Rechte beansprucht wurden[9]. Im griechischen Bereich opfern z. B. vermutlich die 16-Jährigen den Göttern Haare und werden dabei in die Phratrienlisten aufgenommen[10]. Während hier das Alter konventionalisiert ist und auf die individuelle Pubertät nicht unmittelbar reagiert, lässt die römische Praxis dem Vater einen Ermessensspielraum, insofern dieser den passenden Zeitpunkt benennt. Die körperlichen Veränderungen werden zur Kenntnis genommen, können jedoch noch eine Weile andauern.

Diese öffentlichen Zäsuren nach der Kindheit lassen bereits Fremde oder Sklaven außer Acht, die keine Toga tragen und auch nicht in Bürgerlisten verzeichnet sind. Auch der Lebenslauf der Frauen wird anders untergliedert. Bei ihnen ist die Menarche bzw. die rechtliche Einschätzung als *virgo* mit zwölf Jahren das Signal, ab dem eine Eheschließung und damit die maßgebliche Zäsur hin zum Erwachsenenalter vorgenommen werden kann[11]. Allerdings können dazwischen auch Jahre der «Jung-Frauen-Zeit» liegen. Diese Zäsur ist im griechischen, römischen und auch biblisch-jüdischen Bereich gleichermaßen bedeutsam; Rites de passage zum Erwachsenwerden gibt es dagegen für Männer im jüdischen Bereich nicht[12].

Neben den körperlichen Phänomenen wird am Ende der Kindheit auch eine kognitive Veränderung in Anschlag gebracht, indem den jungen Menschen der Vernunftgebrauch und die Fähigkeit zur Unterscheidung zwischen Gut und Böse zugeschrieben werden[13]. Damit sind physisch wie psychisch die Grundvoraussetzungen gegeben, die vom Kind unterscheiden und mit dem «Erwachsenen»-Alter verbinden.

1.1.2. Das Ende der Jugend

Der Übergang am Ende der Jugend[14] ist nur bei Frauen mit der Eheschließung deutlich markiert. Bei männlichen Bürgern findet diese in der Regel nicht nur Jahre später im Leben, ca. in den späten Zwanzigern, statt; sie hat auch einen geringeren Stellenwert. Immerhin beginnt auch bei den Männern mit der Familiengründung eine neue Phase der Verantwortung für einen Haushalt[15]. Dazwischen stehen im griechisch-römischen Bereich mehrere Entwicklungsstufen, die vor allem rechtlich relevant sind. Die Altersgrenzen für Ämter und die Rechtsmündigkeit sind gestaffelt bis ca. zum 30. Lebensjahr[16]. Auch im biblisch-jüdischen Bereich sind gestaffelte Zäsuren zu finden. Die Tempelsteuer bzw. der *fiscus iudaicus* wird nach dem 20. Lebensjahr fällig (Ex 20,13f); ebenso beginnt dann die Kriegspflicht (Num 1,3; 14,29)[17]. Der Levitendienst setzt je nach Kontext ein Alter von 20, 25 oder 30 Jahren voraus[18].

Unabhängig vom Alter ist jedoch in den patriarchal und patrilokal strukturierten Kontexten Roms und auch des biblisch-jüdischen Bereichs noch die privatrechtliche Abhängigkeit vom Vater zu nennen, die erst mit dessen Tod – bzw. mit dem Abbruch der Beziehung – endet[19].

1.1.3. Jugendspezifische Tätigkeiten

Die Phase zwischen Kindheit und voller öffentlicher Anerkennung gestaltet sich je nach Stellung und Milieu unterschiedlich. In Bezug auf die Aufgaben wird sich bei den Familien der Nicht-Elite der Übergang in Anbindung an den väterlichen Haushalt sukzessive gestaltet haben, je mehr die Mitarbeit am Familienauskommen möglich war[20].

Ausbildungszeiten während einer Jugendphase oder der Zutritt zu Ämtern ab einem bestimmten Alter ist ohnehin einer entsprechend privilegierten Gruppe vorbehalten[21]. Für die Übrigen begann früh die Arbeit für den Lebensunterhalt, teils in Ausbildung in der Familie oder bei Lehrmeistern, und früh erreichten sie das Leistungsniveau der Älteren[22].

Für andere institutionalisierte in der griechischen Tradition die Polis eine sportliche wie intellektuelle Ausbildung der «Epheben», die auch in öffentlichen Ritualen sichtbar waren[23]. Darüber hinaus konnte bei entsprechenden Ressourcen eine weitere Ausbildung im griechischen Gymnasion[24], in Rhetorik oder Philosophie[25] erworben werden. Die römische Kultur kennt auch freiwillige Zusammenschlüsse der jungen Männer, die z. B. in öffentlichen Ritualen hervortraten[26].

Die Vorstellung von einer Jugendphase ist also in den antiken Diskursen nicht einheitlich, und so fallen auch die damit verbundenen Bewertungen unterschiedlich aus.

1.2. Zuschreibungen und Bewertungen

Die Lebensphase «Jugend», ob exakt zäsuriert oder im Vagen belassen, kann im antiken Diskurs mit stereotypisierenden Zuschreibungen charakterisiert werden. Solche Einteilungen des Lebenslaufs dienen mehr oder weniger deutlich bestimmten Interessen. *Mary Harlow* und *Ray Laurence* legen in ihren Analysen zur Jugend in Rom dabei zugrunde, dass die Konstruktion von Lebensphasen von Älteren vorgenommen wird, um Macht zu sichern; Kinder, Jugendliche und Alte seien dabei noch nicht bzw. nicht mehr auf dem konstruierten Höhepunkt des Lebens[27]. Ein solches Vorgehen setzt voraus, den jungen Menschen gegenüber der nächsten Lebensphase Defizite zuzuweisen[28]. Dies ist jedoch nicht die einzig denkbare Sicht von Jugend: Ebenso könnte eine Jugendphase das Ideal darstellen, dem gegenüber die Älteren abfallen. Die Jugendphase gälte als privilegiert. Oder aber die Bewertungen der Lebensphasen unterbleiben bzw. halten sich die Waage bezüglich ihrer spezifischen Stärken und Schwächen für das gesellschaftliche Zusammenspiel. Als Defizit-, Privileg- und Kooperationsmodell werden diese Zuordnungen im Folgenden idealtypisch und vereinfachend vorgestellt und knapp aus dem antiken Diskurs illustriert.

Im Defizit-Modell ist die «Jugend» eine Entwicklungszeit hin zu einer erwachsenen Vollstufe. Körperliche Funktionen sind weitgehend auf erwachsenem Stand, nicht jedoch die psychischen und geistigen Fähigkeiten. Gerade wo Impulskontrolle und Selbstbeherrschung hoch gewertet werden[29], gilt die Jugend als Phase, in der diese Werte noch nicht realisiert werden (können) und ihre Überschreitung mehr oder weniger akzeptiert wird: Nach *Cicero* sind naturbedingte Ausbrüche jugendlicher Begierden, sofern sie keinen zu großen Schaden anrichten, tolerabel[30]. Den Jugendlichen wird Ausleben von Lust, Unbeherrschtheit, überhaupt Emotionalität und Instabilität zugeschrieben. Einflussreicher Referenztext[31] ist *Aristoteles*, rhet. 2,12, 1389a, 2 -1389b, 12, der die Jugend (νεότης) und auch das Alter (γῆρας) dem mittleren Erwachsenenalter als Höhepunkt (ἀκμή, 1388b, 36) gegenüberstellt. Seine jungen Männer sind - bei allen guten oder zumindest neutralen Seiten, die er ihnen auch lässt - z. B. lust- und empfindungsgesteuert (ἐπιθυμητικοί), wechselhaft (καὶ σφόδρα μὲν ἐπιθυμοῦσι, ταχέως δὲ παύονται), kompetitiv (φιλόνικοι) und maßlos (πάντα γὰρ ἄγαν πράττουσιν)[32]. Der Leistungsgipfel liegt nach *Aristoteles* physisch bei 30–35 Jahren, mental erst beim 49. Jahr[33].

Doch auch eine noch nicht 20-jährige Frau zeigt nach *Tacitus* (ann. 16,30,2) altersgemäße Unklugheit, als sie deswegen sowie aus Vaterliebe (*caritate erga parentem, simul inprudentia aetatis*) ein Senatsverfahren auf sich zieht. Auch das AT kennt solche Topoi; z. B. lässt sich nach Spr 7,7–23 ein junger Mann, arm an Verstand (νεανίαν ἐνδεῆ φρενῶν, V. 7 LXX), von einer verheirateten Frau verführen; Ps 25,7 spricht von den «Jugendsünden» (ἁμαρτίας νεότητός μου, Ps 24,7 LXX)[34].

Maßgeblich für die Wertekonstruktion ist in diesem Kontext also die Nicht-Jugend, die aus der defizitären Beschreibung der Jugend Vorteile zieht (s. o.). Insofern sie beansprucht, dem menschlichen Idealtyp in höherem Maße zu entsprechen, beansprucht sie auch Entscheidungs- und Leitungskompetenz. Die Jugend ist auf die Älteren angewiesen, die die vernünftigeren und damit tragfähigeren Entscheidungen fällen und gegebenenfalls die Jugend kontrollieren und ausbilden.

1.2.2. Das Privileg-Modell: Die «Jugend» als Ideal und Höhepunkt

Eine umgekehrte Dynamik kommt zustande, wenn die Jugend die idealtypischen Eigenschaften verkörpert, welche anderen Lebensaltern nicht im gleichen Maß zugeschrieben werden. Dies ist z. B. dort der Fall, wo körperliche Kraft und Unabhängigkeit hoch gewertet sind, welche nach einem Höhepunkt in einem frühen Lebensstadium abnehmen.

Im AT werden Jugend und Kraft miteinander verbunden in Spr 20,29 MT; Koh 11,9 lehrt die Jugend zu genießen (εὐφραίνου, νεανίσκε, ἐν νεότητί σου), bevor die «Tage des Übels» (12,1) hereinbrächen[35]. Im römischen Bereich lobt z. B. *Seneca* die Jugend besonders wegen der geistigen und körperlichen Leistungen, beim Lernen und Streben nach Gutem wie beim Trainieren[36].

1.2.3. Das Kooperations-Modell: Nützliche Eigenheiten

Das Kooperationsmodell denkt dagegen mehrpolig. Jede Lebensphase repräsentiert Eigenheiten, die jedoch nur im Zusammenspiel das gemeinsame Ziel erreichen lassen. *Cicero* weist zumindest jedem Alter seinen Sinn zu: «... und die Schwachheit der Knaben und der Mut der jungen Männer und die Festigkeit des schon beständigen Alters und des (höheren) Alters Reife haben etwas Natürliches, das zu seiner Zeit ergriffen werden muss»[37].

Daneben können die Altersstufen durch einen gemeinsamen Nenner verbunden zusammenspielen, wie dies in Joël 3,1 bzw. Apg 2,17 der Fall ist, wo der Geist die νεανίσκοι wie die πρεσβύτεροι gleichermaßen begabt. Dieses Modell tendiert dazu, die jeweiligen Stärken nicht am Lebensalter, sondern an persönlichen Fähigkeiten festzumachen (vgl. 1 Kor 12) und ist deshalb durchlässig für altersgemischte Aufgabenlösung. Die Angewiesenheit aufeinander führt dazu, gegebenenfalls verschiedene Eigenschaften gleich wertzuschätzen oder von Altersbewertungen abzusehen[38]; den Idealtyp erreicht nicht eine prädestinierte Gruppe.

2. Der neutestamentliche Befund

Die neutestamentlichen Texte zeigen kaum Interesse, Altersstufen zu definieren. Daraus lässt sich schließen, dass deren Konzepte von Jugend oder Jungsein in all ihrer Unbestimmtheit denen der Alltagsumgebung entspricht, sich dabei aber Schwerpunkte und Modifikationen zeigen.

2.1. Topoi der Abgrenzung zur Kindheit

Eine kognitive Zäsur nach der Kindheit findet sich bei Paulus in 1 Kor 13,11: «Als ich unmündig (νήπιος) war, redete ich wie ein Unmündiger, dachte wie ein Unmündiger, zog Schlüsse wie ein Unmündiger; als ich ein Mann (ἀνήρ) geworden war, ließ ich hinter mir, was dem Unmündigen (entspricht)». Νήπιος kann wie hier für das (kleine) Kind stehen, im übertragenen Sinn für kindliches, unkluges Denken[39]; im paulinischen Kontext steht es für das Vorübergehende, ἀνήρ für die Endstufe[40] nach einem eschatologischen Umschlag, der das Bisherige nicht integriert (V. 10). Wann der Umschlag zwischen realem Unmündigen und Mann einsetzt, ist hier für Paulus irrelevant.

Allerdings benutzt Paulus den Begriff auch im rechtlichen Sinn: «Unmündig» ist der Sohn, solange er nicht erbberechtigt ist und unter Vormundschaft (ὑπὸ ἐπιτρόπους) steht; deren Ende der Vater festsetzt (ἄχρι τῆς προθεσμίας[41] τοῦ πατρός; Gal 4,1f)[42].

Beide Zäsuren, die rechtliche wie die mentale, haben Widerlager im Lebensalter-Diskurs der Umwelt. Dies tritt nochmals in aller Deutlichkeit in Hebr 5,13f zu Tage: Während der Unmündige wie ein Kleinkind Milch benötigt, gebührt die feste Speise den Erwachsenen bzw. «Vollendenten» (τελείων)[43], «die durch die Übung trainierte Wahrnehmungsfähigkeiten (τὰ αἰσθητήρια) besitzen zur Unterscheidung von Gut und Böse». Wenn mit dem Ende der Kindheit die Unterscheidungsfähigkeit einsetzt, so ist die Jugendphase Trainingszeit, bis die Fähigkeit – nach dem Defizit-Modell – im Erwachsenenalter voll ausgeprägt ist.

2.2. Jugendliche und junge Erzählfiguren

In den Evangelien und der Apostelgeschichte treffen wir nur auf wenige Erzählfiguren, die in Bezug auf ihr Alter charakterisiert werden[44]. Einige von ihnen müssen zudem für eine Analyse außen vor bleiben, da ihre Tätigkeiten in Paralleltexten von altersmäßig nicht festgelegten Figuren übernommen werden, so der reiche Jüngling von Mt 19,16–22 (diff. Mk 10,17–22 und Lk 18,18–23) oder der Bote am Grab nach Mk 16,5 (diff. Mt 28,2f. 5; Lk 24,4). Auch der junge Mann, der Jesus nach Mk bei der Gefangennahme noch folgt und dann unter Aufgabe seines Gewandes flieht (Mk 14,51f), hat eine Parallele im – altersmäßig nicht definierten – Petrus, der in den Hof des Hohepriesters folgt und Jesus dann verleugnet (Mk 14,54. 66–72). Der junge Mann, der nach Apg 20,9. 12 bei der Predigt des Paulus schlafend aus dem Fenster fällt und auferweckt wird, kann die Analyse zu den Konzeptionen von Jugend nicht voranbringen, auch nicht die von ihrer Mutter instrumentalisierte Tochter der Herodias, die als «Mädchen» (κοϱάσιον) vor Herodes tanzt (Mk 6,22. 24f). Dies tun dagegen Jesus und Paulus, was die männliche Jugend angeht. Als Vertreterin der jungen Frauen zeigt sich an Maria ein Muster, das weitere weibliche Figuren teilen.

2.2.1. Jesus

Die wesentliche Zäsur im Leben Jesu ist im Bild der Evangelien sein öffentliches Auftreten. Damit beginnt eine konstante Phase, während der Jesus auf dem Zenit der Bewertung und am Höhepunkt einer Entwicklung steht. Sein Lebensalter während dieser Zeit bleibt bei Mk, Mt und Joh äußerst vage[45]. Bei Mk finden sich keine Altersangaben; einen Anhalt bietet die Vorstellung, dass Jesu Mutter noch am Leben und mobil ist (Mk 3,31). Indirekt angespielt wird in Mt 17,24. 27 auf eine Alterszäsur: Bei der Zahlung der Tempelsteuer sind Jesus und Petrus jenseits der 20. Nach

Joh 8,57 wird Jesus als unter 50 Jahre alt geschätzt. Allein Lk 3,23 gibt Jesu Alter bei seinem öffentlichen Auftreten als «um die 30» (ὡσεὶ ἐτῶν τριάκοντα) an. Die Angabe ist bewusst gesetzt. Dies ist charakteristisch für Lk, wie unten mit Bezug auf das Erwachsenwerden Jesu noch erläutert werden wird.

Als markantes Ereignis vor dem öffentlichen Auftreten wird in den synoptischen Evangelien die Taufe durch Johannes benannt (Mt 3,13–17; Mk 1,9–11; Lk 3,21f; diff. Joh 1,29–34). Diese setzt voraus, dass Jesus mobil und selbständig genug war, um von Nazaret zum Jordan zu kommen und sich in einer religiösen Frage zu positionieren. Doch lässt sich ein Terminus *ante quem* dafür nicht eruieren. Wenn Mt und Lk anschließend von der Versuchung in der Wüste erzählen (Mt 4,1–11 par Lk 4,1–13), so erinnert dies an den Topos der Wahl zwischen Gut und Böse. Es lässt zudem erkennen, dass Jesus Schriftkenntnis erlangt hatte. Ein Reifedefizit ist ihm dabei nicht anzumerken; er agiert hier als «erwachsener» Mann in Idealtypik.

Bei Mt folgt darauf ein Wohnungswechsel von der Heimatstadt nach Kafarnaum (4,13), ein weiterer Schritt in die Selbständigkeit, die auch die Freisetzung aus den Familienzusammenhängen bedeuten kann[46]. Die frühere Entwicklung Jesu ist für Mt nicht relevant, so dass er Kleinkind- und Erwachsenenzeit Jesu unverbunden nebeneinander stellen kann.

Anders Lukas. Er zeigt, wie oben erwähnt, stärkeres Interesse am Lebensalter Jesu und füllt die Zeit bis zu Jesu öffentlichem Auftreten mit groben Strichen: Das Kind (παιδίον) Jesus wächst, wird stärker, ist dabei aber, anders als Johannes der Täufer (Lk 1,80), erfüllt von Weisheit (Lk 2,40: πληρούμενον σοφίᾳ) – ein Vorzug, wenn man die Kindheit als Zeit der mentalen Unmündigkeit versteht.

Diese Besonderheit zeigt sich deutlich, als Jesus bei der Pessachwallfahrt im Tempel bleibt. Der Zwölfjährige (Lk 2,42) ist dabei noch παῖς/älteres Kind, das aber bereits in der Pilgergruppe getrennt von den Eltern unterwegs sein kann (2,43f). Den Lehrern im Tempel fällt der Zwölfjährige beim Zuhören und Fragen durch seine Denkfähigkeit (ἐπὶ τῇ συνέσει) und seine Antworten (!) auf (2,47). Dabei erscheint Jesus - noch etwas entfernt vom üblichen Pubertätsalter - als «Wunderkind», das nicht den Charakteristika der Lebensphase entspricht[47]. Im Hintergrund steht dabei ein Defizit-Modell, das allerdings Kinder und Erwachsene vergleicht; wenn Jesus schon dieses durchbricht, so die logische Folgerung, wird er erst recht kein jugendliches Defizit erkennen lassen. Dass er darüber hinaus nach 2,52 noch Fortschritte bezüglich der Weisheit macht, steht dazu in Spannung.

Mit ca. 30 Jahren tritt Jesus schließlich öffentlich auf. Damit hat er nach antiken Maßstäben die Jugendphase abgeschlossen; nach rechtlichem Ermessen stünden ihm nun fast alle Funktionen offen. Doch innerhalb des Erwachsenenalters ist er noch relativ jung. So wäre er z. B. nach aristotelischen Maßstäben zwar auf dem Höhepunkt der körperlichen, nicht aber der psychischen Kraft - was speziell beim «Wunderkind» Jesus jedoch irrelevant ist. Eine besondere Aufladung des Alters z. B. als Analogie zur Davidsalbung lässt sich aber m. E. nicht erweisen, zumal das Alter nur ungefähr angegeben wird[48].

2.2.2. Saulus/Paulus

Als weitere bedeutsame Erzählfigur wird Saulus/Paulus als «junger Mann» (παρὰ τοὺς πόδας νεανίου καλουμένου Σαύλου, Apg 7,58) eingeführt. Als solchem legen ihm die Steiniger des Stephanus ihre Kleider zu Füßen: Für *Richard I. Pervo* nimmt er damit die Rolle des «‹hat-check boy›» ein, der sich um die für die körperliche Betätigung abgelegte Oberkleidung kümmert[49]. Kurz darauf geht Paulus nach Apg 8,3 bereits selbst gewaltsam gegen die Glaubenden vor, indem er sie ins Gefängnis, d. h. in die staatliche Gewalt, bringt.

Mit der Philippus-Mission (8,5–40) wird erzählerisch eine unbestimmte Zeit überbrückt, während der Paulus seine Verfolgungen vorantreibt (9,1f), bis ihn schließlich auf dem Weg nach Damaskus eine Vision und eine Audition treffen (9,3–6) und seine Umkehr bewirken. Nichts im Text zeigt an, dass er inzwischen eine andere Altersstufe erreicht hätte. Somit platziert sich das

Damaskus-Erlebnis wie eine Zäsur zwischen die irrende Jugend und die Neuausrichtung für das kommende Leben. Da Paulus in seinen Briefen nicht über sein Alter bei der Bekehrung spricht, ist dieses Erzähldetail eine nicht essentielle, sondern bewusste Setzung des Lk.

Auch wenn eine historische Reminiszenz bei Lk nicht auszuschließen ist[50], so lässt sich die Alterszuordnung doch auch anders interpretieren. Die Verfolgungstätigkeit könnte damit innerhalb eines Defizit-Modells als übertriebener «jugendlicher» Eifer gelesen werden, den eine spätere Neuausrichtung korrigiert. Allerdings durchläuft Paulus danach keinen Reifungsprozess, sondern wird durch ein punktuelles Erlebnis verändert. In jedem Fall verstärkt wird jedoch durch die Betonung seiner Jugendlichkeit der Zäsurcharakter einer Bekehrung zu Christus. Wie Paulus von ihr in relativ jungem Lebensalter getroffen wird, so trifft sie andere altersunabhängig und leitet doch eine neue Lebensphase ein.

Die Zäsur durch die Bekehrung konzipiert Paulus selbst in Gal 1,14 als Höhepunkt einer Entwicklung. Sein «Fortschreiten» (προέκοπτον) zuvor entspricht einer Entwicklungszeit (vgl. Lk 2,52 für Jesus), während der er sich mit den anderen Mitgliedern seiner Altersstufe misst. Die Entwicklung geht also mit alterstypischer psychischer und physischer Reifung einher. Paulus selbst sticht dabei durch höheres Tempo heraus. Die Entwicklungszeit nennt er in einem Atemzug mit seiner Verfolgertätigkeit (V. 13), in der er bereits eine öffentliche, autoritative Tätigkeit ausübt. Paulus konstruiert seine Vergangenheit bis hin zur Bekehrung also insgesamt nach einem Defizit-Modell: Er wächst mehr als altersgemäß im Eifer für seine Tradition, ohne jedoch darin den Zenit zu erreichen, bis schließlich eine Wendung ihn aus diesem Wachstum herausnimmt und eine neue Phase einleitet.

2.2.3. Jung-Frauen

Im griechisch-römischen wie auch im biblisch-jüdischen Bereich sind die Lebensläufe von Männern und Frauen, wie oben erwähnt, unterschiedlich zäsuriert: Mit der Menarche treten die

Mädchen in die Jung-Frauen-Zeit (παϱθενία) ein, die mit der Heirat endet. Das Alter bei der ersten Heirat variiert. Ab der Menarche bzw. idealtypisch 12 Jahren war eine Heirat möglich, doch blieben die Frauen in der Regel noch einige Jahre im Vaterhaus. Diese Zeit der weiblichen Jugend ist verbunden mit dem Ideal sexueller Enthaltsamkeit; die Hochzeit besteht in der sexuellen Inbesitznahme durch den Mann, so dass Jugend und «Jungfrauschaft» zusammenfallen[51]. Letzteres illustriert die kleine Biographie der Prophetin Hanna in Lk 2,36f: Ihr Leben wird durch die Heirat gegliedert, wobei die Zeit davor als Jungfrauschaft bezeichnet wird (ζήσασα μετὰ ἀνδϱὸς ἔτη ἑπτὰ ἀπὸ τῆς παϱθενίας αὐτῆς).

Eine maßgebliche junge Erzählfigur ist Maria[52]. Sie befindet sich bereits kurz vor dem Übergang in die Ehe, die durch die Verlobung vorbereitet ist (Mt 1,18; Lk 1,27). Über ihr tatsächliches Alter äußern sich die neutestamentlichen Texte nicht, doch steht sie im weiblichen Lebenslauf in der «Jugendphase» vor der Heirat. Bei Lk wird Maria volle Urteils- und Entscheidungsfähigkeit zuerkannt, wenn sie direkt – und nicht ihr Vater, Vormund oder Verlobter – über ihre Zukunft informiert wird und sie zudem kritisch nachfragt (Lk 1,26–38 diff. Mt 1,20f). Das Motiv der Wahl zwischen zwei Wegen ist jedoch bei ihr nicht ausgeprägt. Sie wird über Gottes Entscheidung informiert, jedoch nicht vor eine Alternative gestellt. Dennoch ist ihre Einwilligung (1,38) als Willensäußerung einer mündigen Person dargestellt, die zudem unabhängig von ihren eigenen rechtlichen Spielräumen entscheidet.

Die jugendliche Entscheidungsfähigkeit charakterisiert die jungen Frauen des Hochzeitsgleichnisses Mt 25,1–13. Während der Jugend sind die jungen Frauen, wie das Gleichnis veranschaulicht, in rituelle Vollzüge eingebunden[53]. Das Gleichnis pointiert die Entscheidung der jungen Frauen, wobei die Erfüllung der erwarteten Rolle als «Klugheit», die Unfähigkeit, sich rechtzeitig darauf vorzubereiten[54], als «Dummheit» gewertet wird.

Sowohl an den Jungfrauen wie an Maria wird mit der Entscheidungsfähigkeit ein Zug betont, der Kontinuität mit dem späteren Erwachsenenalter herstellt. Sie sind in der Lage, «erwachsene» Entscheidungen zu treffen. Nicht das junge Alter der Jungfrauen ist für ihre Fehlentscheidung verantwortlich, sondern ihre «Dummheit». Ebenso werden bei den guten Jungfrauen wie auch bei Maria auch in ihren jungen Jahren keine jugendlichen Defizite vermerkt. Lediglich die Lebensthemen, Ritualgestaltung bzw. Geburt eines Kindes, sind ihnen durch das Lebensalter bzw. den kulturellen Rahmen vorgegeben. Damit stehen sie Pate für ein Kooperationsmodell, das die jungen Menschen in ihren jeweiligen Lebensfeldern gleich den Älteren gewichtet, denn schließlich dienen diese jungen Frauen allen Glaubenden als Modelle.

2.3. Jung und Alt in der Gemeinde

Die Glaubenden, an die sich die neutestamentlichen Briefe richten, haben wie Paulus die Lebenszäsur der Bekehrung zu Christus durchschritten. «In Christus» selbst scheint sich nun nochmals eine Reifung abzuspielen. Beispielsweise ist in Eph 3,16 eine Zunahme an Kraft (δυνάμει κραταιωθῆναι) allen Glaubenden gewünscht. Auf den «inneren Menschen» bezieht sich dieser Prozess, der im realen Leben die Kindheit kennzeichnet (vgl. Lk 1,80). Nach Eph 4,14 soll unter den Glaubenden der Zustand der νήπιοι überwunden werden, die beeinflussbar und abhängig sind.

Doch inmitten dieser metaphorischen Möglichkeiten erscheint ein Zusammenspiel von Personen, die im realen Leben unterschiedlich alt sind. Wenn Jung und Alt in der Gemeinde thematisiert werden, dann meist durch Gegenüberstellung der Pole «Jung/Jünger» und «Alt/Älter», deren Altersumfang offen bleibt[55].

Der Altersunterschied zeigt sich deutlich in der Generationenbeziehung innerhalb einer Familie, wie sie in den Haustafeln Eph 6,1–4 und Kol 3,20f thematisiert ist. Im geforderten Autoritätsverhältnis der älteren gegenüber der jüngeren Generation ist das Lebensalter nicht etwa bis zur Volljährigkeit der Kinder eingeschränkt[56]. Das familiale Modell der beiden Haustafeln beruht somit auf einem impliziten Defizit-Modell: Die Autorität liegt beim Älteren, die Fügung beim Jüngeren, der des Älteren bedarf[57]. Implizit ist das Modell insofern, als etwaige Defizite der Jüngeren nicht benannt, sondern unbegründet vorausgesetzt werden, was sich wohl breiter Abstützung durch lebensweltliche Selbstverständlichkeiten verdankt. Dies tritt auch in Tit 2,2–8 und 1 Petr 5,5 zu Tage.

Im Titusbrief findet sich unter den Weisungen für ältere und jüngere Männer und Frauen in Form eines viergliedrigen Tugendkatalogs (Tit 2,2–8 im Zusammenhang von 2,1–15[58]) das implizite Defizit-Modell bei den jungen Frauen, die von den älteren zur Besonnenheit gebracht und belehrt werden müssen – u. a. über Häuslichkeit und Gehorsam dem Ehemann gegenüber. Die jungen Männer dagegen werden nur aufgefordert, bei allem besonnen zu sein, nicht aber einer älteren Generation untergeordnet. Der Gemeindeleiter Titus selbst wird bei den jüngeren Männern eingereiht, denen er ein Vorbild sein soll (σεαυτὸν παρεχόμενος τύπον [...])[59].

Ein weiterer Vertreter dieses impliziten Defizit-Modells, nun deutlich außerhalb des Hauses auf Gemeindeebene, ist 1 Petr 5,5 mit der Mahnung an die Jüngeren (νεώτεροι) zur Unterordnung unter die Ältesten bzw. Älteren (πρεσβυτέροις), denen in V. 1–3 die Hirtenrolle zugesprochen wird. Gleichzeitig werden diese auch zur Vorbildhaftigkeit (τύποι γινόμενοι) aufgefordert. Relativiert wird das Altersverhältnis aber dadurch, dass die «Jüngeren» «der logische Gegenbegriff» zu den «Älteren» sind und das Gesagte «im Prinzip für jedes Gemeindemitglied gelten kann»[60]. Das Machtgefälle wird unterbrochen[61], wenn für beide Gruppen Demut (τὴν ταπεινοφροσύνην) gefordert wird (V. 5).

Explizit zugeschrieben wird ein altersentsprechendes Defizit den «jüngeren Witwen» (νεωτέρας δὲ χήρας) des 1 Tim[62]. Die Altersgrenze für Witwen legt 1 Tim 5,9 auf 60 Jahre fest, zudem müsse die Frau einmal verheiratet gewesen sein und Kinder aufgezogen haben (V.9f). Jüngere Frauen seien abzulehnen, denn sie wollten heiraten, wenn sie «sinnlichen Trieben folgen» (καταστρηνιάσωσιν, V. 11). Dieses Selbstbeherrschungsproblem scheint bei den über 60-Jährigen nicht mehr zu bestehen. Die Phase der Unbeherrschtheit dauert bei den Frauen laut 1 Tim damit ungewöhnlich lange an[63]. Doch die «Witwen», unter ihnen laut 1 Tim 5,12 Frauen, die vorher nie verheiratet waren[64], sind wohl nach Sicht des Autors noch in einer jugendartigen Phase.

Eine Spezialität von 1 Tim und, wie eben gezeigt, Tit ist die Übertragung der Leitung an einen jungen Menschen[65]. Dabei muss sich Timotheus aufgrund seiner Jugend erst Autorität erarbeiten. In der Gefahr, verachtet zu werden (vgl. Tit 2,15), fordert Paulus ihn auf, das Lebensideal zu verwirklichen (τύπος γίνου τῶν πιστῶν, 1 Tim 4,12). Damit kämpft 1 Tim gegen ein Defizit-Modell an, das der Jugend besonders im Lebenswandel keine vollständige Reife zubilligt und deshalb die Leitungsrolle auf Ältere festlegt. Paradoxerweise scheint gerade in 2 Tim 2,22 ein solches Defizit-Modell auf: Die Mahnung, die «jugendlichen Begierden» (τὰς δὲ νεωτερικὰς ἐπιθυμίας), also irrationale Antriebe, zu meiden, korreliert mit dem Stereotyp der fehlenden Selbstbeherrschung[66]. Zwar kann Timotheus damit umgehen, bleibt jedoch gefährdet.

Für sein Verhalten gegenüber den anderen Altersgruppen (1 Tim 5,1f) werden familiale Normen auf die Gemeinde übertragen[67]. Ältere Männer und Frauen (πρεσβυτέρῳ/πρεσβυτέρας) soll er ermahnen bzw. ermutigen (παρακάλει), als ob er mit Vätern/Müttern zu tun hätte, ebenso tritt er den jüngeren Männern und Frauen (νεωτέρους/νεωτέρας) wie Schwestern und Brüdern gegenüber (1 Tim 5,1f). Dabei passt sich lediglich die Ausdrucksform den Adressaten an (vgl. 5,1: μὴ ἐπιπλήξῃς/schelte nicht). In die Vaterrolle kommt Timotheus selbst, anders als Paulus, nicht – allerdings auch nicht in die Rolle des untergeordneten Jüngeren.

Mit dem Konzept der jungen, vorbildlichen Gemeindeleiter bedienen sich die Pastoralbriefe des Kooperationsmodells. Im Hintergrund lauert dabei noch das Defizit-Modell, gegen das sich 1 Tim und Tit aber zur Wehr setzen: Die Leitungsposition eines jungen Mannes ist nicht automatisch durch Unreife getrübt. Sie wird von Paulus und durch «Prophetie» zugesprochen und durch rituelle Übertragung der Ältesten bzw. des Paulus bestätigt (vgl. 1 Tim 1,3; 4,11. 14; 2 Tim 1,6; 4,2; Tit 1,5; 2,15). Auf alle übertragen lässt sie sich somit nicht: Die Episkopen bzw. Ältesten und

Diakone sollen laut 1 Tim 3,2. 12; Tit 1,6f verheiratet sein, was bei Männern wohl nicht allzu früh der Fall ist.

Neben diesen ausführlicheren, späteren neutestamentlichen Texten steht eine Weisung des lukanischen Jesus, die auch für die spätere Nachfolge in den Gemeinden relevant ist. Auf den Rangstreit der Schüler hin (φιλονεικία, Lk 22,24) fordert er in V. 26, dass der Größere/Größte werden soll «wie der Jüngere/Jüngste» (ὁ μείζων ἐν ὑμῖν γινέσθω ὡς ὁ νεώτερος). Wenn Größe bzw. Ansehen dem Jungsein entgegengesetzt werden, liegt ein implizites Defizit-Modell vor, das allerdings durch die paradoxe Aufforderung umgehend außer Kraft gesetzt wird.

Auf ein Kooperationsmodell greift dagegen 1 Joh 2,13f. zurück, wenn in der Gemeinde («Kinder»)[68] junge Männer (νεανίσκοι) und «Väter» gegenübergestellt werden. Die «Väter» als die Älteren[69] «erkennen» (ἐγνώκατε) und wenden dabei geistige Fähigkeiten an, die Jüngeren siegen und werden dabei als «stark» (ἰσχυροί) charakterisiert. Die stereotype Differenzierung von Weisheit und Körperkraft bzw. Kriegstauglichkeit wird hier allerdings metaphorisch gebraucht, denn Gegner ist «der Böse»[70]. Zudem wird den Jungen Erkenntnis nicht abgesprochen, da sie unter die ebenfalls erkennenden «Kinder» zu zählen sind. Da aber auch die Jüngeren in der Realität den Bösen nicht stellvertretend für andere besiegen können, ist vielmehr eine Wertschätzung von Jung und Alt in Verschiedenheit oder aber ein Spiel mit den Stereotypen als eine faktische Kooperation intendiert.

2.4. Auswertung: Zwischen Defizit und Kooperation

In der Durchsicht des neutestamentlichen Befundes zeichnet sich ab, dass das Privileg-Modell kaum rezipiert wird. Lediglich vom johanneischen Jesus in Joh 21,18 werden Bewegungsfreiheit der Jüngeren Bindung und Unselbständigkeit im Alter entgegengestellt, dies allerdings geleitet von den metaphorischen Untertönen[71]. 1 Joh 2,14 nennt zudem die Kraft der Jungen.

Ein Defizit-Modell wird in der späteren Briefliteratur häufiger implizit oder explizit zugrunde gelegt. Es scheint ohne Begründung aus der Umwelt übernommen zu sein. Adaptiert wird das Defizit-Modell sowohl bei der lukanischen Paulusdarstellung wie bei der im Galaterbrief. Die Entwicklung des Paulus führt zum paradoxen Endpunkt der Bekehrung. Diese ist für christliche Biographien die eigentliche, altersunabhängige Zäsur, auch wenn jenseits dessen noch Wachstumsprozesse beschrieben werden. Ganz außer Kraft gesetzt wird das Defizit-Modell für Jesus, der bereits als Zwölfjähriger auf die Fragen der Tempelgelehrten antwortet.

Gegen das implizite Defizit-Modell und damit auf die Seite eines Kooperationsmodells stellen sich Lk 22,26 in Umkehrung der Statuszuschreibungen und insbesondere die jungen weiblichen Erzählfiguren der lukanischen Maria und der Jung-Frauen des Gleichnisses Mt 25,1–13.

Ein Kooperationsmodell, wie es in Apg 2,17 aufscheint, wird zudem in Bezug auf die jungen Gemeindeleiter der Pastoralbriefe entfaltet. Ihre besondere Beauftragung wird respektiert, stereotyp jugendliche Züge verwirklichen sie nicht. Vielmehr zeigen sie, dass die Lehr- und Leitungsrolle altersunabhängig funktioniert.

3. Ausblick: Das Profil von CV

Auch das Apostolische Schreiben CV «an die jungen Menschen und das ganze Volk Gottes» macht sich ein Bild von der «Jugend» und trägt dabei Wertungen ein. Legt man die oben erarbeiteten Bewertungsmodelle zugrunde, so zeigt sich eine Auffälligkeit: *Papst Franziskus* favorisiert das Kooperations- und Privileg-Modell, während ein Defizit-Modell kaum zu greifen ist[72]. In CV 66 bezeichnet er es sogar als «Gefahr» der Erwachsenen, «die Schwierigkeiten und Fehler der heutigen Jugend aufzulisten», und lehnt dies als nicht konstruktiv ab. Vielmehr sei «das Herz eines jeden Jugendlichen ‹heiliger Boden› [...]».

Leitmotivisch charakterisiert er die jungen Menschen – unabhängig von ihrem Geschlecht – vor allem mit folgenden Zuschreibungen:

- Aktive, positive Zukunftsorientierung
  Mut u. ä. (10, 15, 63, 177, 178, 203), Suche weiter/neuer Horizonte (15, 18, 166), Hoffnung (2, 20, 139, 173), Zukunftsorientierung (139, 144, 187), anspruchsvolle Herausforderungen annehmen (15, 18), Verheißungen (139), Aufbruchsbereitschaft (139).

- Intensive Empfindungen und Berührbarkeit
  Enthusiasmus (20, 159, 166, 177), Begeisterung (159, 160), Hingabe (37, 108), starkes Spüren des Rufs zur Liebe (259), offenes Gemüt (18), Sensibilität (42), Großmut (20), Offenheit (160), Angezogensein vom Unendlichen (160).

- Innovation
  Erneuerung, Neuheit (37, 65, 100, 137), Frische (10, 159, 177), Kreativität (170, 178, 203), Intuition (299), Erfreuen am Beginn (37).

- Kraft und Bewegungsdynamik
  Energie (166, 178, 187), Kraft (2, 20, 139), Elan (167), Dynamik (187), Schwung (299), Davoneilen (139).

- Flexibilität
  Offen für Veränderungen (12, 160), Spontaneität (159, 167), wieder Aufstehen (12), Belehrung vom Leben (12), Unruhe (138), Provokation (65), kritischer Geist (190).

- Soziale Ziele
  Welt erobern wollen (15), Bestes geben, um Besseres zu schaffen (15), gemeinschaftliche Utopie (166), bessere Welt (174), soziales Engagement (170), Weltzuwendung (139).

Positive Eigenschaften der jungen Menschen fordert *Papst Franziskus* für die gesamte Kirche ein, was dem Kooperationsprinzip entspricht (CV 299; vgl. auch 38, 64, 109, 199, 201). Die Älteren als Träger persönlicher Erfahrung (weniger: kirchlicher Tradition, vgl. CV 16, 187–197) empfiehlt er den Jugendlichen v. a. zu ihrem persönlichen Vorteil, nicht aufgrund von Verpflichtungen oder Autoritätsbeziehungen. Ein Machtanspruch gegenüber den Jugendlichen dringt nicht durch.

Zwar konzipiert *Papst Franziskus* die Jugend als Zeit der Entscheidung für eine Lebensaufgabe und fordert dabei Stärkung und Begleitung ein (CV 30, 242–247). Eine solche Entscheidung ist hier mit den jugendlichen Adressaten verbunden, aber in der Realität ebenso wenig wie die Notwendigkeit der Begleitung auf die Jugendphase beschränkt. Des Weiteren spricht *Papst Franziskus* die Fähigkeit zur Mission, zur Leitung und Begleitung ausdrücklich (neben anderen) jungen Menschen selbst zu (CV 210, 219, 239, 241, 291).

Zum Privileg-Modell geht *Papst Franziskus* schließlich dort am deutlichsten über, wo er die maßgeblichen Vorbilder Jesus (CV 31f) und Maria (CV 43–47) als «jung» identifiziert und vor allem auf der semantischen Linie von «Jungsein» – «Neusein» eine entsprechende Qualität der Kirche (CV 34f) und damit aller Glaubenden benennt. Das «junge» Herz, das sich altersunabhängig in den Menschen finden kann (CV 34), versinnbildlicht die christlichen Tugenden, das «alte» die Untugenden.

Die ausgewählten biblischen Texte liest *Papst Franziskus* bereits unter diesen Vorzeichen. Man mag sich fragen, woher seine Freiheit gegenüber diesen Texten rührt, und wie sich die konzeptionelle Verschiebung weg vom Defizit-Modell hin zum Privileg-Modell erklärt. Ein Schlüssel dazu könnte in einem der eben besprochenen neutestamentlichen Texte selbst liegen, in 1 Petr 5,1–5. Die Ältesten – und, im Wortspiel, zu den «Älteren» zählt sich *Papst Franziskus* selbst (CV 197) – versehen dort zwar den Hirtendienst an den Jüngeren, diesen aber unter dem Vorzeichen gegenseitiger Demut (ταπεινοφροσύνη, V. 5). Für die Haltung der Demut gibt Paulus in Phil 2,3 eine bedenkenswerte Definition: Demütig denken bedeutet dort, vom anderen höher zu denken als von sich selbst. Dies setzt der «ältere Hirte» *Papst Franziskus* in seinem Brief an die Jugendlichen in aller Konsequenz um.

1 Ovid. met. 10,519; dt. Übersetzung in: Ovid, Metamorphosen. Das Buch der Mythen und Verwandlungen, übers. u. hrsg. von *Gerhard Fink* (BAW.RR), Düsseldorf / Zürich 2001.

2 Vgl. die Zusammenstellung und Analyse dieser spekulativen, von anderen Gesetzmäßigkeiten abgeleiteten Systeme bei *Christian Laes / Johan Strubbe*: Youth in the Roman Empire. The Young and the Restless Years?, Cambridge 2014, 23–30. Vgl. auch *Gerhard Binder / Maren Saiko*: Art. Lebensalter, in: DNP 6 (1999) 1207–1212, hier 1209f mit Offenlegung der Analogien (z. B. Tages- oder Jahreszeiten, Elemente etc.).

3 Der Begriff *Arnold van Genneps* für «lebenszyklische [...] Übergänge» (*Hans-Günter Heimbrock*: Art. Rites de passage, in: RGG^4 7 [2004] 534f, hier 534) hat sich inzwischen eingebürgert.

4 Vgl. *Josef Wiesehöfer*: Art. Jugend, in: DNP 5 (1998) 1209–1211, hier 1209, der allerdings ebd. 1210 auch darauf hinweist, dass «physische Veränderungen beim Heranwachsenden wahrgenommen wurden», wobei die Geschlechtsreife hervorzuheben sei; außerdem sei «die Lebensphase, die dem Erwachsensein und damit dem Zeitpunkt der vollständigen Integration des Heranwachsenden in die polit[ische]. Ordnung vorangeht, in den ant[iken]. Gemeinwesen nicht nur begrifflich [...] gefaßt, sondern auch polit[isch]. organisiert» worden. Auch damit lässt sich zumindest analytisch eine Phase abgrenzen, die zwischen der Geschlechtsreife und der erwachsenen Vollstufe liegt (s. u.). Zum terminologischen Problem im AT vgl. *Franz Josef Stendebach*: Art. Jugend (AT), in: NBL 2 (1995) 415–416, hier 415f; zum griechisch-römischen *Laes / Strubbe*: Youth (Anm. 2) 41f; zur Diskussion in den Altertumswissenschaften ebd. 14–22: Die Autoren entscheiden sich, das Phänomen zu untersuchen.

5 *Emiel Eyben*: Art. Jugend (übers. von *Gerhard Rexin / Markus Stein / Peri Terbuyken*), in: RAC 19 (2001) 388–442, hier 389. Ähnlich *Laes / Strubbe*: Youth (Anm. 2) 21f, die von einem «widespread consensus» bzgl. des Beginns mit der Pubertät, jedoch von einem «thorny problem» bezüglich des Endes sprechen (ebd. 21).

6 *Eyben*: Art. Jugend (Anm. 5) 389f, Zitat 389.

7 Die Topoi finden sich in den Belegen von *Eyben*: Art. Jugend (Anm. 5) seit Homer; ich beschränke mich auf Beispiele aus zeitlicher Nähe der neutestamentlichen Schriften und das Alte Testament. Da meine Studie auf Vorarbeiten wie allen voran den Beitrag von *Eyben* mit umfassender Quellensammlung angewiesen ist und es die Möglichkeiten nicht erlauben, z. B. die frühjüdischen Schriften und weitere Literatur eigens zu sondieren, kann hier und v. a. bei den Bewertungen nur der Nachweis erbracht werden, dass bestimmte Einschätzungen denkbar waren, nicht jedoch, ob und wie sie sich streuten.

8 Zur antiken medizinischen Einschätzung vom Beginn mit ca. 14 Jahren vgl. *Laes / Strubbe*:, Youth (Anm. 2) 61–65.

9 Vgl. dazu und auch zur Entscheidung der Eltern *Eyben*: Art. Jugend (Anm. 5) 409f; *Laes / Strubbe*: Youth (Anm. 2) 30–32. 55–57.

10 Vgl. *Eyben*: Art. Jugend (Anm. 5) 398f; *Laes / Strubbe*: Youth (Anm. 2) 50.

11 Vgl. zum Heiratsalter *Eyben*: Art. Jugend (Anm. 5) 410f, der festhält, dass bei früher Ehe «die Ehezeremonie geradezu als Initiationsritus» gesehen werden könne, und *Laes / Strubbe*: Youth (Anm. 2) 200f, die sich dem vorsichtigen Ergebnis eines durchschnittlichen Heiratsalters von Frauen von 18 Jahren und von Männer zwischen 25 und 30 Jahren anschließen, auch wenn die Quellen frühere Heiraten kennen. Zur Bedeutung der Heirat s. auch *Laes / Strubbe*: Youth (Anm. 2) 31. 59f. 197 für Rom und ebd. 52 für Griechenland; zur rechtlichen Festlegung bei Mädchen ebd. 59.

12 Vgl. *Eyben*: Art. Jugend (Anm. 5) 421.

13 Vgl. Ebd. 397f mit Verweis für Griechenland u. a. auf Plat. conv. 181D («ἄϱχωνται νοῦν ἴσχειν») und die Prodikos-Fabel VS 84 B 2 = Xen. mem. 2,1, 21–34 vom pubertären Herakles «am Scheidewege» (VS 84 B 2, 7–9 = Xen. mem. 2,1,21: «... Ἡϱακλέα, ἐπεὶ ἐκ παίδων εἰς ἥβην ὡϱμᾶτο, ἐν ᾗ οἱ νέοι ἤδη αὐτοκϱάτορες γιγνόμενοι δηλοῦσιν, εἴτε τὴν δι᾽ ἀϱετῆς ὁδὸν τϱέψονται ἐπὶ τὸν βίον εἴτε τὴν διὰ κακίας ...»); ebd. 412 mit Verweis für Rom u. a. auf Sen. ep. 118,14: «Infans fuit; factus est pubes, alia eius proprietas fit. Ille enim inrationalis est, hic rationalis») und Cic. off. 1,117f (Rezeption der Prodikos-Fabel, allerdings mit Absetzung davon: «Ineunte enim adulescentia, cum est maxima imbecillitas consilii ...» als Zeitpunkt der Lebensentscheidung). Vgl. für die biblisch-jüdische Tradition Philo congr. 82 (Unterscheidung bei Pubertät; *Eyben*: Art. Jugend [Anm. 5] 429). Vgl. zur Zäsur bei ca. 14 Jahren auch *Laes / Strubbe*: Youth (Anm. 2) 43; 1QSa 1,10f nennt dafür erst ein Alter von 20 Jahren; vgl. *Eyben*: Art. Jugend (Anm. 5) 422.

14 Ein Rite de passage fehlt bei Männern; vgl. *Laes / Strubbe*: Youth (Anm. 2) 60.

15 Vgl. zur Heirat der Männer *Laes / Strubbe*: Youth (Anm. 2) 209.

16 Vgl. *Eyben*: Art. Jugend (Anm. 5) 399–401 und *Laes / Strubbe*: Youth (Anm. 2) 50 für das klassische Griechenland und den Hellenismus: mit 18 Jahren Eintragung in die Demenliste mit vollen Bürgerrechten und Eigenständigkeit gegenüber dem Vater, darauf im klassischen Athen eine zweijährige Ephebie im Dienst der Stadt unter Aufsicht und mit eingeschränkter Rechtsfähigkeit, mit 30 Jahren schließlich die Zulassung zu allen Ämtern und Funktionen. Vgl. *Eyben*: Art. Jugend (Anm. 5) 411f für Rom: Magistratsalter früher bei 30, seit Augustus bei 25 Jahren; vgl. auch *Laes / Strubbe*: Youth (Anm. 2) 32f zur rechtlichen Altersgrenze von 25 Jahren zwischen *minores* und *maiores*. Im römischen Senat galten zudem höhere Altersgrenzen; vgl. *Laes / Strubbe*: Youth (Anm. 2) 164. Sie weisen ebd. 165–183 auch auf Positionen hin, die schon in früherem Alter zugänglich waren wie z. B. Stadtpatronate, der Ritterstand oder städtische Funktionen. Was jedoch «positions of responsibility

and prestige» wie Juristen und Ärzte angeht, folgern sie ebd. 191, dass diese selten an junge Menschen vergeben wurden.

17 Zum Kriegsdienst vgl. *Stendebach*: Art. Jugend (Anm. 4) 415; zum Weiteren auch *Eyben*: Art. Jugend (Anm. 5) 421; zur Bedeutung des Alters von 20 Jahren als Zäsur ebd. 422.

18 Vgl. *Eyben*: Art. Jugend (Anm. 5) 421f mit Verweis auf z. B. 1 Chr 23,3. 24; Num 8,24f.

19 Zur «lebenslangen *patria potestas*» *Eyben*: Art. Jugend (Anm. 5) 412; *Laes / Strubbe*: Youth (Anm. 2) 57. 151–153 (u. a. Eigentumsrecht des Vaters; Möglichkeit des Vaters, die *patria potestas* freiwillig außer Kraft zu setzen).

20 Vgl. *Wiesehöfer*: Art. Jugend (Anm. 4) 1210.

21 Vgl. *Eyben*: Art. Jugend (Anm. 5) 403: Bildungszeit ressourcenabhängig.

22 Vgl. *Laes / Strubbe*: Youth (Anm. 2) 191–193; ebd. 193–195 auch Ausführungen zu den Sklaven.

23 Vgl. dazu auch ebd. 104–120.

24 Für Griechenland: ebd. 72–76.

25 *Eyben*: Art. Jugend (Anm. 5) 403f. 420.

26 Zu den *collegia iuvenum* vgl. *Eyben*: Art. Jugend (Anm. 5) 415; *Laes / Strubbe*: Youth (Anm. 2) 122–135.

27 Vgl. *Mary Harlow / Ray Laurence*: Growing Up and Growing Old in Ancient Rome. A Life Course Approach, London 2002, 3; vgl. auch *Laes / Strubbe*: Youth (Anm. 2) 29f; *John M. G. Barclay*: There is Neither Old nor Young? Early Christianity and Ancient Ideologies of Age, in: NTS 53 (2007) 225–241, hier 234f für die Machtsicherung von «Alt» gegenüber «Jung».

28 Vgl. z. B. *Wiesehöfer*: Art. Jugend (Anm. 4) 1210, der die Sicht auf Jugendliche als «defizitäre Erwachsene» in der griechisch-römischen Antike für überwiegend hält.

29 Vgl. *Barclay*: Neither Old (Anm. 27) 234: «For a Stoic, or indeed anyone in a philosophical tradition where mind is valued over body, older age provides the perfect conditions for the full display of virtue»; vgl. ebd. 233f mit Beispielen aus dem antiken Diskurs für Abwertung des jüngeren Lebensalters aus der Sicht des Alters.

30 Cic. Cael. 28: «Datur enim concessu omnium huic aliqui ludus aetati, et ipsa natura profundit adulescentiae cupiditates. Quae si ita erumpunt, ut nullius vitam labefactent, nullius domum evertant, faciles et tolerabiles haberi solent».

31 Vgl. *Harlow / Laurence*: Growing up (Anm. 27) 15. 17 und *Laes / Strubbe*: Youth (Anm. 2) 44 zur Bedeutung; zum Text *Eyben*: Art. Jugend (Anm. 5) 402, dort auch zu einer gewissen Repräsentativität; kritisch *Laes / Strubbe*: Youth (Anm. 2) 23f: Aristoteles idealisiere das «mittlere» Lebensalter auf Kosten des vorausgehenden und nachfolgenden.

32 Vgl. zu einer solchen defizitären Sicht, die in Rom vorherrschte, *Eyben*: Art. Jugend, 412f. (Anm. 5), des Weiteren *Laes / Strubbe*: Youth, 43–48 (Anm. 2): mangelnde Verstandeskräfte und Kontrolle.

33 Aristot. rhet. 2,14, 1390b, 9–11: «ἀκμάζει δὲ τὸ μὲν σῶμα ἀπὸ τῶν τριάκοντα ἐτῶν μέχρι τῶν πέντε καὶ τριάκοντα, ἡ δὲ ψυχὴ περὶ τὰ ἑνὸς δεῖν πεντήκοντα».

34 Vgl. *Eyben*: Art. Jugend (Anm. 5) 423f. 426 mit weiteren Stellen. Die Stereotype werden jedoch auch aufgebrochen; vgl. ebd. 425f.

35 Hinweise bei *Stendebach*: Art. Jugend (Anm. 4) 416; vgl. auch *Eyben*: Art. Jugend (Anm. 5) 422f mit weiteren Stellen. In Spr 20,29 LXX wird signifikanterweise «Weisheit» statt «Kraft» genannt.

36 Sen. ep. 108,27: «... quia iuuenes possumus discere, possumus facilem animum et adhuc tractabilem ad meliora conuertere; quia hoc tempus idoneum est laboribus, idoneum agitandis per studia ingeniis [est] et exercendis per opera corporibus; quod superest segnius et languidius est et propius a fine». Vgl. zur Stelle und positiven Charakterisierung der Jugend in Rom *Eyben*: Art. Jugend (Anm. 5) 413.

37 Cic. sen. 33: «... et infirmitas puerorum et ferocitas iuvenum et gravitas iam constantis aetatis et senectutis maturitas naturale quiddam habet, quod suo tempore percipi debeat». Ist dies im Kontext auf das Individuum gemünzt, so lässt es sich doch m. E. auf das gesellschaftliche Zusammenspiel übertragen.

38 So schon *Barclay*: Neither Old (Anm. 27) 240: Analog zu Apg 2,17 seien «... spiritual gifts in Pauline theology [...] not distributed by age», was einer «alternative, apocalyptic anthropology» (vgl. z. B. 1 Kor 1,18; Gal 6,15) entspreche.

39 Vgl. *Henry George Liddell / Robert Scott*: A Greek-English Lexicon, Revised and Augmented Throughout by Sir *Henry Stuart Jones*, with the Assistance of *Roderick McKenzie* and with the Cooperation of Many Scholars. With a Revised Supplement 1996, Oxford 1996, 1174 s. v. νήπιος.

40 *Simon Légasse*: Art. νήπιος, in: EWNT[3] 2 (2011) 1142f, hier 1142: «Vollendung im Eschaton» gegenüber der Gegenwart.

41 EWNT[3] 3 (2011) 375 s. v. προθεσμία: «t[erminus]. t[echnicus]. des hellenistischen Vormundschaftsrechts».

42 Hier ist vorausgesetzt, dass die Volljährigkeit nicht automatisch eintrat, wie *François Vouga*: An die Galater (HNT 10), Tübingen 1998, 99, feststellt. Er sieht deshalb Diskrepanzen zum römischen Recht. Vgl. aber *Laes / Strubbe*: Youth (Anm. 2) 31, denen zufolge das Alter für das Anlegen der *toga virilis* erst unter Justinian auf 14 Jahre fixiert wurde. Dem kann an dieser Stelle nicht weiter nachgegangen werden.

43 Zum Gegensatzpaar vgl. auch *Dieter Zeller*: Der erste Brief an die Korinther (KEK 5), Göttingen 2010, 415 mit Verweis auf 1 Kor 2,6; vgl. auch 1 Kor 14,20.

44 *Eyben*: Art. Jugend (Anm. 5) 431f führt Lk 7,11; Mk 14,51f.; 16,5–7; Mt 19,16–22 und dazu noch den jüngeren der Söhne im Gleichnis vom barmherzigen Vater (Lk 15,11–32) an; der wird jedoch nur als «jüngerer» dem «älteren» Sohn gegenübergestellt, so dass sein absolutes Alter und somit auch die

Zugehörigkeit zu einer Jugendphase m. E. offen bleiben muss. *Eyben* kommentiert oder problematisiert diese Stellen nicht bezüglich ihres Ertrags für ein Jugendalter. Vgl. ebenso zu Apg 20,9–12 und 23,12–22 ebd. 432.

45 Nach *Barclay*: Neither Old (Anm. 27) 229 entspricht dies antiken Erzählkonventionen, wo das Alter «either unknown or irrelevant to the story being told» ist.

46 Auch in Lk 4,31 wird ein Ortswechsel von Nazaret nach Kafarnaum erzählt, doch ist Jesus schon zuvor umhergezogen (4,14f).

47 Vgl. zur Frühreife und der entsprechenden Topik in der Umwelt *Walter Radl*: Das Evangelium nach Lukas. Kommentar. Erster Teil: 1,1–9,50, Freiburg i. Br. / Basel / Wien 2003, 136.

48 *Christoph G. Müller*: «Ungefähr 30». Anmerkungen zur Altersangabe Jesu im Lukasevangelium (Lk 3.23), in: NTS 49 (2003) 489–504 stellt die Belege zum Alter von 30 Jahren aus biblisch-jüdischer und griechisch-römischer Umgebung zusammen. Er folgert: «Die Zahl ‹30› dient vielmehr dazu, eine besondere Altersschwelle zu markieren» und überträgt dies auf Lk 3,23, wo Jesus im «besten Alter» erscheine (ebd. 499); zudem seien auch mit der vorausgehenden Geistesgabe bei der Taufe Davidassoziationen gesetzt, die sich im Evangelium fortsetzten. Für die David-Deutung spricht m. E., dass die 30 Jahre sonst kein eindeutiges Inaugurationsalter sind. Dagegen ist jedoch anzumerken, dass die Salbung Davids durch Samuel mit der Geist-Notiz bereits in 1 Sam 16 erzählt wird, die Salbung nach Sauls Tod durch die Männer von Juda in 2 Sam 2,4, und erst die Salbung zum König von ganz Israel an erwähnter Stelle 2 Sam 5,4, auch zeitlich weit entfernt von der Geistnotiz. Zum Problem der ungefähren Angabe für die «symbolische Funktion» vgl. *Radl*: Evangelium nach Lukas (Anm. 47) 218.

49 Vgl. *Richard I. Pervo*: Acts. A Commentary (Hermeneia. A Critical and Historical Commentary on the Bible), Minneapolis, Minn. 2009, 198, Zitat 200.

50 Im Gesamt der schwer rekonstruierbaren biographischen Daten scheint das junge Lebensalter nicht unplausibel: Kommt Paulus 59 n. Chr. nach langer Tätigkeit, die wiederum den Tod Jesu um 30 n. Chr. voraussetzt, nach Rom, so ist eine Geburt um die Zeitenwende und damit ein Alter von um 30 bei der Jerusalemer Verfolgung denkbar. Vgl. *Stefan Schreiber*: Chronologie. Die Lebensdaten des Paulus, in: *Martin Ebner / Stefan Schreiber*: Einleitung in das Neue Testament (KStTh 6), Stuttgart ²2013, 269–280, hier 272f, der Phlm 9 neben Apg 7,58 anführt und daher «grob auf den Beginn des 1. Jh.» (ebd. 272) schließt; ebd. 272 zur Datierung des Rom-Aufenthalts. *Udo Schnelle*: I. Probleme einer Paulusbiographie. 1. Methodische Probleme, in: *Friedrich-Wilhelm Horn* (Hrsg.): Paulus Handbuch, Tübingen 2013, 44–49, hier 48, folgert allein aus Phlm 9 eine Geburt «Mitte des ersten Jahrzehnts n. Chr.».

51 Vgl. für den alttestamentlichen Hintergrund *Karen Engelken*: Art. Jungfrau/ Jungfräulichkeit, in: NBL 2 (1995) 416–419, hier 417.

52 In Apg 21,9 werden auch die Töchter des Evangelisten Philippus aus Caesa-

rea maritima als παρθένοι προφητεύουσαι erwähnt. Diese jungen Frauen spielen für den Erzählverlauf keine Rolle und sind vielmehr als Besonderheit einer Familie hervorgehoben. Auf sie kann hier nicht näher eingegangen werden, sie entsprechen jedoch auch dem Kooperationsmodell.

53 Vgl. die jungen Männer bei der Beerdigung von Hananias und Saphira in Apg 5,6.10. Zur Rolle der jungen Frauen vgl. *Ruben Zimmermann*: Das Hochzeitsritual im Jungfrauengleichnis. Sozialgeschichtliche Hintergründe zu Mt 25.1–13, in: NTS 48 (2002) 48–70: Im griechischen Hochzeitsritual erwarten die Eltern des Bräutigams diesen (und die Braut) nach den Feierlichkeiten im Haus der Braut zurück zur Hochzeitsnacht. Dort warten die Sklavinnen («Mägde», ebd. 68) mit Fackeln, um den Bräutigam (und die Braut) ins Hochzeitsgemach zu bringen. Als Fackeln brannten in Öl getränkte Lappen, die ohne Öl sofort verglimmten.

54 Vgl. zur Auslegung *Matthias Konradt*: Das Evangelium nach Matthäus (NTD 1), Göttingen 2015, 383f: Problematisch sei nicht das Ausbleiben des Bräutigams: «Vielmehr ist es umgekehrt so, dass gerade die Verzögerung des Bräutigams, die für die noch nicht eingetretene Wiederkunft Christi transparent ist, ihnen die Gelegenheit eröffnet, ihren Fehler [kein Öl dabei zu haben, HS] noch rechtzeitig zu korrigieren, doch verschlafen sie diese Möglichkeit». Das «nachlässige[n] und unaufmerksame[n] Verhalten» besteht darin, dass sie «mit dem Öl das Notwendige vergaßen» (ebd. 384).

55 Nach *Barclay*: Neither Old (Anm. 27) 229–232 ist auch dies typisch für die Texte und das Denken der Zeit außerhalb spezieller Diskurse wie z. B. über öffentliche Funktionen; allerdings lässt er das «jüngere» Alter erst nach der Jugendphase beginnen; die Zuschreibungen selbst seien offen und unpräzise. *Barclay* stellt fest, dass diese Polarität wie auch die Verbindung von Lebensalter und Leitung erst nach den unumstrittenen Paulusbriefen hervortritt; eine charismatische Sichtweise lasse das Alter außen vor (s. auch o. Anm. 38).

56 *Andreas Lindemann*: ... ἐκτρέφετε αὐτὰ ἐν παιδείᾳ καὶ νουθεσίᾳ κυρίου (Eph 6.4). Kinder in der Welt des frühen Christentums, in: NTS 56 (2010) 169–190, hier 181f betont bzgl. des Alters, dass die Kinder zur Gemeinde gehörten, dass die Gehorsamsforderung «zwar nicht ganz kleine, aber auch nicht bereits erwachsene Kinder» meine (ebd. 181), dass Verständnisfähigkeit vorausgesetzt werde, dass die Aufforderung zum «Aufziehen» aber auch kleinere Kinder umfasse.

57 Vgl. in Bezug auf vermeintlich kleine (ebd. 361: «geringen Alters») «Kinder als unfertige Menschen» mit «Minderwertigkeit und Unreife» in antiker Sicht *Dorothee Dettinger*: Neues Leben in der alten Welt. Der Beitrag frühchristlicher Schriften des späten ersten Jahrhunderts zum Diskurs über familiäre Strukturen in der griechisch-römischen Welt (ABIG 59), Leipzig 2017, 362; ebd. 367 zu Eph 6,1, es sei «nicht an sehr kleine Kinder gedacht», jedoch könne «ab einem gewissen Alter der Kinder durchaus davon ausgegangen werden, dass sie die Aufforderung verstehen».

58 Zur Struktur *Alfons Weiser*: Titus 2 als Gemeindeparänese, in: *Helmut Merk-*

lein (Hrsg.): Neues Testament und Ethik. Für Rudolf Schnackenburg, Freiburg i. Br. / Basel / Wien 1989, 397–414, hier 400–405; ebd. 408f zur Eigenheit der Aufnahme der Sklaven in diese Reihe.

59 *Dettinger*: Neues Leben (Anm. 57) 324 sieht Titus ebenfalls als Vorbild der jungen Männer, aber auch «der ganzen Gemeinde». So seien auch die Mahnungen in V. 7f an die jungen Männer adressiert. Dagegen ist einzuwenden, dass dort die Lehre hervorgehoben wird, die m. E. nicht von allen jungen Männern, sicher nicht speziell von ihnen praktiziert wurde. Doch selbst wenn V. 7f für sie gelten sollten, ergibt sich daraus keine Generationenunterordnung wie bei den Frauen.

60 *Martin Vahrenhorst*: Der erste Brief des Petrus (ThKNT 19), Stuttgart 2016; vgl. die Erläuterungen von *Barclay*: Neither Old (Anm. 27) 227f zur Demographie, die er aus einer Studie von *Tim G. Parkin* übernimmt: Die Gruppe der über 60-Jährigen habe ca. 7% der Bevölkerung ausgemacht, zu wenig «to constitute a socially significant age-class of their own» (ebd. 228).

61 Dies sieht *Barclay*: Neither Old (Anm. 27) 235 anders – Evidenz wäre m. E. nur aus der realen Umsetzung zu erhalten.

62 *Joachim Kügler*: Junge «Witwen» als Bräute Christi (1 Tim 5,11f.). Der Gender-Impuls der Jesus-Tradition und seine Umsetzung in paulinischen Gemeinden vor dem religionsgeschichtlichen Hintergrund religiös motivierter Ehelosigkeit von Frauen, in: *ders.*: Exegese zwischen Religionsgeschichte und Pastoral (SBAB 64), Stuttgart 2017, 209–225, hier 214 bringt die mangelnde Selbstkontrolle mit antiken «Frauenklischees» in Verbindung – leider ohne Belege; ebd. 215 auch die antike Sicht vom «jugendlich-ungestümen Sexualtrieb» der Frauen. Nach der oben erläuterten Defizit-Logik und aufgrund der Altersgrenze scheint mir der Altersaspekt zu überwiegen.

63 Vgl. *Korinna Zamfir*: Men and Women in the Household of God. A Contextual Approach to Roles and Ministries in the Pastoral Epistles (NTOA/StUNT 103), Göttingen 2013, 359f zu dieser Altersgrenze und der These, damit solle die Anzahl der Witwen möglichst beschränkt werden.

64 Vgl. *Kügler*: Witwen (Anm. 62) 215.

65 Vgl. dazu und zu den Leitungsämtern kompakt *Gerd Häfner*: Die Pastoralbriefe (1Tim/2 Tim/Tit), in: *Ebner / Schreiber* (Hrsg.): Einleitung (Anm. 50) 456–479, hier 471f.

66 Vgl. *Alfons Weiser*: Der zweite Brief an Timotheus (EKK 16,1), Düsseldorf / Zürich 2003, 227f speziell zum Lexem νεωτερικός.

67 Vgl. *Barclay*: Neither Old (Anm. 27) 237.

68 Vgl. *Udo Schnelle*: Die Johannesbriefe (ThHK 17), Leipzig 2010, 94.

69 *Schnelle* (ebd. 95) vermutet, dass damit «alle Glaubenden» «rhetorisch variierend angesprochen werden», nicht aber Ämter oder Gruppen gemeint seien. Davon unberührt bleibt das metaphorische Spiel mit den altersbedingten Zuschreibungen.

70 Ebd. 95.

71 Joh 21,18: «... ὅτε ἦς νεώτερος, ἐζώννυες σεαυτὸν καὶ περιεπάτεις ὅπου

ἤθελες· ὅταν δὲ γηράσῃς, ἐκτενεῖς τὰς χεῖράς σου, καὶ ἄλλος σε ζώσει καὶ οἴσει ὅπου οὐ θέλεις».

72 Vgl. das Zitat aus dem Abschlussdokument der Synode, die Jugend sei die «Zeit, in der sich die Persönlichkeit entwickelt» mit Wachstumspotential: CV 137; CV 139 zitiert sich *Papst Franziskus* selbst und spricht von «Suche nach ihrem eigenen Weg» und «Illusionen».

DOMINIKUS KRASCHL OFM

WILLIAM LANE CRAIG

Philosoph, Apologet, Apostel

1. Kennen Sie William Lane Craig?

Die Ausführungen dieses Beitrags zeichnen ein Portrait von *William Lane Craig*. Ihr Interesse gilt neben seinen Verdiensten für die Wissenschaft vor allem der Bedeutung seines Lebenswerkes für die Glaubensverantwortung und Neuevangelisierung.

In englischsprachigen Kirchen- und Theologenkreisen ist er bekannt wie ein bunter Hund. Erwähnt man seinen Namen in unseren Breiten, heißt es dagegen meist: Wie bitte? *Craig*? Nein, kenne ich nicht.

William Lane Craig ist in der persönlichen Begegnung höflich und zuvorkommend, im Auftreten seriös und in der Diskussion ebenso freundlich wie auf die Sache gerichtet. So wie ihn stellt man sich einen amerikanischen Gentleman vor. Einzig seine Vorliebe für bunte Krawatten mit Tiermotiven konterkariert sein sonst so seriöses Erscheinungsbild. Aber womöglich meint ja seine Gattin, eine auflockernde Note könne bei so viel Professionalität nicht schaden.

2. Analytischer Philosoph in christlicher Tradition

Die Webseite «The Best Schools» führt ihn schon seit einigen Jahren unter den fünfzig einflussreichsten lebenden Philosophen[1]. Darüber hinaus wird man sagen dürfen: *Craig* steht in der Tradition großer christlicher Philosophen (wie etwa eines Origenes, Augustinus, Thomas usw.), deren philosophisches Denken vom christlichen Glauben beseelt war und sich zugleich ganz in dessen Dienst stellt.

Dabei versteht es *Craig*, die Ideale analytischen Philosophierens – vor allem begriffliche Präzision und argumentative Stringenz – mit der Maxime Anselms von Canterburys zu verbinden, den Glauben mithilfe der Vernunft verständlich und einsichtig zu machen.

Craig ist übrigens nicht nur ein sehr präziser, sondern auch ein überaus produktiver Denker: Er hat dutzende Bücher verfasst oder herausgegeben; dazu kommen weit über hundert wissenschaftliche Artikel in einschlägigen Fachzeitschriften. Im religionsphilosophischen Sektor zählt er allem Anschein nach zu den meistzitierten Gegenwartsphilosophen[2].

Im Fokus von *Craig*s Denken und Forschen stehen die philosophischen Grundlagen der christlichen Weltanschauung. Ebenso, nämlich «Philosophical Foundations for a Christian Worldview», heißt auch ein sechshundert Seiten umfassendes Grundlagenwerk, das er gemeinsam mit dem US-amerikanischen Philosophen und Theologen *James Porter Moreland* (*1948) verfasst hat[3].

Die meisten Publikationen *Craig*s widmen sich zentralen Fragen und Problemen im Umkreis des christlichen Theismus. Sie thematisieren Gottes Existenz und Eigenschaften, Gottes Schöpfungs- und Heilshandeln, das Problem des Übels, das Verhältnis von Gott und Zeit, die Historizität der Auferstehung Christi und ähnliches mehr. Wir werden auf einige pointierte Positionen *Craig*s noch zurückkommen.

Im Unterschied zu den meisten seiner Fachkollegen beschränken sich *Craigs* Aktivitäten nicht auf den fachwissenschaftlichen Diskurs. Eine weit über die akademische Welt hinausreichende Bekanntheit erlangte er als ebenso begabter wie gefragter Debattenredner. Seit den frühen 1980er Jahren stieg *Craig* ungezählte Male in den Ring mit prominenten Atheisten und Skeptikern, Nicht-Christen, Naturwissenschaftlern und Philosophen. Mit enormem Erfolg, wie seine Anhänger beteuern und seine Verächter anerkennen.

Im englischsprachigen Raum, insbesondere in den Vereinigten Staaten, genießt *Craig* nicht umsonst den Ruf, der bekannteste lebende christliche Apologet zu sein. *Sam Harris*, neben *Richard Dawkins* einer der Herolde des Neuen Atheismus und als solcher ideologischer Erzfeind *Craigs*, gestand einmal: «Craig ist *der* christliche Apologet, er hat die Gottesfurcht in viele meiner Atheisten-Kollegen eingepflanzt»[4].

Die von *Craig* so geschätzte akademische Debatte knüpft an die hochmittelalterliche Tradition der universitären Disputation an. Ausgetragen wird sie meist in der Arena der universitären Öffentlichkeit, vor einem bis zum letzten Platz gefüllten Auditorium. Freilich bleibt sie nicht auf diesen Rahmen beschränkt: Dank der neuen Medien erfahren seine Debatten eine weit über den jeweiligen Anlass hinausreichende Wahrnehmung. Sie lassen sich fast alle im Netz nachverfolgen, einige sind auch als DVD erhältlich oder wurden als Bücher veröffentlicht[5].

Die Kombination von gesellschaftlichem Kontrovers-Thema und Kampf-der-Giganten-Format ist geeignet, öffentliches Aufsehen zu erregen: Die 2011 ausgetragene Debatte zwischen *Craig* und *Harris* in Notre Dame wurde inzwischen fast 1,8 Millionen Mal auf Youtube aufgerufen. So mancher Popstar kann von solchen Klickzahlen nur träumen.

So sehr *Craigs* Debatten akademische Events darstellen, so wenig darf man sie sich freilich wie TV- oder Wahlkampfdebatten vorstellen, wo man mit flotten Sprüchen und publikumswirksamer Polemik mehr punktet als mit soliden Belegen und Argumenten. Nein, bei *Craig*s Debatten geht es im wahrsten Sinn des Wortes «zur Sache». Die Debattenteilnehmer haben sich sehr gründlich auf das jeweilige Thema vorbereitet, um sich in der Folge einem minutiös getakteten Reglement zu unterwerfen:

Sie beginnen für gewöhnlich mit einem etwa 20-30-minütigen Eröffnungsstatement, in dem sie ihre Position sowie ihre wichtigsten Argumente zum jeweiligen Thema darlegen. Darauf folgt eine gegenseitige 10-15-minütige Replik, auf die eine zweite etwa 10-minütige Replik sowie ein Schlussplädoyer folgt. In der verbleibenden Zeit wird das Auditorium in die Debatte eingebunden und richtet Fragen an die Opponenten. Insgesamt dauert eine Debatte dieses Formats etwa zwei Stunden.

Craig ist freilich nicht nur ein brillanter Redner, der Spaß am argumentativen Austausch hat. Er hält die akademische Debatte für ein besonders geeignetes Format, um die christliche Botschaft im universitären Raum zur Sprache zu bringen[6]. Sein enormer Erfolg gibt zu denken: Warum erscheint die Performance nicht weniger professioneller Theologen dagegen oft so blass? Was hat *Craig*, was so vielen anderen Theologen fehlt?

Aus den über hundert dokumentierten Debatten *Craig*s seien einige Beispiele angeführt, die entweder einen Bezug zur deutschen Sprachwelt haben oder Personen betreffen, die über die philosophische Fachwelt hinaus Bekanntheit erlangt haben:

- 2002 an der California Polytechnic State University zum Thema «The resurrection of Jesus: history or hallucination?» mit dem evangelischen Neutestamentler *Gerd Lüdemann* (*1946); dieser hatte sich wegen der Leugnung der Auferstehung Christi ein Lehrzuchtverfahren zugezogen und schließlich 1999 seinen Lehrstuhl an der Theologischen Fakultät in Göttingen aufgeben müssen[7].

- 2005 an der Universität München zum Thema «Existiert Gott?» mit *Norbert Hoerster* (*1937). *Hoerster* hatte bis zu seiner Emeritierung den Lehrstuhl für Rechts- und Sozialphilosophie an der Universität Mainz inne. Er ist Mitglied im wissenschaftlichen Beirat der Humanistischen Akademie Bayern und trat wiederholt als pointierter Religionskritiker in Erscheinung[8].

- 2005 an der Universität Düsseldorf zum Thema «Gibt es Gott?» mit *Michael Schmidt-Salomon* (*1967). Dieser ist Publizist und Philosoph sowie Mitbegründer und Vorstandssprecher der Giordano-Bruno-Stiftung. Darüber hinaus hat er sich auch als Aktivist, Musiker und Autor von Kinderbüchern betätigt[9].

- 2006 in Massachusetts zum Thema «Is there historical evidence for the resurrection?» mit *Bart D. Ehrman* (*1955), einem international bekannten amerikanischen Bibel- und Religionswissenschaftler. Er hatte als evangelikaler Theologe begonnen und später die Inspiration der Heiligen Schrift infrage gestellt. Heute bezeichnet er sich als Agnostiker, der sich mit der Textkritik des Neuen Testaments beschäftigt[10].

- 2009 in Dallas zum Thema: «Does the God of Christianity exist, and what difference does it make?» mit *Christopher Hitchens* (1949–2011). *Hitchens* war ein britisch-amerikanischer Journalist und Publizist, der neben *Richard Dawkins*, dem Philosophen *Daniel Dennet* und *Sam Harris* (siehe unten) zu den Speerspitzen des sogenannten Neuen Atheismus in den Vereinigten Staaten gehört(e)[11].

- 2011 an der Universität von Notre Dame (Indiana, USA) zum Thema: «Is the foundation of morality natural or supernatural?» mit *Sam Harris* (*1967). *Harris* ist ein US-amerikanischer Philosoph, Publizist und Neurowissenschaftler, der zu den medial bekanntesten und einflussreichsten Vorkämpfern des sogenannten Neuen Atheismus zählt[12].

- 2011 in North Carolina zum Thema: «Is there evidence for God?» mit *Lawrence M. Krauss* (*1954), einem kanadisch-amerikanischen theoretischen Physiker und Kosmologen, der die Auffassung verteidigt, unser Universum sei aus einem Quantenvakuum und damit gleichsam «aus dem Nichts» hervorgegangen[13].

- 2015 an der Universität Bielefeld «Gibt es Gott?» mit dem Bielefelder Philosophen *Ansgar Beckermann* (*1945). *Beckermann* machte als Naturalist und Religionskritiker wiederholt von sich reden. 2011 veröffentlichte *Beckermann* das Buch «Glaube», in dem er den Gottesglauben als ungerechtfertigt und unvernünftig auszuweisen versucht[14].

Nach dieser ersten Annäherung an den christlichen Philosophen und Apologeten *William Lane Craig* werden im folgenden Abschnitt einige wichtige Stationen im Werdegang *Craigs* näher beleuchtet.

4. Biographische Notizen

William Lane Craig wurde 1949 in Peoria, einer Stadt im US-amerikanischen Bundestaat Illinois, als das zweite dreier Kinder des Ehepaars *Mallory* und *Doris Craig* geboren[15]. Er leidet an angeborener neuraler Muskelatrophie, wodurch seine Bewegungsfreiheit etwas einschränkt ist; als Kind konnte er nicht normal laufen[16].

Während seiner High-School-Zeit nahm *Craig*, gewissermaßen als Sportersatz, an Debattierwettbewerben teil. In seinem letzten Schuljahr (1966/67) gewann *Craig* einen bundesstaatlichen Debattierwettbewerb in der Kategorie Redekunst (original oratory)[17]. Im Alter von 16 Jahren, in der Nacht auf den 11. September 1965, bekehrte er sich zum christlichen Glauben. Seine Bekehrungsgeschichte lassen wir ihn selbst erzählen:

«Ich war in einem ordentlichen und liebevollen Umfeld aufgewachsen, aber wir waren keine Familie, die in die Kirche ging, geschweige denn christlich war. Doch im Teenager-Alter fing ich an, mir die großen Fragen des Lebens zu stellen: ‹Wer bin ich? Warum bin ich hier? Wohin gehe ich?›
Auf der Suche nach Antworten begann ich, eine große Kirche in unserer Gemeinde zu besuchen. Doch statt Antworten fand ich nur einen geselligen Country Club, wo man anstelle des Mitgliedsbeitrags eben jede Woche einen Dollar in die Kollekte warf. Die anderen High-School-Schüler, die in der Jugendgruppe waren und sich sonntags als Christen ausgaben, lebten für den Rest der Woche für ihren eigentlichen Gott, die Beliebtheit. Sie schienen bereit, alles dafür zu tun, beliebt zu sein.
Das nagte an mir. ‹Sie geben sich als Christen aus, aber ich führe ein besseres Leben als die›, dachte ich bei mir [...] So nahm ich der institutionellen Kirche und den dazugehörigen Leuten gegenüber mit der Zeit eine sehr verbitterte Haltung ein. Schon bald hatte ich auch anderen Leuten gegenüber diese Haltung. ‹Niemand ist wirklich echt›, dachte ich mir [...] Und so verspürte ich irgendwann Wut und Groll gegenüber Menschen im Allgemeinen [...] ‹Ich brauche keine Menschen›, dachte ich bei mir, und stürzte mich in mein Studium [...] Und dennoch wusste ich – wenn ich ehrlich war und mich selbst betrachtete –, dass ich tief im Inneren sehr wohl lieben und von anderen geliebt werden wollte. An diesem Punkt erkannte ich, dass ich genauso aufgesetzt war wie die anderen. Ich war es doch, der vorgab, niemanden zu brauchen, obwohl ich tief im Inneren wusste, dass ich das sehr wohl tat.
So richtete ich dann meinen Zorn und meinen Hass wegen meiner eigenen Heuchelei und Falschheit auf mich selbst [...] Eines Tages, als ich mich besonders mies fühlte, ging ich auf meiner High-School in die Deutschstunde und setzte mich hinter ein Mädchen, die eine von denen war,

die einfach immer so glücklich sind, dass einem fast schon übel davon wird. Ich tippte sie an der Schulter an, sie drehte sich um, und ich fragte sie knurrend:

‹Sandy, warum bist du eigentlich immer so glücklich?›

‹Weil ich errettet bin!› Ich war fassungslos. So etwas hatte ich noch nie gehört. ‹Du bist *was*?›, fragte ich. ‹Ich kenne Jesus als meinen persönlichen Erretter›, erklärte sie. ‹Ich gehe in die Kirche›, sagte ich unbeholfen. ‹Das reicht nicht, Bill›, sagte sie. ‹Du musst ihn wirklich in deinem Herzen leben lassen›. Das war die Höhe! ‹Wieso würde er denn sowas tun wollen?›, verlangte ich zu wissen. ‹Weil er dich liebt›.

Das traf mich wie ein Blitz. Hier saß ich nun, voller Wut und Hass, und sie sagt, es gebe jemanden, der mich liebt. Und zwar niemand Geringeren als den Gott des Universums! Das haute mich einfach um. Der Gedanke, dass der Gott des Universums *mich*, Bill Craig, lieben sollte [...] löste bei mir die schmerzhafteste Zeit des In-mich-Gehens aus, die ich jemals durchgemacht habe. Ich besorgte mir ein Neues Testament und las es von der ersten bis zur letzten Seite. Und dabei zog mich dieser Jesus von Nazareth komplett in seinen Bann. In seiner Lehre steckte eine Weisheit, die ich davor noch nie gesehen hatte und in seinem Leben eine Authentizität, die nicht zu jenen Leuten in meiner Kirche passte, die von sich behaupteten, ihm nachzufolgen. Ich wusste, ich durfte das Kind nicht mit dem Bade ausschütten.

In der Zwischenzeit stellte mir Sandy andere Christen auf der High-School vor. Solche Leute hatte ich davor noch nie getroffen! Was auch immer sie über Jesus sagten: Es war nicht zu leugnen, dass sie auf einer Realitätsebene lebten, von deren Existenz ich nicht einmal zu träumen wagte, und es gab ihrem Leben tiefen Sinn und Freude, nach denen ich mich so sehr sehnte.

Lange Rede, kurzer Sinn: Meine spirituelle Suche dauerte noch sechs Monate. Ich ging zu christlichen Veranstaltungen, las christliche Bücher und suchte Gott im Gebet. Schließlich war ich mit meinem Latein am Ende, und ich schrie zu Gott. Ich schrie all die Wut und Bitterkeit, die sich in mir aufgestaut hatte, heraus, und gleichzeitig verspürte ich diese riesige Freude, die in mir immer größer wurde, wie ein Luftballon, den man aufbläst, bis er fast platzt! Ich weiß noch, wie ich nach draußen eilte, es war eine klare Sommernacht, und man konnte die Milchstraße am ganzen Himmel sehen. Und als ich zu den Sternen aufblickte, dachte ich bei mir: ‹Gott! Ich kenne Gott jetzt!› Dieser Moment veränderte mein ganzes Leben»[18].

Nach Abschluss der High School besuchte *Craig* das unweit von Chicago gelegene, evangelikal geprägte «Wheaton College» – im Ranking der besten christlichen US-Colleges wurde es im Studienjahr 2017/18 an zweiter Stelle geführt[19]. Ebendort wuchs in ihm der Wunsch, die christliche Botschaft mit den Mitteln der Vernunft und im Diskurs mit den intellektuellen Eliten zu erläutern und zu verteidigen[20].

Seine Grundstudien schloss *Craig* 1971 im Alter von 22 Jahren mit einem Bachelor in Communications ab[21]. Im selben Jahr heiratete er seine Freundin *Jan*, die er bei der christlichen Jugendarbeit am Campus kennengelernt hatte[22]. Daraufhin schrieb er sich in einen religionsphilosophischen Studiengang an der «Trinity Evangelical Divinity School» im Norden Chicagos ein. Es folgten zwei Masterabschlüsse in Kirchengeschichte (1974) und Religionsphilosophie (1975).

Von 1975 bis 1977 arbeitete *Craig* an seinen philosophischen Doktoratsstudien. Sie führten ihn an die Universität von Birmingham (England). Wegen der damals dominierenden Metaphysikkritik innerhalb der analytischen Philosophie hatte *Craig* nach eigener Aussage in den Staaten niemanden finden können, der eine Arbeit über philosophische Argumente für die Existenz Gottes hätte betreuen können und wollen[23]. *Craig* wandte sich daher an den renommierten englischen Religionsphilosophen *John Hick* (1922–2012), der etwas später für seine programmatische Ausarbeitung des religionstheologischen Pluralismus auch in fachtheologischen Kreisen größere Bekanntheit erlangen sollte. Bei ihm arbeitete *Craig* über eine Version des kosmologischen Arguments für die Existenz Gottes, das sogenannte Kalām-Argument[24].

Im Vorfeld der Promotion waren finanzielle Probleme zu überwinden. Die Universität von Birmingham hatte von *Craig* eine Bestätigung seiner Bank verlangt, dass er über *sämtliche* für das Promotionsstudium erforderlichen Geldmittel verfügte. So wollte man im Fall von Auslandsstudenten offenbar vorzeitigen Studienabbrechern vorbeugen. *Craig* fand eine aus europäischer Perspektive typisch amerikanisch anmutende Lösung des Problems:

> «Nun, so viel Geld hatten wir nicht. Wir waren arm wie Kirchenmäuse [...] Damals wurden ausländischen Studenten von den [...] britischen Universitäten keine Stipendien gewährt. Wir mussten uns das Geld selbst beschaffen. Und so fingen wir an, jeden Morgen und Abend dafür zu beten, dass der Herr uns irgendwie mit Mitteln versorgen würde. Wir verabredeten uns mit einem nichtchristlichen Geschäftsmann, von dessen Familie *Jan* als Mitarbeiterin von Campus für Christus unterstützt wurde, und legten ihm dar, wozu uns Gott unserer Meinung nach berief. Und dieser nichtchristliche Geschäftsmann schenkte uns [...] alles Geld, das wir für das Doktoratsstudium [...] benötigten!»[25]

Nach Abschluss seiner philosophischen Dissertation bewarb sich *Craig* 1978 erfolgreich um ein Postdoc-Stipendium der Alexander-von-Humboldt-Stiftung. Unter der wissenschaftlichen Ägide von *Wolfhart Pannenberg* (1928–2014) verfasste er an der Ludwig-Maximilians-Universität München eine Lizentiats-Dissertation zur Historizität der Auferstehung Jesu[26].

1980 erhielt *Craig* eine Stelle als Assistent Professor an der «Trinity Evangelical Divinity School» und lehrte dort bis 1986 Religionsphilosophie. Nach einem Jahr als Associate Professor am «Westmont College» zog *Craig* 1987 mit seiner Frau und seinen beiden Kindern wieder nach Europa, wo er für weitere sieben Jahre als Visiting Researcher an der Katholischen Universität Leuven (Belgien) forschte. In dieser Zeit entstanden sieben Bücher, die sich insbesondere mit Gottes Verhältnis zur Zeit und seinem Vorherwissen freier menschlicher Handlungen beschäftigen[27].

1994 wechselte *Craig* auf Einladung von *James Porter Moreland* und *R. Douglas Geivett* an das «Department of Philosophy and Ethics» der «Talbot School of Theology» in Los Angeles. Er hat dort bis heute eine Forschungsprofessur inne, die ihm große Bewegungsfreiheit ermöglicht. 2014 wurde *Craig* darüber hinaus als Professor für Philosophie an die «Houston Baptist University» berufen.

Seit einigen Jahren versucht *Craig*, die neuen Medien für seine Mission stärker zu nützen. So rief er den Online-Apologetik-Dienst «ReasonableFaith.org» ins Leben. Dieser Dienst, der auch eine App umfasst, verfolgt das Ziel, den christlichen Glauben in der Öffentlichkeit verständlich und fachkundig zur Sprache zu bringen. Dabei kommen Themen zur Sprache wie etwa die Existenz Gottes, der Sinn des Lebens, die Objektivität der Wahrheit, die Fundierung moralischer Werte, die Erschaffung des Universums, Intelligent Design, die Verlässlichkeit der Evangelien, die Einzigartigkeit Jesu, die Historizität der Auferstehung, die Herausforderung des religiösen Pluralismus usw[28].

Seit 2007 erläutert *Craig* zentrale Inhalte des christlichen Glaubens auch im Rahmen einer «Sunday School». Die Lehreinheiten können im Netz mitverfolgt werden. Sie verfolgen drei Ziele: «1. Christen zu schulen, christliche Grundwahrheiten zu verstehen, zu vermitteln und zu verteidigen, um jederzeit bereit zu sein, den Glauben gegenüber jedermann zu verteidigen, der nach dem Grund unserer Hoffnung fragt [...] 2. Mit dem Evangelium jene zu erreichen, die Christus noch nicht kennen [...] 3. Eine entflammte Gemeinschaft gegenseitiger Ermutigung und Fürsorge zu sein»[29].

Abschließend sei noch erwähnt, dass die «Biola University», eine private christliche Hochschule in Kalifornien, 2017 in Anerkennung von *William Lane Craig*s akademischen Leistungen einen Stiftungslehrstuhl schuf: den «William Lane Craig Endowed Chair in Philosophy»[30].

5. Pointierte Positionen

Im Folgenden greife ich exemplarisch vier Positionen *Craig*s heraus, für die er bekannt geworden ist und die einen nachhaltigen Einfluss auf die akademische Diskussion ausgeübt haben und ausüben.

5.1. Gottesbeweise

Craig verteidigt in seinen Veröffentlichungen und Vorträgen eine Reihe philosophischer Argumente für die Existenz Gottes. Dazu gehören Versionen des kosmologischen Arguments (Kalām- und Kontingenzargument), des teleologischen Arguments (aus der kosmischen Feinabstimmung), des ontologischen Arguments (modallogisch reformuliert) und des moralischen Arguments. Keines dieser Argumente vermag alle für den Theismus charakteristischen Gottesattribute auf einmal aufzuweisen. Gleichwohl ergänzen und stützen sich die genannten Argumente aus der Sicht *Craig*s gegenseitig, sie entfalten gemeinsam eine hohe Erklärungskraft[31].

Craig gilt als der größte Kenner des Kalām-Arguments. Bereits zu Beginn der 1970er Jahre hatte er die Geschichte dieses altehrwürdigen Arguments im jüdischen, christlichen und muslimischen Denken zu studieren begonnen. Tief beeindruckt war er damals von dessen umsichtiger Verteidigung durch *Stuart C. Hackett* (1925–2012)[32]. In seinen philosophischen Promotionsarbeiten entwickelte *Craig* dieses Argument vor dem Hintergrund des Standardmodells der modernen Kosmologie weiter und verteidigte es in zahlreichen Veröffentlichungen gegenüber Einwänden. Das Argument lautet in einer vereinfachten Version:

1. Alles, was einen zeitlichen Anfang hat, hat eine Ursache für seine Existenz.

2. Das Universum hat einen zeitlichen Anfang.
3. Also hat das Universum eine Ursache für seine Existenz.

Weil eine aktual unendliche Kette metaphysisch unmöglich sei, müsse die Vergangenheit endlich sein. Dann aber müsse die Ursache des Universums letztlich ein «unverursachter, anfangsloser, veränderungsloser, immaterieller, zeitloser, raumloser, unvorstellbar mächtiger, personaler Schöpfer» sein[33]. Als solcher habe er Eigenschaften, die herkömmlich allein Gott zugeschrieben werden.

*Craig*s Beiträge zum Kalām-Argument haben ein enormes Echo in der Fachwelt ausgelöst. Der Philosoph *Quentin Smith* bemerkt im «Cambridge Companion to Atheism» anerkennend:

> «Eine Zählung der Artikel in Philosophie-Fachzeitschriften hat ergeben, dass über kein zeitgenössisches Argument irgendeines Philosophen für die Existenz Gottes mehr Artikel veröffentlicht wurden als über *Craig*s Verteidigung des Kalām-Arguments [...] Theisten wie Atheisten können ‹ihre Finger nicht davon lassen›»[34].

5.2. Vorherwissen Gottes

Craig vertritt bezüglich des Verhältnisses von göttlichem Vorherwissen und den sogenannten *futura contingentia* eine kompatibilistische Position. Gottes Vorherwissen umfasst nach *Craig* objektiv indeterminierte Quantenprozesse ebenso wie Entscheidungen, die vom freien Willen des Menschen abhängen.

*Craig*s eigener Lösungsansatz knüpft an die auf *Luis de Molina* SJ (1535–1600) zurückgehende Lehre von Gottes «mittlerem Wissen» (*scientia media*) an. *Molina* zufolge weiß Gott von Ewigkeit her und unabhängig von irgendeiner freien Entscheidung seinerseits alles logisch und metaphysisch Mögliche (= *natürliches Wissen*). Darüber hinaus weiß er von Ewigkeit her und logisch unabhängig von irgendeiner freien Entscheidung seinerseits, wie jedes mit libertarischer Willensfreiheit begabte Geschöpf, das er schaffen könnte, unter allen möglichen Umständen entscheiden würde (= *mittleres Wissen*). Wenn Gott sich nun frei dazu entscheidet, eine Welt zu schaffen, dann weiß er von Ewigkeit her, unter Berücksichtigung des mittleren Wissens und in Abhängigkeit von seiner freien Entscheidung, wie die tatsächliche Geschichte, sofern sie das Ergebnis kontingenter Freiheitsentscheidungen ist, verlaufen wird (= *freies Wissen*)[35].

William Lane Craig bezeichnete den sogenannten Molinismus als eines der «fruchtbarsten theologischen Konzepte», die jemals entwickelt worden sind[36]. Er hat ihn nicht nur entfaltet und verteidigt, sondern ihn auch auf verschiedene Problemfelder der Theologie angewandt[37]. Dazu gehören die göttliche Vorsehung[38] und Vorherbestimmung[39], die Schriftinspiration[40], die Standhaftigkeit der Heiligen[41], der christliche Heilspartikularismus[42] sowie das Problem des Bösen[43].

5.3. Gott und Zeit

In der Kontroverse zwischen Äternalismus und Sempiternalismus, also der Frage, ob Gott ewig im Sinn von zeitlos oder ewig im Sinn von zeitlich-immerwährend existiert, vertritt *Craig* eine für die Diskussion bemerkenswerte Mittelposition. Gott existiere unabhängig von der Schöpfung zeitlos, gewinne mit der Existenz einer zeitlichen Schöpfung aber einen Zeitbezug. Er ändere sich durch diesen zumindest extrinsisch, d. h. in seinem Verhältnis zur Welt. Abgesehen davon müsse Gott aufgrund seiner Allwissenheit wissen, welcher der gegenwärtige Zeitpunkt (im Unterschied zu vergangenen und zukünftigen Zeitpunkten) ist, und das ändere sich ständig[44].

Craig arbeitete darüber hinaus zu Fragen der Kosmologie und der Philosophie der Zeit[45]. Er ist ein Gründungsmitglied der «Philosophy of Time Society» und war von 1999 bis 2006 deren Präsident[46]. Er verteidigt eine Neo-Lorentzsche Interpretation der Relativitätstheorie. Entgegen der üblichen Interpretation nimmt er aus philosophischen Gründen eine nicht von dem Standpunkt bzw. der Bewegung des jeweiligen Beobachters abhängige Zeit an, nach der das Alter des Universums zu bemessen ist. *Craig* bezeichnet das Universum, sofern ihm eine kosmische Zeit zugrunde liegt, auch als «Gottes Uhr»[47].

5.4. Historizität der Auferweckung Jesu

Craig argumentiert in seiner bei *Pannenberg* angefertigten Arbeit dafür, dass in den Evangelien und den Paulusbriefen im Zusammenhang mit der Auferweckung Jesu eine Reihe erklärungsbedürftiger Ereignisse bezeugt werden. Er denkt dabei vor allem an das leere Grab, die Ostererscheinungen gegenüber Männern und Frauen, Einzelpersonen und Gruppen, Anhängern und Gegnern sowie den Osterglauben der Jünger angesichts der jüdischen Vorstellung einer endzeitlichen Auferstehung. Vor dem Hintergrund geschichtswissenschaftlicher Beurteilungsmaßstäbe erweise sich die Hypothese, dass Gott Jesus von Nazareth auferweckte, den konkurrierenden Erklärungshypothesen gegenüber (wie z. B. Betrugs-, Verwechslungs-, Halluzinationshypothese) als explanatorisch überlegen. *Craig*, der übrigens sehr gut Deutsch spricht, hält rückblickend fest:

> «Als Christ glaubte ich natürlich an die Auferstehung Jesu, und ich war auch mit bekannten apologetischen Argumenten dafür vertraut, doch ich fand im Zug meiner Forschungen überrascht heraus, wie solide man für die Historizität der Auferstehung argumentieren kann [...] Seitdem konnte ich mit einigen der weltweit führenden Skeptikern unter den Neutestamentlern wie John Dominic Crossan, Marcus Borg, Gerd Lüdemann und Bart Ehrman sowie mit Bestseller-Autoren wie John Shelby Spong über die Historizität der Auferstehung Jesu debattieren. Bewusst objektiv gesprochen, muss ich sagen, dass ich erschrocken zur Kenntnis genommen habe, wie ohnmächtig diese bedeutenden

> Gelehrten sind, wenn es darum geht, die Belege für Jesu Auferstehung zu widerlegen [...] Sehr oft, wirklich *sehr oft* sind es philosophische, und *nicht* geschichtliche Bedenken, die ihrem Skeptizismus zugrunde liegen. Doch natürlich sind diese Männer nicht philosophisch ausgebildet und begehen daher Amateurfehler, die ein ausgebildeter Philosoph leicht ausmachen kann»[48].

6. Craig und die Neuevangelisierung

Zu den epochalen Entwicklungen der neueren Zeit gehört es, dass in den westlichen Gesellschaften der theistische Horizont immer mehr wegbricht. Unter Jugendlichen und jungen Erwachsenen ist der Gottesglaube, vor dessen Hintergrund die Botschaft von Jesus Christus erst verständlich werden kann, zu einer eklatanten Minderheitenposition geworden. Die christlichen Kirchen wirken angesichts dieser Entwicklung hilflos und haben ihr allem Anschein nach nicht allzu viel entgegenzusetzen. Nicht selten wird die Tragweite dieses epochalen Vorgangs sogar verkannt, man ist ratlos und macht so weiter wie bisher.

Auch wenn dieser Trend schwerlich umzukehren war und ist, dürfte es auf der Ebene der wissenschaftlichen Theologie und der theologischen Ausbildung zu schwerwiegenden Fehleinschätzungen und Versäumnissen gekommen sein. So wäre es wohl schon vor Jahrzehnten dringend notwendig gewesen, der theologischen und religionspädagogischen Ausbildung eine profilierte apologetische Ausrichtung zu geben. Das genaue Gegenteil davon ist im Zuge der nachkonziliaren Grundlagenkrise der (Fundamental-) Theologie offenbar geschehen: Wirft man einen Blick in die in den letzten Jahrzehnten entstandenen Einführungen in die Fundamentaltheologie, stellt man fest, dass die philosophischen Argumente für Gottes Existenz – sowohl klassische als auch zeitgenössische – dort eher beiläufig und oberflächlich abgehandelt werden, sofern sie denn überhaupt zur Sprache kommen. Auch andere Argumente der klassischen Apologetik, die jeder Theologe gründlich studiert haben und kompetent vermitteln können sollte, sucht man in den fundamentaltheologischen Einführungen und Handbüchern der letzten Jahrzehnte oft vergeblich[49].

Bei Generationen von angehenden Seelsorgern, Theologen und Katecheten konnte, ja musste so der Eindruck entstehen, die Argumente der klassischen und zeitgenössischen Apologetik stellten mehr oder minder überlebte Nebenschauplätze der Glaubensverantwortung und -vergewisserung dar.

Freilich: Eine Theologie, Katechese und Pastoral, die rationale Argumente derart geringachtet, hinterlässt auf die Dauer einen schalen Beigeschmack. Trotz des wissenschaftlichen Pathos, mit dem sie auftritt, vermag sie nicht mehr so recht an das Wahrheitsgewissen der Menschen zu appellieren. Diese misslichen Zustände betrafen, unter anderen Vorzeichen, auch evangelikale Ausbildungsstätten. *Craig* erinnert sich:

> «Leider war Wheaton damals überraschend schwach in Sachen Apologetik. Unser Theologieprofessor Robert Webber brachte uns bei, dass es keine guten Argumente für die Existenz Gottes gibt und alle herkömmlichen Belege widerlegt worden sind»[50].

Zu den herausragenden Verdiensten *Craig*s gehört es, die verbreitete Geringachtung philosophisch-apologetischer Argumente als ebenso fatale wie epochale Fehleinschätzung entlarvt zu haben. Mit seinem Lebenswerk erbrachte *Craig* sozusagen den Nachweis, dass es nicht zuletzt den Gebildeten unter den Verächtern des Christentums gegenüber möglich ist, mit den Mitteln der Philosophie überzeugend für die Sache Gottes zu argumentieren.

Wenn man daher eine Lehre aus *Craig*s Lebenswerk ziehen möchte, dann wohl die, dass eine erfolgreiche Neuevangelisierung postchristlicher Gesellschaften unter anderem mehr als bisher auch auf eine kompetente Vermittlung guter Argumente für Gottes Existenz und die christliche Offenbarung wird setzen müssen. Das gilt zunächst und zuvorderst freilich für die theologischen

Ausbildungsstätten, an denen die Grundlagen für eine gediegene Katechese und Evangelisierung vermittelt werden.

Die geistige Atmosphäre der säkularen Gesellschaft prägt das Lebensgefühl der Menschen. Sie wirkt bisweilen wie ein Filter, durch den die christliche Verkündigung nicht durchdringt. Dennoch gibt es auch in unseren Tagen genügend Menschen, die sich in ihrer Überzeugungsbildung an den verfügbaren Belegen und Argumenten orientieren möchten. *William Lane Craig* hat gezeigt, wie es gehen könnte. Auf der Website «Reasonable Faith» finden sich hunderte Zeugnisse von Menschen aus aller Welt, die durch seine Schriften, Vorträge, Debatten und Webangebote zum christlichen Glauben gekommen sind oder diesen wiedergefunden haben. Mit vier (willkürlich ausgewählten) kurzen Zeugnissen möchte ich schließen:

1. «Hallo, ich wollte nur danken für Dr. Craigs Einfluss auf mein Leben. Ich wuchs im säkularen Seattle auf (Herz des liberalen Atheismus in Amerika) und fand fast ausschließlich auf der Basis von Dr. Craigs Argumenten zu Christus. Es veränderte mein ganzes Leben. Ich wechselte mein Hauptfach: vom Theater zur Philosophie, und ich wechselte an eine christliche (Hoch-)Schule. Dort traf ich die Liebe meines Lebens und wir haben beide unser Leben (und unsere Beziehung) Christus geweiht, so wie Dr. Craig und seine Frau es getan haben [...]»[51].

2. «Grüße aus Shanghai! Wir haben uns letztes Jahr getroffen, als Sie hier an der Universität Fudan vortrugen. Nach dem letztjährigen Symposion ereigneten sich hier einige erstaunliche Geschichten [...] Mehrere Leute, die Ihre letzte Vorlesung besuchten, kamen danach zum Glauben. Ich hoffe, dass Gott Sie und ihre Kollegen auf große Weise in Dienst nehmen wird, um sein Werk hier in China voranzutreiben»[52].

3. «Zuerst, Dr. Craig, wollte ich Ihnen für Ihren Dienst danken. Ich habe Ihre Videos und Argumente benützt, als ich in Afghanistan an der High School unterrichtete [...] Der vielleicht un-

glaublichste Moment war, als meine Klasse aus muslimischen afghanischen Studenten einem muslimischen Kollegen beibrachte, nicht das Argument des Korans von der literarischen Exzellenz [des Korans] zu gebrauchen, weil, wie sie erklärten, dies nicht nur ein schwaches Argument sei, sondern so gut wie sicher auf zirkuläres Denken hinausliefe. Es waren diese muslimischen Studenten, die das einzige Argument, das der Koran zu seiner Verteidigung gibt, zurückwiesen! Ich glaube, dass viele dieser Studenten sich noch immer die Debatten mit Shabir Ally ansehen und so auch wieder auf seine Debatte mit Ihnen stoßen werden»[53].

4. «Vor einigen Jahren hatte ich meinen Glauben an Jesus Christus verloren. Einige Dinge, die ich auf meinen Reisen in den Irak und nach Afghanistan erlebte, veranlassten mich, den Gott, den ich kenne und liebe, infrage zu stellen. Durch Ihre Arbeit (und die anderer Apologeten) habe ich mein Leben vor kurzem Christus erneut anvertraut. Ich kann Ihnen nicht genug für all die Arbeit danken, die Sie in der Verteidigung des Glaubens leisten»[54].

1 Vgl. The Best Schools, online unter https://thebestschools.org/features/most-influential-living-philosophers/ (Zugriff am 14. 4. 2019).

2 So *Nathan Schneider*: The New Theist. How William Lane Craig Became Christian Philosophy's Boldest Apostle, in: The Chronicle of Higher Education (1. 7. 2013), online unter https://www.chronicle.com/article/The-New-Theist/140019 (Zugriff am 9. 4. 2019).

3 *James Porter Moreland / William Lane Craig*: Philosophical Foundations for a Christian Worldview, Downers Grove, Ill. 2003. Als komprimierte, für Studienzwecke geeignete Ausgabe darf gelten *William Lane Craig*: Reasonable Faith. Christian Truth and Apologetics, Wheaton, Ill. 1994, 3. überarb. Aufl. 2008.

4 *Schneider*: The New Theist (Anm. 2); Übersetzung: D. K.

5 *Paul Copan / Ronald Keith Tacelli* (Hrsg.): Jesus' Resurrection. Fact or Figment? A Debate Between *William Lane Craig* & *Gerd Lüdemann*, Downers Grove, Ill. 2000; *William Lane Craig / Walter Sinnott-Armstrong*: God? A Debate Between a Christian and an Atheist, Oxford 2004.

6 *Schneider*: The New Theist (Anm. 2).

7 Vgl. z. B. *Gerd Lüdemann*: Die Auferweckung Jesu von den Toten. Ursprung und Geschichte einer Selbsttäuschung, Lüneburg 2002.

8 Vgl. z. B. *Norbert Hoerster*: Der gütige Gott und das Übel. Ein philosophisches Problem, München 2017.

9 Vgl. z. B. Deschner-Preis 2007: Vom Virus des Glaubens. Redebeiträge von *Richard Dawkins*, *Karlheinz Deschner*, *Michael Schmidt-Salomon* und *Franz M. Wuketits* (Schriftenreihe der Giordano-Bruno-Stiftung 2), Aschaffenburg 2008.

10 *Bart D. Ehrman*: Jesus im Zerrspiegel. Die verborgenen Widersprüche in der Bibel und warum es sie gibt, Gütersloh 2010.

11 Bekannt ist *Christopher Hitchens*: Der Herr ist kein Hirte. Wie Religion die Welt vergiftet, München 2007 bzw. 2009.

12 Vgl. z. B. *Sam Harris*: Das Ende des Glaubens. Religion, Terror und das Licht der Vernunft, Winterthur 2007.

13 Vgl. *Lawrence M. Krauss*: A Universe from Nothing. Why There Is Something Rather Than Nothing. With an Afterword by *Richard Dawkins*, New York 2012; deutsche Fassung: Ein Universum aus Nichts. ... und warum da trotzdem etwas ist, München 2013.

14 *Ansgar Beckermann*: Glaube, Berlin / Boston, Mass. 2013.

15 Vgl. o. V., Art. William Lane Craig, in: Wikipedia. Die freie Enzyklopädie, online unter https://de.wikipedia.org/wiki/William_Lane_Craig (Zugriff am 9. 4. 2019).

16 Vgl. *Schneider*: The New Theist (Anm. 2).
17 Vgl. https://www.ihsa.org/SportsActivities/IndividualEvents/RecordsHistory.aspx?url=/data/ie/records/index.htm (Zugriff am 9. 4. 2019).
18 *William Lane Craig*: On Guard. Mit Verstand und Präzision den Glauben verteidigen, Neuried bei München 2015, 51–53.
19 Vgl. http://www.topchristiancolleges.org/top-ten.html (Zugriff am 6. 4. 2019). Für autobiographische Anmerkungen zur Collegewahl vgl. *Craig*: On Guard (Anm. 18) 71f.
20 Vgl. ebd. 72.
21 Vgl. ebd. 73.
22 Vgl. ebd. 72f.
23 Vgl. *Schneider*: The New Theist (Anm. 2).
24 Aus dieser Arbeit gingen zwei Bücher hervor: *William Lane Craig*: The Kalām Cosmological Argument, London 1979; *ders.*: The Cosmological Argument from Plato to Leibniz, London 1980 bzw. 2015.
25 *Craig*: On Guard (Anm. 18) 74f.
26 Aus dieser Arbeit gingen wiederum zwei Bücher hervor: *William Lane Craig*: The Historical Argument for the Resurrection of Jesus During the Deist Controversy (TSR 23), Lewiston, NY / Queenston, Ontario 1985; *ders.*: Assessing the New Testament Evidence for the Historicity of the Resurrection of Jesus (SBEC 16), Lewiston NY u. a. 1989.
27 *William Lane Craig*: The Only Wise God. The Compatibility of Divine Foreknowledge and Human Freedom, Grand Rapids, Mich. 1987; *ders.*: Knowing the Truth About the Resurrection, Ann Arbor 1988; *ders.*: The Problem of Divine Foreknowledge and Future Contingents from Aristotle to Suarez (Brill's Studies in Intellectual History 7), Leiden u. a. 1988; *ders.*: No Easy Answers. Finding Hope in Double Failure and Unanswered Prayer, Chicago 1990; *ders.*: Divine Foreknowledge and Human Freedom: The Coherence of Theism [I]: Omniscience (Brill's Studies in Intellectual History 19), Leiden u. a. 1991; *ders.* / *Quentin Smith*: Theism, Atheism, and Big Bang Cosmology, Oxford 1993; *ders.*: God, Time, and Eternity. The Coherence of Theism II: Eternity, Dordrecht 2001.
28 Vgl. https://www.reasonablefaith.org/our-mission (Zugriff am 14. 4. 2019).
29 *William Lane Craig*: Introduction to Christian Doctrine (30. 4. 2007), online unter https://www.reasonablefaith.org/podcasts/defenders-podcast-series-1/s1-introduction/introduction-to-christian-doctrine/ (Zugriff am 14. 4. 2019); Übersetzung: D. K.
30 *Joanna Wu*: William Lane Craig Named in Biola's First Endowed Chair, in: Biola Magazine (La Mirada, California, Biola University) 2017/1, 15.
31 Vgl. *William Lane Craig*: Do Theistic Arguments Prove God?, in: The Good Book Blog (4. 4. 2016), online unter https://www.biola.edu/blogs/good-book-blog/2016/do-theistic-arguments-prove-god (Zugriff am 17. 4. 2019).
32 Vgl. *Craig*: On Guard (Anm. 18) 73; *Stuart C. Hackett*: The Resurrection of

Theism. Prolegomena to Christian Apology, Chicago 1957, neu aufgelegt Grand Rapids, Mich. 1982 und Eugene, OR 2009.

33 *Craig*: Do Theistic Arguments Prove God? (Anm. 31); Übersetzung: D. K.

34 Vgl. *Quentin Smith*: Kalām Cosmological Arguments for Atheism, in: *Michael Martin* (Hrsg.): The Cambridge Companion to Atheism, Cambridge u. a. 2007, 182–198; deutsches Zitat nach *Craig*: On Guard (Anm. 18) 75.

35 Vgl. *William Lane Craig*: Middle Knowledge, in: Reasonable Faith (24. 9. 2007), online unter https://www.reasonablefaith.org/writings/question-answer/middle-knowledge (Zugriff am 23. 4. 2019); *John D. Laing*: Art. Middle Knowledge, in: Internet Encyclopedia of Philosophy, online unter https://www.iep.utm.edu/middlekn/ (Zugriff am 19. 4. 2019).

36 Vgl. *Craig*: The Only Wise God (Anm. 27) 127.

37 Vgl. diesbezüglich o. V., Art. William Lane Craig, in: Wikipedia (Anm. 15).

38 Vgl. *William Lane Craig*: Molinism vs. Calvinism, in: Reasonable Faith (19. 4. 2010), online unter https://www.reasonablefaith.org/writings/question-answer/molinism-vs.-calvinism (Zugriff am 17. 4. 2019).

39 Vgl. *William Lane Craig*: Molinism and Divine Election, in: Reasonable Faith 20. 10. 2008), online unter https://www.reasonablefaith.org/writings/question-answer/molinism-and-divine-election/ (Zugriff am 19. 4. 2019).

40 Vgl. *William Lane Craig*: «Men Moved By The Holy Spirit Spoke From God» (2 Peter 1.21). A Middle Knowledge Perspective on Biblical Inspiration, in: Philosophia Christi NS 1 (1999) 45–82.

41 Vgl. *William Lane Craig*: «Lest Anyone Should Fall». A Middle Knowledge Perspective on Perseverance and Apostolic Warnings, in: IJPR 29 (1991) 65–74.

42 Vgl. *William Lane Craig*: «No Other Name». A Middle Knowledge Perspective on the Exclusivity of Salvation through Christ, in: FaPh 6 (1989) 172–188; *ders.*: Middle Knowledge and Christian Exclusivism, in: Sophia 34 (1995) 120–139.

43 Vgl. *William Lane Craig*: A Molinist Perspective on the Problem of Evil, in: *Chad Meister / James K. Dew Jr.* (Hrsg.): God and the Problem of Evil. Five Views, Downers Grove, Ill. 2017, 37–55.

44 Vgl. z. B. *William Lane Craig*: Divine Timelessness and Personhood, in: IJPR 43 (1998) 109–124.

45 Vgl. z. B. *Craig*: God, Time and Eternity (Anm. 27); *ders.*: Time and the Metaphysics of Relativity (PhStS 84), Dordrecht 2001; *ders.*: Time and Eternity. Exploring God's Relationship to Time, Wheaton, Ill. 2001.

46 *Jeff Robinson / David Baggett*: Art. Craig, William Lane (1949–), in: *John R. Shook* (Hrsg.): The Bloomsbury Encyclopedia of Philosophers in America. From 1600 to the Present, London 2016, 211–214.

47 *William Lane Craig*: God and the Beginning of Time, in: IPQ 41 (2001) 17–31.

48 *Craig*: On Guard (Anm. 18) 194f.

49 Man denke etwa an das von *Clive Staples Lewis* repopularisierte Trilemma

«Lunatic, Liar, or Lord» (vgl. *ders.*: Mere Christianity, London 1952, 54–56). *Stephen T. Davis* (Christian Philosophical Theology, Oxford 2006, Kap. 9) verteidigt eine elaborierte Version des Arguments und kommt zu dem Schluss, dass es recht verstanden den Glauben an Jesus als inkarnierten Gottessohn als rational auszuweisen vermag (ebd. 150). *Peter Kreeft* zufolge, der das Trilemma zu einem Tetralemma «Lord, Liar, Lunatic or Legend» erweitert, handelt es sich um das wichtigste Argument christlicher Apologetik (vgl. *ders.*: Fundamentals of the Faith. Essays in Christian Apologetics, San Francisco 1988, 59). Auch das für die klassische Apologetik so zentrale Wunderargument scheint (trotz zahlreicher unerklärbarer Phänomene, die sich auch heute ereignen) in der zeitgenössischen Fundamentaltheologie keine nennenswerte Rolle mehr zu spielen.

50 *Craig*: On Guard (Anm. 18) 72.

51 *Christopher*, online unter https://www.reasonablefaith.org/testimonials/ (Zugriff am 23. 4. 2019); Übersetzung: D. K.

52 *Ike*, online unter https://www.reasonablefaith.org/testimonials/ (Zugriff am 23. 4. 2019); Übersetzung: D. K.

53 *Nathan*, online unter https://www.reasonablefaith.org/testimonials/ (Zugriff am 23. 4. 2019); Übersetzung: D. K.

54 *Brad*, online unter https://www.reasonablefaith.org/testimonials/ (Zugriff am 23. 4. 2019); Übersetzung: D. K.

HANSPETER SCHMITT

JUGEND ALS WEG DER KIRCHE?

Kritische Sondierung zwischen kirchlichem Desaster und Neubeginn

An Auskünften über den desaströsen Zustand der katholischen Kirche fehlt es derzeit nicht. Sie kommen von innen wie von außerhalb der Kirche. Anlass dafür ist die seit Jahrzehnten laufende Aufdeckung sexueller Missbrauchstaten und Missbrauchsstrukturen in unserer Kirche, die nicht allein kirchenhistorische, sondern vor allem kirchenpolitische und theologische Reflexionen provoziert: Denn was sich hier an sexualisierter Gewalt und Ausbeutung zeigt, ist keineswegs vergangen. Es besteht im Leiden der Opfer weiter und hat seine Ursachen im Aufbau und in der Verfasstheit der katholischen Kirche. Sie ist, theologisch gesprochen, eine persönlich wie systemisch sündige Institution[1].

So betonen, um nur einige Beispiele zu nennen, die Spitzen der Zürcher Kirche, *Franziska Driessen-Reding* und *Josef Annen*, angesichts der Missbrauchskrise in einem offenen Brief an *Papst Franziskus*: «Die katholische Kirche steht in Flammen»[2]. Der Kirchenhistoriker *Hubert Wolf* schätzt die derzeitige Lage der Kirche im Vergleich mit der Reformation als wesentlich krisenhafter ein[3], was sich mit der Diagnose des Journalisten *Heribert Prantl* deckt, der die Kirche am Abgrund sieht und von einer «Jahrtausendkrise»[4] spricht. Noch schärfer konstatiert aus sozialethischer Perspektive *Daniel Bogner*, dass «diese Kirche tötet»[5]. Ihm zufolge besteht der «toxische Kern der Kirche» in einem «Netz aufeinander bezogener Haltungen und Prägungen», in einem «Konglomerat aus Lehre und Praxis», das «in der Summe eine vergiftende und in bestimmten Lagen tödliche Wirkung»[6] entfaltet. Es braucht daher, so Erzbischof *Mark Coleridge* beim Anti-Missbrauchs-Gipfel in Rom, eine «kopernikanische Wende»[7]: eine Kirche, die nicht sich, sondern die Opfer in den Mittelpunkt stellt.

1. Desaster

Bei dem Versuch, solche Illustrationen des kirchlichen Desasters aufzunehmen und einzuordnen, stößt man auf das Problem, allgemein von «der» Kirche zu sprechen. Selbstredend ist mir klar, dass die katholische Kirche – wie jedes komplexe Phänomen – nicht pauschal zu klassifizieren bzw. zu bewerten ist. Es gibt sehr viele Ereignisse und Personen in dieser Kirche, die in uneigennütziger und aufbauender Weise im Sinne der Frohen Botschaft und für die Heilung von Mensch und Gesellschaft wirken. Zu erwarten ist daher der Einspruch, dass die Kirche nicht insgesamt schlecht sei; man müsse seine Kritik folglich moderater und auf einzelne Täter fokussiert gestalten! Solche Widerrede kann aber eine perfide Strategie derer sein, die – warum auch immer – nicht über dringend gebotene Reformen unserer Kirche an Haupt und Gliedern, an Wesen und Verfasstheit reden wollen. Das jedoch ist gefährlich, weil auf diese Weise ein offenkundig gewaltförmiges System gedeckt wird und es seine inhumanen Verwerfungen fortzusetzen droht. Es bedarf daher der Bereitschaft, fürs Erste verallgemeinernd zu reden, um den neuralgischen Punkten des kirchlichen Desasters näher zu kommen.

Nach meiner Kenntnis zeigt sich dieses kirchliche Desaster innerhalb dreier zentraler Vollzüge des biblisch-christlichen Glaubens. Damit offenbart sich das eigentliche, an das Wesen unserer Kirche rührende Ausmaß der aktuellen kirchlichen Misere.

1.1. Strukturelles Desaster

Zunächst geht es um einen *ekklesiologischen* Befund: Die Strukturen und Organisation der Kirche erreichen - zumindest in unseren Breiten - die Menschen nicht mehr. Ihre äußere Verfasstheit, Verortung und Sozialität hat mit der Lebenswelt und den Lebensvollzügen der meisten Menschen nicht mehr viel zu tun. Damit verliert die biblische Botschaft göttlicher Hoffnung und Liebe ihre soziologische Grundlage, nämlich ihre greifbare Relevanz und praktische Erdung. Gewiss gibt es auf der einen Seite einen riesigen, vor allem administrativ aufrecht erhaltenen kirchlichen Apparat, der strukturell da, aber starr und leblos ist, sich selbst versorgt und genügt. Auf der anderen Seite und davon unberührt existiert und pulsiert das Leben, treffen und verbinden sich die Menschen, glauben, hoffen, lieben, leiden und ringen sie, ohne dass die fern und seltsam wirkende Struktur der Kirche für sie interessant oder von Belang wäre. Dazwischen liegt das Segment des katholischen Restmilieus, in dem das kirchliche Angebot sozial nachgefragt wird und greift. Dieses Segment ist jedoch längst im Schwinden begriffen[8].

Gewiss gibt es Gegenbeispiele: Erfahrungen, für die kirchliche Strukturen und Verbindungen auch jenseits schwindender Milieus und professioneller caritativer Institutionen relevant sind, sozial tragen und etwas fürs Leben zu bedeuten haben. Aber das ändert - zumindest hierzulande - nichts daran, dass die Verfasstheit der Kirche dem sozialen Leben wie der religiösen Situierung der Menschen entfremdet ist. Besonders kontraproduktiv wirken dabei die Administrationen der Diözesen: Sie sind meist finanziell reich ausgestattet, entsprechend aufgebläht, können somit alte Strukturen und Systeme illusionär aufrechterhalten, ohne dass deren Relevanz überprüft würde. Durchaus eigennützig wird also dort das Bestehende fortgeschrieben und administrativ reproduziert, wenn auch in immer größeren Einheiten und Distanzen, um den auf allen Ebenen spürbaren personellen Schwund möglichst zu kompensieren.

An dieser pseudoekklesialen, weil bürokratischen und auf Selbsterhalt bedachten Resistenz leiden aber nicht deren Verwalter, sondern jene, die vor Ort und auf Basis dieser Strukturen für pastorale Präsenz und Glaubwürdigkeit sorgen sollen. Offenkundig leiden auch die Menschen, die unter diesen Umständen trotz ihrer entsprechenden Bedürfnisse kaum erreicht werden. Beide Gruppen finden daher längst Auswege und retten sich aus dem leerlaufenden Gebilde: Sie geben ihr Engagement auf oder werden darüber krank[9]. Sie emigrieren nach innen oder suchen ihr Heil jenseits dieser Strukturen an nahbareren Orten. Dort erfahren sie soziale Nähe, personale Präsenz und meist auch strukturethische Standards wie Beteiligung an Macht, Mitbestimmung und Fairness zwischen Geschlechtern. Diese propagiert die Kirche zwar nach außen, löst sie aber innen nur zögerlich oder gar nicht ein.

1.2. Spirituelles Desaster

Damit verbindet sich der zweite Befund, der die *pneumatologische* Seite kirchlichen Geschehens betrifft: Die Kirche ist auch mit ihren aktuellen geistlichen wie symbolhaften Ausdrucksformen für die meisten spirituell suchenden, existentiell bewegten Menschen keine Adresse und kein Angebot mehr. Selbstverständlich kann man auch dieser Aussage widersprechen und auf Kirchenleute zeigen, die persönliche und öffentliche Resonanz erfahren, weil sie einen spirituellen Ausdruck finden, der die Herzen und Lebenslagen der nach Hoffnung und Sinn Strebenden erreicht[10]. Es gibt auch solche, die rituelle und spirituelle Orte der Kirche aufsuchen, weil sie dort etwas Bedeutsames erfahren, sei es, dass sie in einen Rosenkranz oder in eine Sonntagsmesse gehen oder sich zu Liturgien z. B. eines Klosters oder einer rituell und homiletisch begabten Person hingezogen fühlen[11].

Trotzdem liegt man mit der allgemeinen Einschätzung nicht falsch: In kirchlichen Liturgien, aber auch in Gebeten, Liedern,

Symbolen und Reden, die in ihrem Umfeld offiziell eingesetzt werden, spiegeln sich die spirituellen und existentiellen Erfahrungen, Fragen und Hoffnungen der Menschen kaum[12]. Sie finden darin keinen Resonanzboden für das, was sie zuinnerst bewegt, was sie in Frage stellt, hoffen oder ausschauen lässt. Das mag vor allem an der formelhaft abgegriffenen, dem heutigen Sprach- und Lebensgefühl entfremdeten Formung liturgisch vorgesehener Texte und Vollzüge liegen. Besonders ihr dogmatisch gefesselter Perfektionismus blockiert und erstickt jede spirituelle Intuition und lebensweltliche Inspiration. Was amtlich vorgesehen ist, wirkt in der Regel abstrakt, verkrampft und leer. Denn es ist der kulturell geteilten Ästhetik und Ritengrammatik fremd und bedient in rubrizistisch fixer Korrektheit ein Milieu, das es immer weniger gibt.

Absurd wirkt sich das für die Eucharistie aus. Auch nach offizieller Auskunft soll sie eine Begegnung sein, die als Feier erfahrbar ist, welche Menschen ganzheitlich ergreift[13]: vitale Quelle und Mitte kirchlicher und gemeindlicher Sozialität. Das aber funktioniert aus den genannten Gründen zumindest in unseren Breiten schon lange nicht mehr. Man höre sich überdies Predigten an, lese Hirtenbriefe, amtliche Verlautbarungen oder die Homepages der kirchlichen Anbieter und frage sich: «Berühren sich Himmel und Erde»[14] hier wirklich, sind diese Medien wirklich geeignet, den Geschmack tragender Hoffnung, den Klang göttlicher Liebe ahnen und spüren zu lassen[15]?

Besonders verheerend, weil nach außen hin erkennbar, ist die defizitäre Lage und Wirkung jener Riten, die in geprägten Zeiten oder an Lebenswenden anzubieten sind: Wenn es um Geburt, Versöhnung, Liebe, Mündigkeit, Krankheit, Krise oder Sterben geht, sind Menschen grenzüberschreitend auf der Suche nach Sinn, deuten ihr Sein, schauen nach entsprechenden Feiern und Zeichen aus – auch in der Kirche. Deren rituelle Vermittlung scheitert dort aber meist an textlichen oder aktualen Formalismen und Vorgaben, aber auch an der rituellen Inkompetenz der zuständigen Amtsträger. Sie sind oft nicht fähig, Menschen in existentiell anrührenden Lagen abzuholen oder zu erreichen, so dass diese sich persönlich angesprochen und kirchlich begleitet wüssten.

1.3. Moralisches Desaster

Der dritte Befund betrifft den *moralischen* Anspruch. Dass sich die Kirche auch hier in einem umfassenden Desaster befindet, ist durch die anhaltende flächendeckende Enthüllung sexualisierter Gewalt offenkundig[16]. Als Begründung würde der Hinweis auf das leibseelische Leid und Grauen der ungezählten Opfer genügen, die durch Amtsträger in kirchlichen Instituten und auf Basis kirchlicher Strukturen schwer verletzt und traumatisiert worden sind. Hinzu kommt ein zutiefst widersprüchliches wie autoritäres Moralgebaren, das zum Schlimmsten gehört, was man über die sittliche Lage von Institutionen und Personen sagen kann: Andere – zumal Abhängige und Angewiesene – mit hehren Idealismen und Ansprüchen der Moral überziehen und überfordern. Aber darin und dahinter vor allem die eigene Rechtfertigung, Schau und Huldigung betreiben – im schlimmsten Fall die rücksichtslose wie ungefilterte Befriedigung egozentrischer Bedürfnisse! Eine institutionelle und persönliche Scheinheiligkeit und Selbstgerechtigkeit dieser Art ist das Gegenteil von moralischer Fairness und Gewissenhaftigkeit. Es ist pure, noch dazu eigennützige und ausbeuterische Heuchelei, eine im Ansatz antisittliche Interaktion, die im kirchlichen Kontext und klerikalen Gewand umso zerstörerischer wirkt, weil man darin – bis dato – Lauterkeit, Solidarität und heilsamen Umgang erwartet hat.

Dieses Desaster, das jetzt als sexuelle Ausbeutung und Gewalt entlarvt ist und offen zu Tage tritt, hat freilich seine Hintergründe, die zur Beschreibung der Misere zwingend gehören, weil sonst jede Umkehr und Erneuerung zu kurz greift und unglaubwürdig wird. Schon immer hat die Kirche – nach innen wie nach außen – absolute Ideale des Guten moralistisch gepredigt, sie ideologisch untermauert, mit einer Vollkommenheitsaskese verbrämt und sich dann dahinter versteckt. Meist versäumt hat sie, sich selbst, ihre Exponenten wie die gesamte Organisation, als prinzipiell fehlbar, unvollkommen und der Entwicklung bedürftig zu verstehen. Stattdessen stilisierte man amtstheologisch eine sittliche Perfektion und Nichtangreifbarkeit der Kirche und setzte damit Menschen unter Druck, die ja niemals perfekt, sondern immer auf dem Weg sind und um die faktisch mögliche Qualität ihres Lebens ringen. Geboten wäre es, mit ihnen – situationsbezogen und engagiert – die schrittweise Entfaltung bestmöglicher Lebensformen zu versuchen und die für sie erreichbaren Lebensgestalten human zu würdigen und anzuerkennen[17]. Doch selbst in der flächendeckenden Offenbarung eigenen sittlichen Unvermögens und persönlicher wie institutioneller Schuld, spielt sich die Kirche als moralische Lehrmeisterin und Instanz auf[18], anstatt uneingeschränkt Buße zu tun und an der eigenen Umkehr zu arbeiten.

Vor diesem Hintergrund muss das dauernde Zögern und die Unwilligkeit kirchlicher Amtsträger, der Bischöfe und ihrer Konferenzen, strukturelle Reformen einzuleiten, als – gewiss ungewollte – chronische Fortsetzung der desaströsen moralischen Lage der Kirche verstanden werden. Solange die teils ideologisch abgeschottete amtliche Sexualdoktrin der Kirche, ihre klerikalistischen Hierarchien und Sonderwelten sowie ihre für Männer reservierten Amts- und Leitungsstrukturen sakrosankt und systemisch geschützt bleiben, sind Reformsignale Makulatur. Dann hofft man vergebens auf einen Ausweg aus diesem Desaster und ein wirklicher institutioneller Neuanfang ist nicht zu erwarten.

Selbstverständlich darf nicht unerwähnt bleiben, dass es auch auf diesem Feld eine enorme Anzahl integer handelnder wie prophetisch sprechender Personen gibt. Sie agieren human glaubwürdig und drängen auf entsprechende Reformen der Kirche, was viele ermutigt. Aber umgekehrt lässt sich nicht leugnen, dass diese Äußerungen seit Jahrzehnten ohne Wirkung sind. Zudem versandeten zahlreiche kirchliche Dialogprozesse ergebnislos oder scheiterten an Blockaden von oben. Personen, die sich für Reformen stark machten, wurden kirchenamtlich sanktioniert oder ausgegrenzt – und bis heute fehlt das Schuldbekenntnis der Kirchenoffiziellen. Worauf soll man seine Hoffnung noch setzen können?

An dieser Stelle kommen die Potenziale heutiger Jugend ins Spiel. Ich möchte deutlich machen, dass und inwiefern sie zur Bewältigung des kirchlichen Desasters beitragen können. Schon im Ansatz fällt mir dabei aber die Gefährdung und Fragwürdigkeit meines Vorgehens auf: Haben Theologie und Kirche überhaupt ein Recht, Jugendliche für die Heilung und Auflösung ihrer selbstproduzierten Blockaden zu «benutzen»? Es droht hier die Gefahr, Jugendliche in ihrem Selbstverständnis – zum Beispiel in ihrer bewussten Distanz zur etablierten Kirche – nicht zu respektieren, sondern sie kirchlich einzuordnen oder zu funktionalisieren! Außerdem geht es dabei gerade um jene Menschen, die über Jahrzehnte das Ziel kirchlicher Pastoral waren und dabei zu Opfern sexueller Ausbeutung geworden sind. Wäre es daher nicht höchste Zeit, Kinder und Jugendliche von jedweden kirchlichen Ansinnen «unberührt» zu lassen, anstatt wieder «übergriffig» zu werden, indem man sie kirchlichen Interessen aussetzt – als ob nichts gewesen wäre?

Der nächste Abschnitt ist folglich nur verantwortbar, wenn es ausschließlich darum geht, Jugendliche in ihrem authentischen Sein ohne Einschränkung wahr- und ernst zu nehmen. Sie sind in ihrem kulturellen Ausdruck zu würdigen; allenfalls können wir von ihnen für die Gestalt und die innere wie äußere Form der Kirche lernen. Dabei muss wieder eine Unschärfe gewagt werden, denn «die» Jugend und die definitorisch gültige Jugendkultur gibt es offenkundig heute weniger denn je. Dennoch lassen sich Potenziale zeigen, die in bezeichnenden Typen und Merkmalen heute existierender Jugendkulturen bestehen. Sie können der desaströsen Lage der Kirche als konstruktiver Bußspiegel vorgehalten werden. Er soll das kirchliche Versagen mit der jeweils anderen Praxis der Jugendstile in Verbindung bringen und so helfen, die Erneuerung der Kirche zu inspirieren und praktisch zu fördern[19].

Jugendliche finden und verbinden sich mittels flexibler Strukturen. Das geschieht jenseits der erstarrten, auf fixe Angebote und Zeitschemen setzenden, administrativ kontrollierten Kirchlichkeit. Es ist nicht «ihr Ding», entspricht also nicht ihrem soziokulturellen Selbstverständnis, ferngesteuerte, unkommunikativ festgelegte Handlungsmuster und Daten erfüllen zu sollen. Spätestens wenn es um Existentielles geht, um den persönlichen, spirituellen oder beziehungsmäßigen Ausdruck, meiden sie systemisch oktroyierte Vorgaben, denen sie oft genug ausgesetzt sind. Dann strukturieren sie sich und ihre Begegnungen dynamischer, punktueller, ungesicherter – dies im Vertrauen auf spontane Einfälle und zufällige oder ad hoc arrangierte Gelegenheiten.

Damit halten Jugendstile der herrschenden schwerfälligen Kirchensoziologie den besagten Spiegel vor: Eine auf Person und authentische Religiosität zielende Vergemeinschaftung kann heute ohne die Chance struktureller Kreativität und individueller Öffnung nicht gelingen. Jugendliche jedenfalls organisieren sich vor allem anlass-, projekt- und erfahrungsbezogen. Sie streben dabei nach Orten bzw. erschaffen sie, an denen sie sich mit ihrer Ästhetik, Bedürfnis- und Überzeugungslage wiederfinden können. Das entspricht einerseits ihren flexiblen, quer zu klassisch bürgerlichen Mustern kombinierten Erlebenskulturen. Andererseits spiegelt sich darin die vielbezügliche Dynamik neuer Medien, die sie für ihre Treffen rasch und effektiv nutzen. Diese bilden aber zugleich eine Struktur, in der sie sich aufhalten und beheimaten, austauschen, informieren und profilieren. Das alles stellt soziologisch den Humus dar, auf dem dann auch nachhaltige Eindrücke und Bindungen wachsen können, die auf geschichtliche Kontinuität, verlässliche Sozialität und personale Tiefe aus sind[20].

Wo kirchliche Organisation und Personen bereit sind, diese strukturelle Dynamik mitzuvollziehen, also ihr Raum zu geben oder die jugendlich generierten Zonen und Suchbewegungen ohne deformierende Zu- und Vorgaben zu teilen bzw. zu unterstützen, restrukturiert sich Kirche. Ekklesiologisch gesprochen findet Kirche auf diesem Weg zu sich selbst: denn sie lernt wieder, zusammen mit jenen unterwegs und zu Hause zu sein, zu denen sie im Sinne der heil- und frohmachenden Botschaft Jesu gesandt ist. Besonders eindrücklich zeigt das ein Bericht aus der Jugendpastoral der Abtei Münsterschwarzach[21]. Die Mönche dort bilden als Personen mit ihren Gebetszeiten und Räumen einen stabilen Ort, der auch zum Raum der Begegnung von und mit Jugendlichen wird. Zugleich formulieren sie keine konfessorischen Einlassbedingungen, sind zu spontanen Treffen bereit, lassen auch zu, dass bestimmte Liturgien und Ereignisse vom Stil der Jugendlichen geprägt sind. Überdies wird von der Online-Seelsorge eines Bistums berichtet, die in kurzer Zeit weit mehr Gespräche ermöglicht hat, als dies auf den klassisch strukturierten Wegen in einem weit größeren Zeitraum möglich war.

Daran erkennt man bereits, dass kirchliche Strukturen auf diesem Weg nicht verdunsten oder sich rein virtuell und fiktiv gestalten, was dem Sinn der Kirche, lebensweltlich präsent zu sein, widerspräche. Zweifellos wird sich aber ihre künftige Relevanz daran entscheiden, ob und wie gut ihre Transformations-, Destrukturierungs- und Restrukturierungsdynamik ausgebildet ist. Wird die Kirche von der strukturellen wie zeitlichen Spontaneität, von der Wachheit, Kreativität und sozialbildenden Kraft der Jugendkulturen lernen? Wird sie sich von Grund auf beeindrucken und verändern lassen? Nicht um Jugendliche kirchlich zu vereinnahmen, sondern um die eigene Sendung in Welt und Zeit besser zu verstehen und neu zu entfalten! Dann wäre Kirche eben nicht allein dort, wo der Kirchturm steht, gemeindliche und bischöfliche Gremien tagen, Sonntagsmessen stattfinden oder einschlägige Institutionen etabliert sind. Kirche würde sich dann – im vollen Sinn – auch anders ereignen[22]: an anderen Orten, zu anderen Zeiten, mit anderen, jetzt strukturell entfremdeten Menschen, anders in Form und Stil, in fruchtbarer Spannung von Kontinuität und Wandel – als lebendige, stets reformierbare Tradition.

Jugendliche gestalten ihre Spiritualitäten ganzheitlich und persönlich. Was ihnen jedoch Gemeinden und Kirche an liturgischen Formen und Zeichen, an Text, Musik und Liedern anbieten, wirkt auf sie meist wie das Gegenteil: verkopft, wortlastig, belehrend, einseitig, unverständlich, formelhaft, emotional dürftig, uniform, ohne «Drive», an ihrem Leben und Geschmack vorbei, so der Originalton. Es bleibt für sie ohne Sinn und Bedeutung. Dabei sind es gerade die Jugendlichen, die mit existentiellem Drang und Spürsinn nach Halt, Orientierung und Sinn fragen. Sie zeigen sich offen für Transzendenz, suchen nach jener Botschaft und Kraft, die ihr mannigfaches Erleben und persönliches Dasein deuten und mit dem «großen Ganzen» verbinden und versöhnen kann.

Der Ausdruck, den Jugendliche auf dieser spirituellen Reise kreieren, wirkt wieder wie ein Spiegel, der dem Normalfall spirituell lebloser Riten und Gottesdienste vorzuhalten ist. Auch Jugendkulturen wählen besondere Zeichen, Worte, Klänge, Handlungen und Räume, um dem tragenden Geheimnis der Schöpfung persönlich oder in Gemeinschaft zu begegnen. Aber sie wollen in diesem Geschehen als sie selbst spürbar vorkommen und aufgehen können. Folglich gestalten sie ihre spirituellen Vollzüge ästhetisch relevant, leibhaftig, subjekt- und schöpfungsbezogen, sinnlich ausgewogen, erschließend, zugänglich und interaktiv. Damit leben auch vitale mystische und geistliche Traditionen wieder auf, die im Formalismus kirchlicher Liturgie und Askese keinen Platz mehr fanden.

Wenn es gelingt, dass kirchliche Gruppen und Personen ihre Riten, Katechesen, Texte und Zeichen in dieser Weise angemessen formen und situieren, erreichen sie eine sonst nur selten mögliche spirituelle Aufmerksamkeit und Nachhaltigkeit. Es zieht Menschen innerhalb wie außerhalb der Kirche nachweislich an. Sie kommen wieder, weil die bergende Transzendenz und Öffnung des Alltags- und Weltgeschehens nicht allein dogmatisch behauptet und auf kultische Routinen reduziert wird, sondern im jeweiligen Medium erfahrbar aufscheint, sie berührt, ergreift und sich ihnen so vermittelt.

Die ökumenische Gemeinschaft von Taizé ist beispielsweise ein Ort, an dem solches durch neue Formen spiritueller Begegnung und Echtheit gelingt[23]: Tausende Jugendliche aus sämtlichen Kontinenten fühlen sich Jahr für Jahr davon angezogen und lassen sich von Stille, Zusammensein, Gesang und Gebet inspirieren. Auf der Ebene gemeindlicher Liturgie leistet im deutschsprachigen Raum *Teresa Zukic* Pionierarbeit[24]: Begeistert vom Schwung und Tiefgang einer «Mega-Church» in Chicago, entwickelt und erprobt sie neue Gottesdienstmodelle. Darin sind Musik, Tanz, Symbolik und Verkündigung zielgruppenorientiert, ästhetisch anspruchsvoll und stimmig konzipiert, so dass diese Form bereits an über 50 Orten praktiziert wird und dort Hunderte Menschen jeden Alters die Liturgie mitfeiern. Das deckt sich mit meiner pastoralen und liturgischen Erfahrung: Kaum jemand, der nicht nach einer spirituellen Gestalt und Verwurzelung seines Lebens strebt und dabei für Anregung und Entwicklung offen ist. Ich erlebe, wie bereitwillig sich besonders Jugendliche auf Stille, Meditation und Schöpfungserfahrungen einlassen; wie ernsthaft sie Texte der Liturgie neu- und umschreiben und mit ihrem Glauben ins Gespräch bringen; wie viel Spaß sie im sakralen Kontext am Musizieren und Singen haben, sofern ihre Instrumente, Lieder und Rhythmen zum Zug kommen; wie wichtig ihnen Gebete und Symbole sind, die ihr Alltags- und Beziehungserleben in einem größeren Zusammenhang erscheinen lassen; wie unverkrampft sie mit Leib und Seele nach Sinn und Glück tasten, ihr Suchen und Sehnen miteinander teilen, ohne sich dafür zu schämen.

Alles das wäre auch allgemein kirchlich möglich. Es bräuchte aber systemisch die Bereitschaft, das spirituelle Können der Jugendkulturen in die Kirche eindringen zu lassen, es offiziell zur Geltung zu bringen bzw. mit Jugendlichen an deren Orten die Vitalität christlicher Spiritualität neu zu entdecken. Auch hier geht es nicht darum, alles zwanghaft anders zu machen. Aber ohne die Bereitschaft, das Wesen göttlicher Transzendenz in wirklich transzendierenden, kulturell erschließenden Formen auszulegen und zu feiern, bleiben Gebet und Gottesdienst befremdlich. Mit den Jugendkulturen aber zöge dort jener Geist wieder ein, dessen Vielfalt und Phantasie die Herzen der Menschen bewegt.

2.3. Moralische Potenziale

Jugendliche praktizieren ihre moralischen Ideale entwicklungsorientiert. Das bringt sie in Gegensatz zum Stil kirchenamtlicher Moralverkündigung[25]. Die dort erzeugten Texte sind in weiten Teilen davon geprägt, zweifellos wichtige Ideale gelungenen Menschseins einseitig und mit autoritärem Druck zu betonen: Permanent werden die sittliche Vollkommenheit und entsprechende Vorbilder beleuchtet. Unterbelichtet bleiben die praktisch stets nötigen Prozesse und Kompromisse sowie konkrete Lagen und Grenzen der Gestaltung. Sie werden trotz des sittlichen Engagements der Betroffenen abgewertet und verurteilt, wenn sie das Ideal nicht rein und voll erreichen. Bereits das widerspricht dem moralischen Instinkt und Gerechtigkeitsgefühl der meisten Jugendlichen. Überdies haben sie kein Verständnis für die apodiktische Fixierung des Lehramtes auf gewisse Akte und Formen sexueller Gestaltung.

Damit ist nicht gesagt, dass den Jugendkulturen sittliche Ideale fehlen würden. Im Gegenteil belegt die einschlägige Forschung äußerst anspruchsvolle Moralvorstellungen, die das gesamte humane Feld abdecken. Sie reichen von Treue und Ehrlichkeit in der Liebe, über Toleranz und Friedfertigkeit bis zu sozialer Gerechtigkeit und ökologischen Standards[26]. Damit werden die Jugendkulturen wieder zu einem heilsamen Spiegel für die Kirche, diesmal in Bezug auf das kirchenoffizielle Moralgebaren. Denn Jugendliche nutzen solche Ideale in der Regel nicht, um sich gegenseitig prinzipiell abzuwerten oder schlecht zu machen, sondern um das erstrebte gute Leben motiviert auf den Weg zu bringen und überzeugend zu entfalten. Ihr sittlicher Ansatz ist also prozess- und begleitungsorientiert: Sie würdigen Lern- und Entwicklungsschritte positiv, verstehen es, wenn ein zurecht hochgehaltenes Ideal unter bestimmten Umständen seine unmittelbare

Effizienz partiell einbüßt, tolerieren daher unterschiedliche Verläufe, Schwerpunkte und Grade beim Aufbau von Humanität. Damit kommen sie dem biblischen Motiv der geduldigen Förderung und Integration wachsenden Menschseins sehr nahe. Es berührt aber auch zentrale theologische Traditionen, die die konkrete Situierung menschlicher Praxis sowie die Gewissenskompetenz der Betroffenen in sittlichen Fragen noch zu würdigen wussten.

Vor allem wollen Jugendliche ihre Sittlichkeit lernen dürfen. Auch das ist ein bedeutender Hinweis für die Reform kirchlicher Moral. Sie betonen Freiheit und fordern Raum, auf den ihnen obliegenden Gestaltungsfeldern in eigener Regie Erfahrungen und für sie relevante Gesichtspunkte zu sammeln. Sie wollen die Belastbarkeit und Umsetzung vorgegebener Werte und Moralbegriffe überprüfen, gelingendes Menschsein auch jenseits gezogener Grenzen erproben und eigene Überzeugungen ausbilden. Es geht um sittliche Selbstbestimmung, um eine freiheitliche, zugleich sozial verwurzelte moralische Identität und Verantwortung! Dabei helfen nicht autoritäre Monologe über fixe Normen. Vielmehr braucht es faire Dialoge über plausible Erfahrungen und Gründe guten Lebens, möglicherweise begleitende praktische Hinweise, in jedem Fall Formen solidarischer Unterstützung und Respekt für jene, die sich im Rahmen ihrer Lebensumstände redlich bemühen, human und engagiert zu handeln.

Ein dafür schlagendes, zugleich global bewegendes Beispiel ist die von Kindern und Jugendlichen initiierte und getragene Bewegung «Fridays for Future». Die kulturell und sozial klein und unmündig Gehaltenen vereinen sich und machen sich stark für einen konsequenten Schutz der Schöpfung. Sie tun das auf Basis ihrer Betroffenheit und Überzeugungen, handeln zugleich sachbezogen, couragiert und auf ein wirksames Vorgehen bedacht. Dabei begegnen ihnen die Widerständigkeit festgefahrener Systeme, politische Korruption, bürgerliche Bequemlichkeit und oft genug eine fatale Mischung aus Blindheit und moralisierender Herablassung der Erwachsenen. Trotz fehlender Macht und drohender Sanktionen wagen sie, ihre Verantwortung wahrzunehmen, sogar wenn sie dafür Grenzen herkömmlichen Denkens und Handelns überschreiten müssen. Damit zeigen sie und leben, was sittliche Selbstbestimmung und gewissenhafte Praxis unter herausfordernden Bedingungen zu bedeuten haben.

Man stelle sich die Kirche, christliche Personen und Gemeinden an der Seite dieser zutiefst moralisch handelnden Kinder und Jugendlichen vor. Nicht um sie zu belehren, ihre Bewegung besserwisserisch zu moderieren oder sie gönnerhaft für sich zu vereinnahmen! Vielmehr liegt die Perspektive der Kirche darin, dank dieser Menschen in ihre eigene biblisch-praktische Spur zurückzufinden, sich von falschen Verengungen der Moral zu lösen, um sich uneigennützig und prophetisch in den Dienst der bedrohten Schöpfung und aller verletzten Geschöpfe zu stellen. Die Potenziale der Jugendkulturen sind folglich auch auf Ebene der Moral eine wertvolle Quelle für die Reform unserer Kirche.

3. Perspektiven

Bislang habe ich die Potenziale der Jugendkulturen lediglich im Raster und in der fatalen Logik der bestehenden kirchlichen Desaster wahrgenommen. Es gibt aber darüber hinaus weitere jugendtypische Ressourcen, die wegen ihrer Vorzüge und sozialen Präsenz kirchlich Beachtung verdienen. Würden auch sie erfasst, stiegen die Chancen der Jugendstile und Jugendlichen, beim Aufbau künftiger Kirchengestalten maßgebend zu sein und authentisch zu bleiben.

3.1. Weitere Potenziale

Damit ist bereits der innerste Punkt der Praxis und Identitätskommunikation von Jugendlichen angesprochen: Sie erhoffen Räume, kulturelle Wege und Anregungen, die ihnen ein authentisches Erleben sowie authentischen Ausdruck ermöglichen. Sie wollen «echt» sein dürfen, als sie selbst gesehen und angenommen werden, mit ihren Bedürfnissen und Überzeugungen ankommen, setzen also auf soziale Resonanz, in der sie ein hohes Maß an Ehrlichkeit, Direktheit und Transparenz zu entwickeln vermögen. Dieses aufs Personale zielende Paradigma ist wesenhaft human, prägt daher die verschiedensten Teilvollzüge des Menschseins. Wie die schon beschriebenen strukturellen, spirituellen und moralischen Aspekte sind sie aber jugendspezifisch geformt und erscheinen so in besonders klarem Licht. Für unsere Kirche, die ihre desaströse Lage bearbeiten und überwinden muss, um einer authentischen Entfaltung von Menschlichkeit dienen zu können, ergeben sich hier weitere Lernfelder.

So geht es auf Ebene des Wissens, des Bewusstseins und der *Lehre* um existentielle Relevanzen. Jugendliche streben nach einer Deutung von Wirklichkeit, die sie angeht, betrifft und ihnen Antworten auf Fragen gibt, die sie tatsächlich bewegen. Folglich darf nicht dogmatische Vollständigkeit und Richtigkeit das primäre Ziel kirchlicher Ereignisse sein, sondern Teilwahrheiten, die die Person ergreifen und durch entsprechende Interaktionen vermittelt sind. Damit findet Kirche zu einem existentiellen Glaubensvollzug zurück, und zwar im schon biblisch grundgelegten Vertrauen, dass Gottes Wahrheit zwar absolut besteht, aber stets geschichtlich erscheint und wirkt. Sie ist daher nie vollends zu besitzen oder abzubilden, sondern ruft perspektivische Wege und Glaubenszugänge hervor.

Auf der Ebene der Sozialität und kirchlichen *Zugehörigkeit* ist für Jugendliche wichtig, dass die Qualität der Beziehungen stimmt. Wenn darin differenziertes stabiles Interesse, Akzeptanz und persönlicher Umgang möglich sind und sie auch emotiv profitieren, d. h. «Spaß haben» und Bedeutsames erleben können, sind Jugendliche gerne dabei und kommen in der Regel auch wieder. Ihre Beteiligung entscheidet sich also mehr an überzeugenden Erfahrungen als an formaler Mitgliedschaft. Das heißt für Institutionen wie die Kirche, die auf eine äußerlich messbare Totalidentifikation zielen, dass ihre Relevanz für Jugendkulturen gering ausfallen muss. Würde sich die Kirche hingegen als Ort und Genese sozialer Qualität definieren, folglich Teilidentifikationen und Teilzugehörigkeiten würdigen, begännen zwar die starren Grenzen zwischen innen und außen zu fließen. Jugendliche könnten aber ihre Kirchlichkeit in Annäherung, ohne institutionelle Vereinnahmung und entlang zwischenmenschlicher Kulturen entdecken. Umgekehrt fände die Kirche zu ihrem durch Jesus gestifteten Gründungsauftrag zurück, sich jenseits althergebrachter Verbindungen oder struktureller Blockaden dort zu bilden, wo Gottes Heilswille und Barmherzigkeit geglaubt und praktiziert wird.

Was die Art ihrer *Partizipation* angeht, legen Jugendliche Wert darauf, fair beteiligt zu werden und mitgestalten zu können. Sie haben zumeist einen klaren Blick dafür, dass «etwas geht» und wie es zu bewegen und anzufangen ist. Mit diesen Ideen wollen sie sich einbringen und sind überdies frei von falschen Hemmungen und Rücksichten, die wegen schwelender Konflikte oder unreflektiert mitgeschleppter Konventionen bestehen. Dabei stürzen sie nichts mutwillig oder besinnungslos um, sondern knüpfen mit Vorliebe an tradierte Größen und gegebene Formen an. Sie wollen sie aber kreativ fortschreiben, erfinden phantasievolle Synthesen mit den sie prägenden Sprach-, Kunst- und Begegnungsstilen. Auch auf diesem Weg käme die Kirche wieder auf ihre wesentlichen, biblisch bezeugten Ursprünge zurück, hier auf die Schöpferkraft des Geistes, dessen Originalität und Kraft den Gemeinden hilft, ihre sämtlichen Charismen geschwisterlich zu entfalten, zu achten und zu einen.

Im Ergebnis ist damit deutlich, dass Jugend ein Weg und Gestaltungsmodus der Kirche sein kann, jedoch nicht im Sinne einer missbräuchlichen Domestikation und Entfremdung bestehender Jugendkulturen! Vielmehr hat die Kirche im Spiegel authentischer, durch Jugendliche getragener Glaubens- und Lebensformen die Chance, ihre eigene Wahrheit in Raum, Zeit und Geschichte neu zu erkennen und durch aufrichtige Reformen an Haupt und Gliedern zu dieser Wahrheit zurückzukehren.

3.2. Subsidiäres Handeln

Noch wird die reformerische Kraft, die Jugendkulturen innewohnt, in der Kirche machtförmig abgewehrt. Zwar gibt es dort bestimmte Orte, an denen Jugendstile gelebt werden dürfen. Sie werden aber auch deshalb eingerichtet, um die subversive Dynamik, die von Jugendlichen ausgeht, zu entschärfen und zu kanalisieren. Sie sollen sich in eigenen Bereichen, Teilkirchen, Gruppen, Gottesdiensten, Bewegungen und Festivals aufhalten und heimisch fühlen, sich dort «austoben», ihren Stil und kulturellen Ausdruck bewahren etc. Sie können sich sogar über geltende kirchliche Normen und Texte hinaus äußern oder Alternativen ausprobieren. Dabei werden sie oft von engagierten Pastoralleuten begleitet. Wichtig ist allerdings, dass sie nicht allzu laut sind, die Funktions- und Amtsträger nicht in Zugzwang oder Verlegenheit bringen und den offiziellen Takt der Kirche, Gemeinden und ihrer Leitungen nicht grundsätzlich zu stören beginnen.

Zweifellos sind diese Zonen kirchlicher Jugendarbeit für Jugendliche bedeutsam, sofern hier ihrer Entwicklung, ihrem Identitätserleben und sozialen wie religiösen Ausdruck Raum gegeben wird. Systemtheoretisch gesehen sind solche Refugien aber auch konservativ motiviert. Sie fungieren als Nischen, in die besonders die kritisch bzw. verändernd wirkenden Themen und Kräfte verwiesen werden, um die Logik und Gestalt des Gesamtsystems zu erhalten[27]. Es geht dabei zum einen um die Sicherung systemischer Funktionalität, meist aber auch um den Erhalt von Ideologie, Ansehen und Macht, an dem bestimmende Gruppen oder Rollenträger ein unmittelbares Interesse haben.

Für die Kirche ergibt sich damit das Problem, dass die originären Impulse der Jugendkulturen, die für ihre Reform und wesensgemäße Gestalt nötig wären, keine nachhaltige systemrelevante Wirkung erzielen können. Kirche bleibt in ihren verbrauchten, nicht zukunftsfähigen Strukturen, Formen und Milieus verhaftet, weil sie Jugendliche in dieser Weise separiert und sich gegen ihre Erkenntnisse und Potenziale abschottet und immunisiert. Die darin sichtbaren Zeichen der Zeit – ihre Lagen, Nöte und Herausforderungen wie auch ihr Vermögen, Sozialität herzustellen und sittliche Standards oder tragende Hoffnungen zu gewinnen und zu kommunizieren – können das System Kirche kaum beeinflussen und schon gar nicht verändern.

Eine solche Marginalisierung von Jugendkulturen wirkt demnach kirchlich prekär. Sie ist zudem höchst widersprüchlich: Denn sie verletzt das Prinzip der Subsidiarität und damit jenen Leitbegriff institutioneller Ethik, der vom römischen Lehramt selbst entwickelt und propagiert wurde[28]. Gemäß diesem Prinzip wird die humane Qualität kirchlicher Strukturen unterboten, wenn die Jugendkulturen bzw. Jugendliche lediglich Segmente für ihr authentisches Dasein erhalten, die Kirche in ihrer Logik, Sprache und Verfasstheit von diesen Potenzialen aber unbeeindruckt bleibt. Subsidiarität zielt struktur- und institutionenethisch eben nicht darauf, vorhandenen gestaltungsrelevanten Kräften und Erfahrungen nur «Spielwiesen» einzuräumen, sie hier zu dulden und ansonsten ihrem Schicksal zu überlassen. Vielmehr bedeutet subsidiäres Handeln, für Jugend und Kirche gesprochen, dass kirchliche Institutionen alles daran setzen, die Kompetenzen und Dynamik der Jugendkulturen in den beschriebenen wesenhaften Vollzügen zu stärken und institutionell breit zum Tragen zu bringen.

Gemeint ist also eine besondere Form der Solidarität mit Jugendlichen, eine strukturelle Förderung und Anerkennung ihrer Wahrheit und Erkenntnisse! Das erfordert ein aktives Interesse, das kirchliche Selbstverständnis und Leben von ihnen hinterfragen zu lassen und mit ihnen angemessen aufzubauen. Letztlich zielt solche Subsidiarität auf einen paritätischen Umgang innerhalb der Kirche, selbstredend auch auf die Relativierung von starrer Gewohnheit, hierarchischer Selbstgefälligkeit und Macht. Mit Sicherheit ist das ein Grund, warum dieses Prinzip sowie weitere institutionenethische Ansprüche – zum Beispiel Mitbestimmung, Gewaltenteilung, Genderfairness, Transparenz oder unabhängige Supervision – im Binnenraum der Kirche nicht oder nur unzureichend eingelöst sind, obwohl sie von der Amtskirche mit Blick auf politische und gesellschaftliche Felder permanent erhoben werden.

Ob die Ereignisse rund um die Weltbischofssynode 2018[29] diesbezüglich zu einer Wende führen oder zumindest den Wandel einleiten, lässt sich noch nicht beurteilen. Einige Signale, die im Vorfeld dieser Versammlung gesendet wurden, weckten durchaus die Hoffnung, dass Erfahrungen und Bedürfnisse der Jugendkulturen kirchlich stilbildend werden könnten. So lief – mit ausdrücklicher Berufung auf das synodale Prinzip – eine weltweite Online-Umfrage unter Jugendlichen aller Ortskirchen, die ihnen die Möglichkeit gab, ihre Themen, Wünsche und Kritik in den Prozess einzuspeisen. Es fehlte auch nicht an Einladungen und Ermutigungen, sich in diesem Vorfeld zu engagieren und die eigenen Perspektiven freimütig zu vertreten.

Auch fand eine Vorsynode statt, bei der 300 Vertreterinnen und Vertreter der kirchlichen Jugend aller Kontinente über ihr Verhältnis zur Kirche und ihre Sicht der anstehenden Reformen berieten. In einem bemerkenswerten Schlussdokument riefen sie die Bischöfe auf, die Jugend kirchlich ernst zu nehmen, sie als gleichwertig und kompetent zu betrachten und auf ihre Bedürfnisse, Fähigkeiten und Ausdruckformen zu achten[30]. Zudem dokumentierten sie ein klares Bewusstsein für den Sinn und die aktuelle Formung sozialer Begegnungen und spiritueller Wege sowie großes Gespür für die Herausforderungen und Bereiche verantwortlicher Praxis in einer Welt, die durch Ausbeutung und Armut, Zerstörung der Schöpfung und Migration, Gewalt und Entfremdung gezeichnet ist. Damit bestätigen die Jugendlichen auch in diesem Dokument, wie bedeutsam und richtungsweisend ihre Potenziale für die Erneuerung der wesentlichen Selbstvollzüge unserer Kirche sind.

Die Synode selbst hinterließ hingegen einen ambivalenten Eindruck: Die dort anwesenden Jugendlichen hatten Gaststatus. Es war ihnen nicht erlaubt, direkt in die Beratungen einzugreifen, obschon es um ihre Erfahrungen, Biographien und Zukunftsgestaltung in Welt und Kirche ging. Dieser institutionellen Marginalisierung von Jugend versuchte man allerdings entgegenzuwirken, indem man sie am Rande beteiligte und ihre Themen, typischen Lagen und Entwicklungslinien auf Basis der vorliegenden Quellen aufnahm und erörterte. Auch der umfangreiche Schlusstext[31] spiegelt diese Ambivalenz: Erkennbar ist das Bemühen, die Lebenswirklichkeit und Fragen von Jugendlichen differenziert anzusprechen. Es gibt erstaunliche Passagen, in denen die Mitwirkung der jungen Generation im aktuellen Geschehen, ihre Bedeutung für das Erkennen der Zeichen der Zeit und ihre Tatkraft in verschiedenen Handlungsbereichen betont wird. Nahezu subsidiär «fordert die Synode alle Ebenen der Kirche dazu auf, effektive und in die regulären Abläufe eingebundene Formen der aktiven Partizipation junger Menschen zu entwickeln»[32]. Umgekehrt sind weite Teile dieses Textes durch den gewohnten kirchlichen Paternalismus geprägt. Ganz selbstverständlich setzt man voraus, dass Kirche und geistliches Amt bezüglich der Berufung und Entwicklung von Jugendlichen einen Wissensvorsprung und Führungsanspruch haben. Dass umgekehrt Jugendkulturen die Kirche zu einer erneuerten strukturellen, spirituellen und moralischen Praxis führen können, wird kaum deutlich oder entfaltet.

Auch *Papst Franziskus* ist nicht gefeit vor diesem Paternalismus. Er hat das Nachfeld der Bischofssynode mit seinem Schreiben «Christus vivit»[33] geprägt. Darin finden sich ausgedehnte appellierende, belehrende und sachlich erklärende, aber auch spirituell berührende Passagen zur Situation und Kultur des Jugendalters. Hervorstechend sind gleichwohl jene Stellen, an denen der Papst die Jugendlichen direkt anspricht und sie ermutigt, sich einzumischen und ihre spezifischen Potenziale zu realisieren. Besonders die von ihm gewählten Metaphern zeigen, wie beseelt er davon ist, Jugendlichen ihre Kompetenz zu einem selbstbestimmten Handeln aufzuzeigen. Er versteht und begrüßt mit Nachdruck, dass «junge Menschen [...] die Hauptdarsteller der Veränderung sein wollen»[34]. Sie sollen «das Leben nicht von einem Balkon aus»[35] beobachten, sondern es mit Entschiedenheit gestalten, sich also nicht wie «jugendliche Mumien»[36] verhalten: «Ich bitte euch, Konstrukteure der Welt zu sein [...] Begebt euch in die Welt!»[37] Lasst «eure Träume aufblühen [...] Lasst von euch hören! [...]

Geht bitte nicht vorzeitig in den Ruhestand»[38]. Konsequent wendet der Papst diese Potenziale der Jugend auch auf die Praxis der Kirche an: So fordert er eine «synodale Jugendpastoral»[39], in der die «Kreativität und Kühnheit»[40] der Jugend, «neue Stile und neue Strategien»[41] maßgebend werden.

4. Visionen

Der synodale Prozess geht also weiter. Kirche ist ohne die subsidiäre Förderung, Vielfalt und Synodalität aller in ihr und mit ihr lebenden Charismen und Kräfte überhaupt nicht als Kirche Jesu Christi erkennbar. Wie wesentlich dabei die Jugendkulturen sind, hat sich unter dem Eindruck der aktuellen kirchlichen Desaster gezeigt. Jetzt gilt es, sich auf allen Ebenen der Kirche dem eigenen Versagen zu stellen und für die heilsamen Kompetenzen und Potenziale der Jugend offen zu werden. Sich vorbehaltlos in ihre Schule zu begeben und von ihr zu lernen, mag für die Kirche zunächst ungewohnt sein. Es wird sie aber dem Geist Gottes, der alles bewegt und erneuert, wieder näher bringen.

Den Anfang solcher geistbewegten Prozesse bilden stets Visionen – prophetische, konzeptionelle und tröstliche. Wenn sie sich begegnen, ereignet sich eine kirchenstiftende Kommunikation. Aus der Bibel wird derzeit gerne der Prophet Joel zitiert: «Danach aber wird Folgendes geschehen: Ich werde meinen Geist ausgießen über alles Fleisch. Eure Söhne und Töchter werden Propheten sein, eure Alten werden Träume haben und eure jungen Männer haben Visionen»[42].

Konzeptionell hält die Vorsynode der Jugendlichen fest: «Junge Menschen sehnen sich heutzutage nach einer authentischen Kirche. Besonders zur Hierarchie der Kirche sagen wir: Seid transparent, offen, ehrlich, einladend, kommunikativ, zugänglich, freudig und eine Gemeinschaft im Austausch. Eine glaubwürdige Kirche hat keine Angst, als verletzlich zu gelten. Die Kirche sollte aufrichtig sein [...] Die Kirche zieht die Aufmerksamkeit junger Menschen auf sich, wenn sie in Jesus Christus verwurzelt ist [...]

Deshalb bitten wir die Kirche, geleitet vom Heiligen Geist, weiterhin die Freude des Evangeliums zu verkünden. Wir wünschen uns, dass die Kirche diese Botschaft durch moderne Kommunikationsmittel und Ausdrucksformen vermittelt. Junge Menschen haben viele Fragen zum Glauben und verlangen nach Antworten, die weder oberflächlich noch vorgefertigte Formulierungen sind [...] Wir, die junge Kirche, möchten, dass unsere Leiterinnen und Leiter praktisch und verständlich über kontroverse Themen wie Homosexualität und Gender sprechen, über die Jugendliche längst ohne Tabu diskutieren. Manche nehmen die Kirche als wissenschaftskritisch wahr. Daher ist ein Dialog mit der Wissenschaft wichtig, da auch diese die Schönheit der Schöpfung erleuchten kann. In diesem Zusammenhang sollte sich die Kirche auch um die Umwelt kümmern, insbesondere um die Umweltverschmutzung. Zudem möchten wir eine Kirche sehen, die empathisch ist und sich denjenigen zuwendet, die am Rande der Gesellschaft kämpfen, die Verfolgten und die Armen. Eine attraktive Kirche ist eine beziehungsorientierte Kirche»[43].

Schließlich ein tröstliches Wort von *Papst Franziskus*, das die Identität und Kommunikation der Jugend in und mit ihrer Kirche nach allen Seiten ermutigend und verständnisvoll beschreibt: «Liebe junge Menschen, es wird meine Freude sein, euch schneller laufen zu sehen als jene, die langsam und ängstlich sind [...] Der Heilige Geist möge euch bei diesem Lauf antreiben. Die Kirche bedarf eures Schwungs, eurer Intuitionen, eures Glaubens. Wir brauchen das! Und wenn ihr dort ankommt, wo wir noch nicht angekommen sind, habt bitte die Geduld, auf uns zu warten»[44].

Anmerkungen

1 Diese Erkenntnis dringt auch amtskirchlich immer mehr durch. Vgl. jüngste Äußerungen des Hildesheimer Bischofs *Heiner Willmer*: Machtmissbrauch steckt in der DNA der Kirche, in: https://www.katholisch.de/aktuelles/aktuelle-artikel/wilmer-machtmissbrauch-steckt-in-dna-der-kirche (Zugriff am 5. 6. 2019). Theologisch reflektiert das *Eamonn Conway*: Die irische Kirche und sexuelle Gewalt gegen Minderjährige. Skizze einer Krise – Entwurf einer theologischen Agenda, in: *Stephan Goertz / Herbert Ulonska* (Hrsg.): Sexuelle Gewalt. Fragen an Kirche und Theologie (Theologie 31), Berlin / Münster 2010, 176–191. Vgl. für den Hintergrund: *Magnus Striet / Rita Werden* (Hrsg.): Unheilige Theologie! Analysen angesichts sexueller Gewalt gegen Minderjährige durch Priester (Katholizismus im Umbruch 9), Freiburg i. Br. / Basel / Wien 2019.

2 *Franziska Driessen-Reding / Josef Annen*: Die Katholische Kirche steht in Flammen, in: https://www.zhkath.ch/kirche-aktuell/kirche-im-kanton/zuercher-kirche-tiefgreifende-strukturreformen (Zugriff am 5. 6. 2019). Vgl. auch https://www.kath.ch/newsd/die-katholische-kirche-steht-in-flammen/ (Zugriff am 5. 6. 2019); https://www.katholisch.de/aktuelles/aktuelle-artikel/generalvikar-die-katholische-kirche-steht-in-flammen (Zugriff am 5. 6. 2019).

3 *Hubert Wolf*: Missbrauchsskandal größere Krise als Reformation, in: https://www.katholisch.de/aktuelles/aktuelle-artikel/kirchenhistoriker-miss brauchsskandal-groessere-krise-als-reformation (Zugriff am 5. 6. 2019).

4 *Heribert Prantl*: Es reicht nicht. Amen, in: https://www.sueddeutsche.de/panorama/kommentar-zur-missbrauchs-konferenz-es-reicht-nicht-amen-1.4343279 (Zugriff am 5. 6. 2019). Vgl. auch den Auftritt von *Prantl* in der ARD-Sendung «Anne Will» vom 24. 2. 2019: http://mediathek.daserste.de/Anne-Will/Krisengipfel-im-Vatikan-wie-entschloss/Video?bcastId=328454&documentId=60574270 (Zugriff am 5. 6. 2019).

5 *Daniel Bogner*: Diese Kirche tötet, in: https://www.feinschwarz.net/diese-kirche-toetet/ (Zugriff am 5. 6. 2019).

6 Ebd.

7 *Mark Coleridge*: Missbrauch braucht kopernikanische Wende der Kirche, in: https://www.kath.ch/newsd/erzbischof-missbrauch-braucht-koperni kanische-wende-der-kirche/ (Zugriff am 5. 6. 2019). Dieser sogenannte Anti-Missbrauchs-Gipfel fand vom 21. bis 24. Februar 2019 im Vatikan statt: Zusammen mit *Papst Franziskus* befassten sich die Vorsitzenden sämtlicher nationaler Bischofskonferenzen mit Ursachen, Kontexten und Folgen sexualisierter Gewalt in der katholischen Kirche. Vgl. https://www.spiegel.de/panorama/gesellschaft/katholische-kirche-missbrauchsgipfel-in-rom-was-theologen-und-laien-fordern-a-1253776.html (Zugriff am 5. 6. 2019).

8 Vgl. exemplarisch *Schweizerisches Pastoraltheologisches Institut SPI*: Katholische Kirche in der Schweiz. Kirchenstatistik 2013. Fakten, Zahlen, Entwicklungen, St. Gallen 2013; *Judith Albisser*: Kirche im Wandel, in: https://spi-sg.ch/wp-content/uploads/2015/10/albisserj-2014-aufbruch-kirchenstatistik.pdf (Zugriff am 5. 6. 2019). Vgl. auch für den Hintergrund der kirchlichen «Suche nach einer neuen Sozialgestalt» den Vortrag von *Hans Joas*: Kirche kann von Soziologie lernen, in: http://salzburger-hochschulwochen.at/site/home/aktuelles/joas-kirche-kann-von-soziologie-lernen (Zugriff am 5. 6. 2019).

9 Vgl. *Thomas Frings*: Aus, Amen, Ende? So kann ich nicht mehr Pfarrer sein, Freiburg i. Br. / Basel / Wien [2]2017.

10 Man vergleiche die Resonanz, die spirituelle Schriften – etwa von *Melanie Wolfers*, *Andreas Knapp*, *Teresa Zukic* oder *Anselm Grün* – in und außerhalb der Kirche erfahren.

11 Vgl. hierzu eindrückliche Beispiele in *Hanspeter Schmitt* (Hrsg.): Kirche, reformiere dich! Anstöße aus den Orden (erscheint Freiburg i. Br. / Basel / Wien 2019), besonders in den Beiträgen von *Wunibald Müller*, *Zacharias Heyes* und *Teresa Zukic*. Vgl. auch die bestehende Nachfrage spirituell relevanter Angebote wie Wallfahrten, Exerzitien, persönliche Auszeiten oder Meditation.

12 Vgl. exemplarisch für das Sprachproblem: *Erik Flügge*: Der Jargon der Betroffenheit. Wie die Kirche an ihrer Sprache verreckt, München [3]2016 oder für die Frage der Musik in der Kirche: *Rainer Bucher*: Über Kirchenmusik. Inklusive dreier Bitten an KirchenmusikerInnen, in: https://www. feinschwarz.net/ueber-kirchenmusik-inklusiver-dreier-bitten-an-kirchenmu sikerinnen/ (Zugriff am 5. 6. 2019).

13 Vgl. *Zweites Vatikanisches Konzil*: SC 10.

14 *Thomas Laubach* in einem weit verbreiteten liturgischen Liedtext: http://www. familien-feiern-feste.net/159d375.html (Zugriff am 5. 6. 2019).

15 Hierzu sehr erschließend der Beitrag von *Teresa Zukic*, in: *Schmitt* (Hrsg.): Kirche, reformiere dich (Anm. 11).

16 Vgl. die unter «Missbrauch» verlinkten Medienbelege auf der Plattform des Katholischen Medienzentrums Schweiz: https://www.kath. ch/?s=Missbrauch (Zugriff am 5. 6. 2019). Vgl. exemplarisch die hierzu aktuellsten Publikationen: *Doris Wagner*: Spiritueller Missbrauch in der katholischen Kirche, Freiburg i. Br. / Basel / Wien 2019; *Klaus Mertes*: Geistlicher Missbrauch. Theologische Anmerkungen, in: StZ 237 (2019) 93–102.

17 Vgl. für das Feld verantwortlicher Sexualitätsgestaltung: *Hanspeter Schmitt*: Familien- und Beziehungsvielfalt würdigen, in: *Arnd Bünker / Hanspeter Schmitt* (Hrsg.): Familienvielfalt in der katholischen Kirche. Geschichten und Reflexionen, Zürich 2015, 137–151, hier 140–149.

18 Hierfür hat auch *Papst Franziskus*, der stets für eine umfassende kirchliche Umkehr eintritt, am Ende des Anti-Missbrauchs-Gipfels in Rom am 24. 2. 2019 ein Beispiel geliefert. Vgl. https://www.vaticannews.va/de/papst/

news/2019-02/kinderschutzkonferenz-rede-papst-franziskus-missbrauch-vatian.html (Zugriff am 5. 6. 2019).

19 Vgl. für das Folgende *Marc Calmbach* u. a.: Wie ticken Jugendliche 2016? Lebenswelten von Jugendlichen im Alter von 14 bis 17 Jahren in Deutschland, Wiesbaden 2017; *Klaus Hurrelmann / Erik Albrecht*: Die heimlichen Revolutionäre. Wie die Generation Y unsere Welt verändert, Weinheim / Basel 2014; *Christian Scholz*: Generation Z. Wie sie tickt, was sie verändert und warum sie uns alle ansteckt, Weinheim 2014; *Shell Deutschland Holding* (Hrsg.): Jugend 2015. Eine pragmatische Generation im Aufbruch. 17. Shell Jugendstudie, Frankfurt a. M. 2015; *Wilfried Ferchhoff*: Jugend und Jugendkulturen im 21. Jahrhundert. Lebensformen und Lebensstile, Wiesbaden [2]2011; *ders.*: Aktuelle Trends aus der Jugendforschung: Jugend zwischen Globalisierung und Individualisierung, in: Freiburger Geschlechterstudien 22 (2008) 127–154. Mit Blick speziell auf die Einstellungen von Jugendlichen zu Glaube, Religion und Kirche siehe *Friedrich Schweitzer* u. a.: Jugend – Glaube – Religion. Eine Repräsentativstudie zu Jugendlichen im Religions- und Ethikunterricht, Münster / New York 2018; *Clauß Peter Sajak / Michael Langer* (Hrsg.): Kirche ohne Jugend. Ist die Glaubensweitergabe am Ende?, Freiburg i. Br. / Basel / Wien 2018; *Ute Sparschuh*: Werte, Glaube, Kirche. Ein kurzer analytischer Blick in die aktuellen Jugendstudien, in: https://jugend. ekir. de/Bilderintern/20160426_GlaubeKircheWerteJugend.pdf (Zugriff am 5. 6. 2019); *Heinz Streib / Carsten Gennerich*: Jugend und Religion. Bestandaufnahmen, Analysen und Fallstudien zur Religiosität Jugendlicher, Weinheim / München 2011. Auch gedacht als pointierte Kritik an Jugendstilen: *Bernhard Heinzlmaier / Philipp Ikrath*: Generation Ego. Die Werte der Jugend im 21. Jahrhundert, Wien 2013.

20 Bekanntlich gelingt es nicht allen Jugendlichen gleich gut, mit dieser Offenheit und Pluralisierung konstruktiv umzugehen, etwa angesichts bestehender Krisen und Blockaden auf ökologischer, wirtschaftlicher und persönlicher Ebene. Zum Teil von daher erklären sich diverse nationalistische und fundamentalistische Strömungen, die sich auch in einigen Jugendkulturen finden, und es bedarf wiederum angemessener Strukturen, um die damit verbundenen Probleme wirksam zu bearbeiten.

21 Hierzu der Beitrag von *Zacharias Heyes*, in: *Schmitt* (Hrsg.): Kirche, reformiere dich (Anm. 11).

22 Hierzu der Beitrag von *Franz Weber*, in: *Schmitt* (Hrsg.): Kirche, reformiere dich (Anm. 11). Vgl. exemplarisch aus den Publikationen von *Tomáš Halík*: Geduld mit Gott. Die Geschichte von Zachäus heute, Freiburg i. Br. / Basel / Wien [8]2016.

23 Vgl. *Josef Höglauer*: Der Einfluss von Taizé auf die Spiritualität Jugendlicher. Eine empirische Untersuchung (Jugend in Kirche und Gesellschaft 10), Berlin / Münster 2016; *Edeltraud Gaus / Claudia Guggemos*: Einfachheit und Offenheit. Taizé als Lernort für Jugendliche und ihre Lehrer, in: HerKorr 67 (2013) 626–631.

24 Vgl. die Reflexion von *Teresa Zukic*, in: *Schmitt* (Hrsg.): Kirche, reformiere dich (Anm. 11). Vgl. für weitere Neuaufbrüche auf gemeindlicher Ebene *Burkard Vogt*: Hier sprudelt wacher Glaube, in: https://www.sobla.de/ aktu elles/detail/ansicht/hier-sprudelt-wacher-glaube/ (Zugriff am 5. 6. 2019); *Markus Krauth* (Hrsg.): Voll Gott, Regensburg 2019.

25 Verdeutlicht am Beispiel kirchlicher Lehramtspraxis in Fragen der Sexual-, Partnerschafts- und Familienethik: *Konrad Hilpert* (Hrsg.): Zukunftshorizonte katholischer Sexualethik (QD 241), Freiburg i. Br. / Basel / Wien 2011; *Bünker / Schmitt* (Hrsg.): Familienvielfalt (Anm. 17).

26 Vgl. die Vielzahl von Belegen in der in Anm. 19 angegebenen Literatur.

27 Vgl. für den Hintergrund *Heinz Abels*: Einführung in die Soziologie, Bd. 1: Der Blick auf die Gesellschaft, Wiesbaden [5]2019, bes. 151–268; *Niklas Luhmann*: Soziologische Aufklärung, Teil 1: Aufsätze zur Theorie sozialer Systeme, Wiesbaden [8]2009.

28 Vgl. die fachliche Erarbeitung dieses Prinzips, seiner Kontexte und kirchlichen Verwendung: *Hanspeter Schmitt*: Subsidiarität statt Subordination. Leitbegriff und Reflexion einer erneuerten kirchlichen Moralkommunikation, in: *Michael Durst / Birgit Jeggle-Merz* (Hrsg.): Familie im Brennpunkt (ThBer 37), Freiburg i. Ü. 2017, 75–115 (Lit.).

29 Vgl. hierzu das Dossier des Katholischen Mediendienstes: https://www. kath.ch/ jugendsynode-2018/ (Zugriff am 5. 6. 2019).

30 Vgl. den Abschlusstext des Vorbereitungstreffens der Bischofssynode: https://www.dbk.de/fileadmin/redaktion/diverse_downloads/presse_ 2018/2018-060a-Abschlussdokument-des-Vorbereitungstreffens-der-Bischofs synode.pdf (Zugriff am 5. 6. 2019).

31 Die Jugendlichen, der Glaube und die Berufungsunterscheidung (Abschlussdokument): https://www.dbk.de/fileadmin/redaktion/ diverse_downloads/ presse_ 2018/Abschlussdokument-Jugendsynode-2018.pdf (Zugriff am 5. 6. 2019). Vgl. auch *Eva-Maria Faber*, Die Jugendsynode als Lernschritt zu einem synodalen Stil der Kirche, in: https://www.kath.ch/newsd/die-ju gend synode-als-lernschritt-zu-einem-synodalen-stil-der-kirche/ (Zugriff am 5. 6. 2019).

32 Ebd.

33 *Papst Franziskus*: Nachsynodales apostolisches Schreiben «Christus vivit» (CV) an die jungen Menschen und das ganze Volk Gottes, in: http:// w2. vatican.va/content/francesco/de/apost_exhortations/documents/papa-francesco_esorta zione-ap_20190325_christus-vivit.html (Zugriff am 5. 6. 2019). Vgl. auch erste Reaktionen und Kommentare: *Lucas Wiegelmann*: Vatikan: Jung und Jünger, in: HerKorr 73 (2019) 9f; *Mariano Galgano*: Papstschreiben zur Jugendsynode, in: https://www.vaticannews.va/de/ papst/news/2019-04/zusammenfassung-inhalt-christus-vivit-jugendsynode-papst.html (Zugriff am 5. 6. 2019); *Stefanie Stahlhofen / Burkhard Jürgens*: Papstschreiben an Jugend zeigt, wo es noch hakt, in: https://www.kath.ch/ newsd/papstschreiben-an-jugend-zeigt-wo-es-noch-hakt/ (Zugriff am 5. 6.

2019); *Katholisches Medienzentrum*: Päpstliches «Christus vivit» kommt als sympathische Ermutigung an, in: https://www.kath.ch/newsd/paepstliches-christus-vivit-kommt-als-sympathische-ermutigung-an/ (Zugriff am 5. 6. 2019); *Claudia Kaminski*: Taizé: Bruder Alois dankt Papst Franziskus für Christus vivit, in: https://www.vaticannews.va/de/welt/news/2019-04/taize-alois-dank-papst-franziskus-christus-vivit-interview.html (Zugriff am 5. 6. 2019).

34 CV 174.

35 CV 143.

36 Ebd.

37 CV 174.

38 CV 143.

39 CV 203–208.

40 CV 203.

41 CV 204.

42 Joel 3,1. Die Stelle wird z. B. zitiert im Abschlusstext des Vorbereitungstreffens der Bischofssynode (Anm. 30), aber auch von *Papst Franziskus* (CV 192).

43 Abschlusstext des Vorbereitungstreffens der Bischofssynode (Anm. 30).

44 CV 299.

HERAUSGEBER UND AUTOREN

Herausgeber:

Prof. Dr. MICHAEL DURST, o. Prof. für Kirchengeschichte und Patrologie an der Theologischen Hochschule Chur.

Prof. Dr. BIRGIT JEGGLE-MERZ, o. Prof. für Liturgiewissenschaft an der Theologischen Hochschule Chur und a. o. Prof. für Liturgiewissenschaft an der Theologischen Fakultät der Universität Luzern.

Autoren:

Dipl. Religionspädagoge (RPI) CLAUDE BACHMANN, Mitarbeiter in der Fachstelle für Kirchliche Jugendarbeit der katholischen Landeskirche Graubünden.

Prof. Dr. MANFRED BELOK, o. Prof. für Pastoraltheologie und Homiletik an der Theologischen Hochschule Chur.

Prof. Dr. CHRISTIAN CEBULJ, o. Prof. für Religionspädagogik und Katechetik an der Theologischen Hochschule Chur.

Prof. Dr. EVA-MARIA FABER, o. Prof. für Fundamentaltheologie und Dogmatik an der Theologischen Hochschule Chur.

Prof. Dr. MICHAEL FIEGER, o. Prof. für Alttestamentliche Wissenschaften an der Theologischen Hochschule Chur.

MTh Sr. M. Manuela Gächter OP, Wissenschaftliche Assistentin am Lehrstuhl für Alttestamentliche Wissenschaften an der Theologischen Hochschule Chur.

Lic. phil. MTh Ann-Katrin Gässlein, Wissenschaftliche Assistentin an der Professur für Liturgiewissenschaft an der Theologischen Fakultät der Universität Luzern; Ressortverantwortliche «Kultur und Bildung» der Citypastoral der katholischen Kirche im Lebensraum St. Gallen.

Prof. Dr. Birgit Jeggle-Merz, o. Prof. für Liturgiewissenschaft an der Theologischen Hochschule Chur und a. o. Prof. für Liturgiewissenschaft an der Theologischen Fakultät der Universität Luzern.

Prof. Dr. Dr. Dominikus Kraschl OFM, o. Prof. für Philosophie und Philosophiegeschichte an der Theologischen Hochschule Chur.

PD Dr. habil. Hildegard Scherer, Lehrstuhlvertreterin für Neutestamentliche Wissenschaften an der Theologischen Hochschule Chur.

Prof. Dr. Hanspeter Schmitt, o. Prof. für Theologische Ethik an der Theologischen Hochschule Chur.